pequenas delicadezas

Cheryl Strayed

pequenas delicadezas
conselhos sobre o amor e a vida

Tradução
Débora Chaves

2ª reimpressão

Grafia atualizada segundo o Acordo Ortográfico da Língua Portuguesa de 1990, que entrou em vigor no Brasil em 2009.

Grande parte do material desta obra foi originalmente publicada na coluna "Dear Sugar", no TheRumpus.net.

Título original
Tiny Beautiful Things

Capa
Design original de John Gall adaptado por Bárbara Estrada

Revisão
Tamara Sender
Ana Grillo
Lilia Zanetti

CIP-Brasil. Catalogação na Fonte
Sindicato Nacional dos Editores de Livros, RJ

S894p

Strayed, Cheryl
Pequenas delicadezas : conselhos sobre o amor e a vida / Cheryl Strayed; tradução Débora Chaves. — 1ª ed. — Rio de Janeiro : Objetiva, 2013.

Tradução de: Tiny Beautiful Things.
ISBN 978-85-390-0502-4

1. Strayed, Cheryl, 1968- 2. Strayed, Cheryl, 1968- — Correspondência. 3. Escritores americanos — Correspondência. 4. Comportamento de ajuda. I. Título.

CDD: 813
13-01553 CDU: 821.111(73)-3

EDITORA SCHWARCZ S.A.
Praça Floriano, 19, sala 3001 — Cinelândia
20031-050 — Rio de Janeiro — RJ
Telefone: (21) 3993-7510
www.companhiadasletras.com.br
www.blogdacompanhia.com.br
facebook.com/editoraobjetiva
instagram.com/editora_objetiva
twitter.com/edobjetiva

Para Stephen Elliott e Isaac Fitzgerald

E para todas as pessoas que me escreveram

SUMÁRIO

Parte V

COLOQUE ISSO EM UMA CAIXA E ESPERE 233

INTRODUÇÃO

Eu já fui Doçura: Lições de total empatia

Há muito tempo, antes de existir uma *Sugar* (Doçura), existia Stephen Elliott. Ele teve a ideia de fazer um site, o que parece terrível, eu admito, a não ser pelo fato de que o plano era construir realmente uma comunidade on-line sobre literatura chamada *Rumpus* (Agitação). Sendo escritor, e, portanto, pobre, Stephen convenceu seus colegas escritores igualmente pobres a ajudá-lo.

Nós, seus amigos, concordamos porque amamos Stephen e porque (tomando a liberdade de falar pelo grupo) estávamos todos desesperados por uma distração aparentemente nobre. Minha contribuição foi uma coluna de aconselhamento, a qual sugeri que chamássemos de *Dear Sugar Butt* (Caro Traseiro Doce), em homenagem à maneira carinhosa que eu e Stephen adotamos em nossa correspondência por e-mail. Não vou ridicularizar o homoerotismo apatetado que levaria a tal demonstração de carinho. Bastará ressaltar que *Dear Sugar Butt* foi reduzido, bondosamente, para *Dear Sugar* (Cara Doçura).

Criar para si um trabalho como colunista sentimental é algo bem atrevido de se fazer, o que é típico da minha trajetória. Mas a minha justificativa é que imaginei que poderia criar um tipo diferente de coluna de aconselhamento, irreverente e ao mesmo tempo totalmente honesta. O erro de concepção do projeto foi que criei Doçura como uma persona, uma mulher com um passado complicado e a língua um tanto afiada. E, embora em alguns momentos ela parecesse real para mim, quando eu me pegava sentindo a dor de meus leitores, muitas vezes fingia e lançava mão da minha rapidez de raciocínio quando o coração me traía. Depois de um ano escrevendo colunas freneticamente, parei.

E isso deveria ter sido o fim de Doçura se eu não tivesse lido nessa mesma época um texto de não ficção escrito por Cheryl Strayed. Eu conhecia Cheryl como autora de um romance arrebatador e maravilhoso chamado *Torch* (Tocha). Mas ler esse texto, uma dolorosa lembrança de infidelidade e luto, me deixou com um pressentimento inquietante. Escrevi para perguntar se ela não queria assumir o meu lugar como Doçura.

Foi uma pergunta maluca. Como eu, Cheryl tinha dois filhos em casa, uma dívida gigantesca e nenhum emprego acadêmico regular. A última coisa que ela precisava era de uma coluna de aconselhamento on-line pela qual não receberia pagamento algum. Obviamente, eu tinha um ás na manga: Cheryl tinha escrito a única carta entusiasmada que eu havia recebido como Doçura.

***

A coluna que lançou Doçura como um fenômeno foi escrita em resposta ao que teria sido, para qualquer um, uma carta que parecia não ter importância. *Cara Doçura*, escreveu um homem presumivelmente jovem. *Que merda é essa, que merda é essa, que merda é essa? Estou fazendo esta pergunta porque parece que ela se aplica diariamente a todas as coisas.* A resposta de Cheryl começava da seguinte forma:

> Caro *Que merda é essa*,
>
> Quando eu tinha 3, 4 e 5 anos, meu avô por parte de pai fez com que eu o masturbasse. Eu não era boa naquilo. Minhas mãos eram pequenas demais, eu não conseguia pegar o ritmo certo e não entendia o que estava fazendo. Eu sabia apenas que não queria fazer aquilo. Sabia que aquilo me fazia mal e me deixava ansiosa de uma maneira tão doentia que posso sentir aquele mesmo enjoo surgir em minha garganta neste exato momento.

Aquele foi um momento totalmente inesperado. Colunistas de aconselhamento, afinal de contas, seguem um código tácito: focar em quem escreve cartas, dispensar as banalidades e tornar tudo mais suportável. Revelar o próprio assédio sexual não faz parte desse código.

Mas Cheryl não estava apenas tentando escandalizar algum menino inexperiente sendo mais benevolente. Ela estava anunciando a natureza de sua missão como Doçura. Tristezas inexplicáveis estão à espera de todos nós. Aquele era seu principal objetivo. A vida não é um jogo narcisista para ser jogado on-line. Tudo é importante – cada pecado, cada arrependimento, cada aflição. Como prova, ela ofereceu um relato de sua própria batalha para lidar com a crueldade da qual foi alvo antes de ter idade suficiente para entendê-la. *Faça perguntas melhores, meu querido*, ela concluiu, com grande delicadeza. *Sua vida é uma merda. Reaja.*

Como muita gente, li o texto com lágrimas nos olhos – que é a maneira como se lê Doçura. Não se tratava de uma conselheira pro forma qualquer, vasculhando aleatoriamente um monte de ansiedades contemporâneas. Ela era uma pessoa real se desnudando, sem medo, que poderia nos ajudar a entender a natureza de nossas próprias aflições.

***

Por acaso eu acredito que os Estados Unidos estão sofrendo de solidão e que nós, como povo, compramos o falso sonho da conveniência e nos distanciamos de um engajamento maior com a nossa vida interior – essa fonte de sentimentos inconvenientes – e caminhamos em direção às tentações frenéticas que nossos ambiciosos amigos do mundo dos negócios chamam de Livre Mercado.

Estamos nos lançando cada vez mais rápido através do tempo e do espaço e da informação, buscando essa rede de conexões. Mas ao mesmo tempo estamos nos afastando de nossas famílias, de nossos vizinhos e de nós mesmos. Surfamos em nossos egos, atualizamos nossos status e nos informamos sobre quais celebridades estão se destruindo (e como). Mas a cura não dura.

E isso, acho eu, é a razão pela qual Doçura se tornou tão importante para tantas pessoas. Porque ela está oferecendo algo quase inexistente em nossa cultura: total empatia. As pessoas que a procuram sofrem de verdade e ela as ajuda contando histórias sobre a sua própria vida, as situações específicas nas quais se sentiu frustrada e perdida e como se reencontrou novamente. Ela é capaz de transformar o material bruto da prateleira de autoajuda em literatura de verdade.

Penso aqui na resposta que ela deu ao homem arrasado pela morte do filho, que havia lhe perguntado como poderia recuperar sua humanidade. "A estranha e dolorosa verdade é que sou uma pessoa melhor porque perdi minha mãe quando jovem", ela escreveu. "Quando você diz que vivencia minha escrita como algo sagrado, o que está acessando na verdade é o local divino dentro de mim que é a minha mãe. Doçura é o templo que construí em meu lugar destruído."

Nesse sentido, *Pequenas delicadezas* pode ser lido como uma espécie de livro de memórias feito para um determinado fim. É um livro de memórias com um propósito. Com muita paciência e eloquência ela garante aos seus leitores que dentro do caos de nossa vergonha, desapontamento e fúria existe um significado, e no significado está a possibilidade de resgate.

***

É surpreendente que Doçura tenha surgido na internet, esse mundo paralelo no qual as pessoas entram com a necessidade de fugir delas mesmas, refazer suas identidades de maneira banal e exibir-se em público. A internet pode ser muitas coisas, é claro. Geralmente é um escoadouro de distrações, um lugar onde nós nos permitimos praticar o moderno esporte de fazer comentários sarcásticos e achar graça da desgraça alheia, construindo uma justificativa para nossas próprias intolerâncias, onde zombamos e dessa forma desprezamos o sofrimento dos outros.

Mas o sonho furtivo de todos nós que estamos à espreita é poder um dia confessar o próprio sofrimento, poder encontrar alguém que nos *ouvirá*, que não desviará o rosto diante de nossas revelações tenebrosas. Esse alguém é Doçura.

Não há nada que você possa contar a Doçura que não lhe pareça bonito e humano. É por isso que homens e mulheres escrevem para ela contando intimidades que não conseguem compartilhar com ninguém mais, compulsões inconfessáveis e lutos intermináveis. Ela compreende que a atenção é o primeiro e último ato de amor, e que o recurso mais importante na condição humana não é o combustível barato ou a água potável ou mesmo o bom senso, e sim a bondade.

Em cada um de seus textos – hesito em usar a palavra "coluna", que parece desmerecer o trabalho – ela realiza o mesmo ato milagroso: absorver nossas histórias. Ela as absorve e faz reflexões sobre histórias que evocam a sua própria vida. Ela também admite a existência de outra história mais verdadeira embaixo daquela que normalmente oferecemos ao mundo, aquilo que não podemos ou não queremos ver, as fugas e os delírios e os lugares onde estamos basicamente presos. Doçura pode ser amável, mas não doura a pílula. Nesse sentido, ela oferece o que gostaríamos que toda mãe fizesse: compaixão suficiente para que nos sintamos seguros em nossas necessidades não realizadas e sabedoria para mantermos a esperança.

Eu pergunto a vocês, brava gente: quem mais está fazendo esse trabalho atualmente? Não os mercadores da fama de Hollywood, com suas explosões e seus peitos brilhantes, não os demagogos em busca de lucros para o Quarto Poder e não os políticos que assassinam a moral em nome dos patrocinadores corporativos e chamam isso de política.

Doçura faz isso. Isso é o que a torna uma artista.

***

Cheryl Strayed era uma artista bem antes de se tornar Doçura. Aqueles sortudos que por acaso leram o romance *Torch* de Cheryl, ou seu livro de memórias, *Livre* (*Wild*), já sabem disso.

Tem sido complicado para Cheryl lidar com essa história de comandar duas vidas: uma como colunista anônima com um enorme séquito de seguidores e outra como escritora, mãe e esposa tentando fechar as contas do mês. Os críticos e os diletantes da internet se divertirão atacando essa dicotomia Cheryl/Doçura. Mas o nome na assinatura nunca é o que importa aos leitores. Para eles, o que importa são as palavras na página.

Pequenas delicadezas vai resistir como um exemplo de arte literária, assim como os outros livros de Cheryl, porque eles cumprem o papel essencial da arte literária: eles nos tornam mais humanos do que éramos antes. Precisamos de livros, e dos livros de Cheryl em especial, porque estamos todos, no reino secreto de nossos corações, desesperados pela companhia de uma amiga sábia e verdadeira. Alguém que não fica constrangida com as nossas emoções, ou com as suas próprias, que reconhece que a vida é curta e que tudo o que precisamos oferecer no final é o amor.

Total empatia não é o modismo do momento. O modelo mais recente de capitalismo funciona ininterruptamente para nos manter focados no produto, não nas pessoas. É por isso que precisamos tanto de Doçura neste momento. Você entenderá o que quero dizer quando virar a página.

Corram em direção à escuridão, meus queridos, e brilhem.

– Steve Almond

PARTE UM

SEMPRE FOI SÓ A GENTE

O que é este livro?

Trata-se de uma seleção das colunas de "Cara Doçura". Muitas foram originalmente publicadas no TheRumpus.net. Outras aparecem aqui pela primeira vez. As cartas deste livro foram enviadas para a colunista de maneira anônima através da *Rumpus* ou encaminhadas diretamente para o endereço eletrônico dela. A maior parte das pessoas que enviaram cartas não sabia que eu era Cheryl Strayed e, da mesma forma, para mim, a maioria dos autores das cartas era totalmente anônima. Este livro é uma seleção de trocas íntimas entre estranhos.

Você mudou as cartas antes de publicá-las?

Em alguns casos fiz uma leve edição das cartas em relação ao tamanho e à clareza, mas a maioria aparece exatamente como foi escrita por quem se sentiu estimulado a escrever para mim.

A que tipo de cartas você responde?

A todos os tipos. Algumas são sobre namoro e amor, outras são sobre luto e perda, outras ainda sobre dinheiro ou problemas familiares. Meus critérios para selecionar as cartas para a coluna não são científicos, e sim altamente subjetivos: responderei qualquer coisa desde que me interesse, me desafie ou me emocione.

Que tipo de conselho você dá?

O melhor que consigo pensar.

COMO UM SINO DE FERRO

Cara Doçura,

Meu casamento de vinte anos desmoronou. De quem é a culpa? Minha? Da minha mulher? Da sociedade? Não sei. Éramos muito imaturos para casar lá atrás nos anos 1980, e ambos trabalhávamos demais para evitar lidar com a infelicidade que pairava sobre nós.

Mas isso passou. Tive alguns relacionamentos nesses três anos desde que me separei. Um casual, um sério e o atual. Não houve problema com o casual: estava decidido desde o início a não sossegar tão cedo. O segundo começou de maneira casual e terminei quando a coisa ficou séria, mas não consegui ficar longe e prometi refletir sobre planos de longo prazo com ela. Também disse que a amava depois de um ano evitando usar esta palavra, cuja definição na realidade eu não entendo. Empaquei quando chegou a hora do "dá ou desce" e perdi tanto a amante quanto a amiga que ela era.

Agora encontrei novamente uma mulher com quem eu me dou muito bem. Estamos namorando e transando há cerca de quatro meses. Ela está passando por um divórcio difícil e não quer compromisso. Isso parecia perfeito, mas na realidade nenhum de nós estava interessado em sair com mais de uma pessoa, então cá estamos em uma relação exclusiva.

Ela parece estar se apaixonando por mim, apesar de não dizer essa palavra. Também estou evitando essa palavra, mas é nítido que os dois estão pensando nisso. Tenho receio de dizê-la em voz alta, na medida em que minha experiência mostra que a palavra "amor" vem carregada de promessas e de compromissos que são altamente frágeis e que podem ser facilmente rompidos.

Minha pergunta a você é: quando é a hora de dar o grande passo e dizer Eu te amo? E do que se trata esse tal de "amor"?

Tudo de bom,
Johnny

Caro Johnny,

A última palavra que minha mãe disse para mim foi "amor". Ela estava tão doente e fraca e fora de si que não conseguiu pronunciar o "Eu" ou o "Você", mas isso não importou. Aquela palavra pequenina tem o poder de valer por si mesma.

Eu não estava com a minha mãe quando ela morreu. Ninguém estava. Ela morreu sozinha em um quarto de hospital e durante muitos anos parecia que três quartos das minhas entranhas estavam congeladas por causa disso. Repassei a cena repetidas vezes em minha mente, a série de fatos e escolhas que me impediram de estar ao lado de minha mãe em suas últimas horas, mas pensar a respeito disso não adiantou nada. Pensar sobre isso foi um longo mergulho em um balde de merda sem fundo.

Eu nunca poderia estar com a minha mãe na hora em que ela morreu. Ela nunca estaria viva novamente. A última coisa que aconteceu entre nós será sempre a última coisa. Haveria o modo como me abaixei para beijá-la e o jeito como ela disse "por favor, não" quando me aproximei, porque já não conseguia suportar a dor física de uma pessoa tocando nela. Haveria a maneira pela qual expliquei que voltaria de manhã e o modo como ela simplesmente concordou com a cabeça em resposta. Haveria o jeito com que peguei o casaco e disse "Amo você" e a maneira como ela ficou em silêncio até eu quase sair pela porta e, então, disse "*Amor*". E haveria o modo como estava deitada na cama quando voltei na manhã seguinte, só que morta.

As últimas palavras de minha mãe para mim ecoam como um sino que alguém badala na hora do jantar: *amor, amor, amor, amor, amor*.

Imagino que você ache que isso não tem nada a ver com a sua pergunta, Johnny, mas tem tudo a ver com a minha resposta. Tem tudo a ver com *cada* resposta que já dei a qualquer pessoa. É a gênese da história de Doçura. E é a coisa para a qual minha mente continua voltando nessas cinco semanas desde que você escreveu para mim e disse que não conhecia a definição de "amor".

Não é tão incompreensível quanto você imagina, querido. Amor é o sentimento que temos por aqueles com quem nos importamos profundamente e por quem temos a maior consideração. Ele pode ser suave como um abraço que damos em um amigo ou pesado como os sacrifícios que fazemos pelos nossos filhos. Pode ser romântico, platônico, familiar, fugaz, eterno, condicional, incondicional, magoado, atiçado pelo sexo, aviltado por maus-tratos, amplificado pela bondade, deturpado pela traição, intensificado pelo tempo, entristecido pela dificuldade, suavizado pela generosidade, nutrido pelo bom humor e "cheio de promessas e compromissos" que podemos ou não manter. A melhor coisa que você pode fazer com sua vida é agarrar esse amor. E, Johnny, nesta seara, eu acho que você tem algum trabalho pela frente.

Mas, antes de chegarmos a isso, quero dizer o seguinte, querido: *Eu, de certa forma, amo você.*

Adoro a maneira como você escreveu para mim com seu coração em eterna busca, assustado, tolo, despreocupado e que não demonstra totalmente o que está sentindo. Adoro que durante cinco longas semanas mal tenha passado um dia em que eu não tenha pensado: *Mas e o Johnny? O que vou dizer ao Johnny?* Adoro que numa noite recente, quando estava deitada na cama com o Sr. Doçura e ele estava lendo a *New Yorker* e eu lia *Brain, Child* (A criança inteligente), tenha tido que parar e colocar o livro sobre o peito porque estava pensando em você e no que me perguntou, e então o Sr. Doçura colocou a revista dele sobre o peito e perguntou no que eu estava pensando e eu lhe disse e nós conversamos sobre os seus problemas e depois nos viramos e desligamos as luzes e ele adormeceu, mas eu fiquei lá, desperta, com os olhos fechados escrevendo na cabeça a minha resposta para você por tanto tempo que percebi que não ia dormir, então eu me levantei, andei pela casa, peguei um copo de água, me sentei à mesa da cozinha no escuro, olhei pela janela para a rua molhada, minha gata apareceu e pulou sobre a mesa e sentou lá ao meu lado, e depois de um tempo eu me virei para ela e disse "O que vou dizer ao Johnny?", e ela ronronou.

Eu sempre soube o que diria a você. Não saber não era exatamente o problema. O que eu estava ponderando é como atingiria as camadas de coisas que sua carta contém para mim: as perguntas que você não fez que se destacam tão fortemente por trás das perguntas que fez.

Você não está com medo do amor. Está com medo de todo o lixo que incorporou ao amor. E você convenceu a si mesmo de que evitar dizer uma pequena palavra a uma mulher que você acha que ama vai protegê-lo desse lixo. Mas não vai. Temos responsabilidades perante as pessoas com as quais nos importamos e que permitimos que se importem conosco, quer declarando nosso amor a elas ou não. Nossa principal obrigação é ser direto – explicar a natureza de nosso afeto quando tal explicação for significativa ou esclarecedora.

E, no seu caso, ela será. Você me perguntou quando é o momento ideal para dizer a seu amor que você a ama, e a resposta é quando você achar que a ama. Esse também é o momento ideal para lhe dizer o que seu amor por ela significa para você. Se continuar usando a fuga como tática principal em seus relacionamentos românticos, vai atrasar não apenas a sua felicidade, mas a sua vida.

Encorajo você a fazer mais do que levantar as mãos em seu teste de "quem foi o culpado?" pelo fim de seu casamento de vinte anos. Não foi culpa de ninguém, querido, mas ainda assim está tudo em cima de você. Caberia a você refletir sobre o que deu certo e errado nesse relacionamento; considerar como pode usar o que deu certo naquele relacionamento antigo no seu relacionamento atual e/ou futuro e eliminar o que deu errado.

Há um ditado sobre viciados que diz que eles param de amadurecer emocionalmente na idade em que começam a se drogar, e conheci diversos viciados para acreditar que isso é bem verdade. Acho que a mesma coisa pode acontecer em uma monogamia de muitos anos. Talvez parte das poucas interpretações que você dá à palavra "amor" seja resquício do que achou que ela significava durante todos esses anos, quando se comprometeu pela primeira vez com sua ex-mulher. Isso ficou no passado, como se diz, mas suspeito que um pedaço seu ainda esteja congelado lá.

Uma declaração de amor não é necessariamente "carregada de promessas e compromissos que são altamente frágeis e que podem ser facilmente rompidos". Os termos com os quais você concorda em qualquer relacionamento são conectados a ela, mas não definidos por ela, tenha você falado ou não "Eu te amo". "Eu te amo" pode significar "Acho você linda e maravilhosa e vou fazer tudo o que puder para ser seu parceiro pelo resto da vida". Pode significar também "Acho você linda e maravilhosa, mas estou em transição neste momento, então vamos pegar leve nas promessas e ver no que dá". Pode ainda significar "Acho você linda e maravilhosa, mas não quero compromisso com você agora ou provavelmente nunca, não importa quão linda e maravilhosa você continue a ser".

A questão, Johnny, é que você *precisa falar*. Precisa definir os termos de sua vida. Precisa negociar e articular as complexidades e contradições de seus sentimentos por essa mulher. Precisa descrever o tipo específico de amor "ai-merda-eu-não-queria-me-apaixonar-mas-meio-que-me-apaixonei" que você parece sentir por ela. Juntos, vocês vão conseguir lidar com o que significa ter um compromisso descompromissado exclusivo e bem-sucedido em meio ao divórcio difícil dela e na sequência não-tão-distante de seu casamento de décadas.

Faça isso. Fazer isso vai libertar seu relacionamento do tenso enredo que a omissão promove. Você tem noção de que a sua recusa em articular a palavra "amor" para sua amada criou um campo de força próprio? A omissão distorce a realidade. Ela enfeia e diminui as pessoas que se omitem. Ela enlouquece as pessoas a quem as coisas são omitidas e as deixa desesperadas e incapazes de saber o que de fato sentem.

Portanto, liberte-se disso. Não seja estratégico ou modesto. A estratégia e a modéstia são para idiotas. Seja corajoso. Seja autêntico. Pratique dizer a palavra "amor" às pessoas que ama de modo que, quando for importante dizer, você o fará.

Todos nós vamos morrer, Johnny. Toque o sino de ferro como se fosse a hora do jantar.

Um abraço,
Doçura

COMO SE LIBERTAR

Cara Doçura,

Há 18 meses fiquei grávida. Em uma decisão que surpreendeu tanto a mim quanto a meu namorado, decidimos ter a criança. Apesar de a gravidez não ter sido planejada, estávamos animados com a ideia de nos tornarmos pais. A criança era muito amada e desejada. Quando estava com seis meses e meio de gravidez, tive um aborto. Desde então tenho lutado para sair da cama.

Não passa um dia em que não pense sobre quem aquela criança teria se tornado. Era uma menina. Ela tinha um nome. Todo dia eu acordo e penso: "Minha filha estaria com seis meses de idade" ou "Minha filha talvez estivesse começando a engatinhar hoje". Às vezes, tudo o que posso pensar é na palavra "filha" repetidas vezes.

Obviamente parece que todo mundo ao meu redor está tendo um bebê e em todo lugar a que vou só vejo bebês; portanto, tenho que me forçar a ficar feliz por eles e a engolir a sensação de vazio que sinto. A verdade é que não sinto mais muita coisa e ainda assim tudo me magoa. A maior parte das pessoas em minha vida espera que eu tenha superado o sofrimento a esta altura. Como uma pessoa destacou: "Foi apenas um aborto." Então eu também me sinto culpada por estar tão travada, sofrendo por uma criança que nunca existiu, quando deveria simplesmente seguir em frente ou algo assim.

Não falo muito sobre isso. Finjo que nunca aconteceu. Vou para o trabalho, me divirto e sorrio e me comporto como se tudo estivesse bem. Meu namorado tem sido maravilhoso e compreensivo, embora eu não ache que ele entenda quão péssima estou. Ele quer que a gente case e quer tentar outro filho. Ele acha que isso vai me animar. Não vai. Isso me dá vontade de dar um soco na cabeça dele por não se sentir da maneira como eu me sinto.

Depois tem o motivo pelo qual eu perdi o bebê. No hospital, meu médico disse que não estava surpreso por eu ter perdido o bebê porque minha gravidez era de alto risco por eu estar acima do peso. Não foi uma coisa fácil de ouvir que o aborto foi culpa minha. Parte de mim acha que o médico era um verdadeiro idiota, mas outra parte de mim pensa "Talvez ele esteja certo". É um horror pensar que isso foi minha culpa, que eu provoquei esse aborto. Às vezes não consigo nem respirar de tanta culpa. Quando saí do hospital, contratei um personal trainer e entrei em uma dieta e comecei a emagrecer, mas estou completamente fora de controle agora. Às vezes não me alimento durante dias, outras vezes como tudo o que está na frente e vomito tudo. Passo horas na academia, andando na esteira, até não conseguir levantar as pernas.

Meus amigos e minha família acham que estou indo bem, Doçura, mas isso não poderia estar mais distante da verdade. Tudo o que consigo pensar no momento é como estraguei tudo. Tudo parece ser mais do que consigo suportar. A minha parte racional entende que, se eu não sair dessa, vou me prejudicar seriamente. Eu sei disso e ainda assim simplesmente não ligo a mínima.

Quero saber como volto a me importar. Quero saber como não me sentir tão culpada, como não achar que matei o meu bebê.

Minha filha, ela tinha nome. Ela era amada. Sinto-me como se fosse a única a se importar. Depois, sinto-me uma merda por lamentar "apenas um aborto" depois de quase um ano. Empaquei.

Tudo de bom,
Empacada

Cara Empacada,

Lamento que sua filhinha tenha morrido. Lamento muito. Posso sentir seu sofrimento vibrando através da tela do computador. Isso é normal. É como deveria ser. Embora vivamos em um tempo e lugar e em uma cultura que tentam nos dizer o contrário, o sofrimento é o que acontece quando coisas realmente horríveis acontecem conosco.

Não dê ouvidos às pessoas que sugerem que você devia ter "superado" a morte de sua filha a esta altura. As pessoas que falam mais alto a respeito dessas coisas raramente precisaram superar alguma coisa. Ou, pelo menos, nada que fosse verdadeiramente capaz de mudar a vida de maneira tão perturbadora para a mente e devastadora para a alma. Algumas dessas pessoas acreditam que estão ajudando a diminuir sua dor. Outras estão assustadas com a intensidade de sua perda e, assim, usam as palavras para afastar seu sofrimento. Muitas amam você e merecem o seu amor, mas elas não são as pessoas que serão úteis para você quando se trata de curar a dor da morte de sua filha.

Elas vivem no Planeta Terra. Você vive no Planeta Meu Bebê Morreu.

A sensação que eu tenho é que você acha que está completamente sozinha lá. Não está. Existem mulheres lendo isto neste exato momento que estão com lágrimas nos olhos. Existem mulheres que passam seus dias cantando silenciosamente *filha, filha* ou *filho, filho* para elas mesmas. Mulheres que foram torturadas secretamente sobre coisas que fizeram ou não e que temem ter causado as mortes de seus bebês. Você precisa encontrar essas mulheres. Elas são a sua tribo.

Eu sei porque eu mesma vivi em alguns planetas que não eram o Planeta Terra.

O poder de cura até mesmo da mais microscópica troca com alguém que percebe em um instante exatamente o que você está falando porque ela também vivenciou aquela coisa não pode ser subestimado. Ligue para os hospitais locais e para as maternidades e pergunte sobre grupos de apoio para pessoas que perderam seus bebês antes do parto, no nascimento ou logo depois. Leia a biografia *An Exact Replica of a Figment of My Imagination* (Uma réplica exata de uma invenção da minha imaginação), de Elizabeth McCracken. Descubra comunidades on-line em que possa conversar com pessoas sem precisar fingir nada.

E pare de fingir com seu doce namorado também. Conte a ele que tem vontade de socar a cabeça dele e explique exatamente por quê. Pergunte o que ele tem a dizer sobre a morte da filha e se esforce para ouvir a experiência dele sem compará-la com a sua. Acho que deve procurar um terapeuta – tanto sozinha quanto com seu namorado – e não tenho dúvida de que deve ligar e marcar uma consulta hoje. Um terapeuta vai ajudá-la a se expressar e a analisar o complicado luto que está guardando com tanta força dentro de você, e ele ou ela vai também ajudá-la a lidar com a depressão (provavelmente circunstancial).

É assim que você sai dessa, Empacada. Você consegue. Não apenas para poder se afastar da filha que amava como para viver a sua vida – aquela que inclui a triste perda da sua filha, mas não fica parada nisso. Aquela que no devido tempo leva você a um lugar no qual você não apenas sofre por ela, mas também se sente afortunada por ter o privilégio de amá-la. Trata-se de um lugar de imensa beleza, de escuridão infinita e de luz brilhante. E você tem que se esforçar muito, muito, muito para chegar lá, mas consegue. Você é uma mulher que tem essa capacidade. Sei que tem. Sua habilidade para chegar lá é nítida para mim em cada palavra de sua carta visivelmente sofrida.

Ser a Doçura é às vezes uma coisa melancólica. É uma coisa divertida e engraçada; curiosa e interessante, mas de vez em quando uma das perguntas que recebo se infiltra em minha mente da mesma forma que os personagens e as cenas ou as situações dos outros tipos de texto que faço se infiltram em minha mente, e fico assombrada com isso. Não consigo deixar para lá. Respondo à pergunta, mas existe algo mais e eu sei disso e não consigo terminar a resposta até descobrir o que é. Posso sentir esse algo mais como a princesa sente a ervilha embaixo de vinte colchões e vinte edredons de plumas. Até ser retirado, simplesmente não posso descansar. Este é o caso da sua pergunta, minha querida. E apesar de ser verdade que você deve encontrar a sua tribo e conversar com seu namorado e marcar uma consulta com um terapeuta, existe algo mais verdadeiro que eu preciso lhe contar e é o seguinte.

Há muito anos eu trabalhei em uma escola de nível médio com garotas que tinham acabado de entrar na adolescência . A maioria era de crianças pobres brancas da sétima e da oitava série. Nenhuma delas tinha um bom pai. Ou os pais estavam na prisão, ou eram desconhecidos, ou vagavam nas ruas da cidade debilitados pelas drogas ou transavam com elas. As mães eram mulheres jovens e destruídas pelo álcool e pelas drogas que muitas vezes eram abusivas com elas mesmas. As vinte e poucas garotas que foram selecionadas para me encontrar em grupo, e também individualmente, eram consideradas "do mais alto risco" pelo corpo docente da escola.

Meu cargo era de *advogada da juventude*. Minha abordagem era de atenção positiva incondicional. Minha missão era ajudar as garotas a serem bem-sucedidas apesar da inacreditável e angustiante confusão de merda que vinham sofrendo em silêncio durante toda a vida. Ser bem-sucedida nesse contexto significava não ficar grávida nem ser presa antes de se formar no ensino médio. Significava no devido tempo conseguir um emprego numa lanchonete ou no Walmart. Era apenas isso! Era uma coisa tão pequena e ainda assim era imensa. Era como tentar empurrar um caminhão de 18 rodas com o dedo mindinho.

Eu não era tecnicamente qualificada para ser uma advogada da juventude. Nunca tinha trabalhado com jovens ou aconselhado ninguém. Não era formada nem em educação nem em psicologia. Era uma garçonete que escrevia histórias sempre que podia ao longo dos anos anteriores. Mas por alguma razão eu queria esse trabalho e, portanto, me empenhei para conseguir.

Minha intenção não era deixar as garotas saberem que eu estava tentando ajudá-las a ser bem-sucedidas. Minha intenção era capacitá-las silenciosamente, secretamente, disfarçadamente, e levá-las a fazer coisas que nunca tinham feito antes em lugares onde nunca tinham estado. Levei-as a uma academia de escalada, a um espetáculo de balé e a uma leitura de poesia em uma livraria independente. A teoria era que, se elas gostassem de sustentar o peso de seus corpos adolescentes em pleno amadurecimento nas falsas pedras com garras plásticas para colocar os pés e as mãos, então talvez elas não engravidassem. Se elas se apropriassem da beleza da arte presenciada ao vivo – feita diante de seus olhos –, poderiam não se tornar viciadas nem roubar a carteira de alguém e ir para a cadeia aos 15 anos.

Em vez disso, elas cresceriam e conseguiriam um emprego no Walmart. Essa era a esperança, o objetivo, a razão pela qual eu estava recebendo um salário. E, enquanto fazíamos essas atividades de capacitação, minha intenção era conversar com elas sobre sexo, drogas, garotos, mães, relacionamentos, hábitos de saúde em casa e a importância da autoestima, além de responder com honestidade a cada pergunta que tivessem e reforçar, de maneira respeitosa, positiva e incondicional, cada história que contassem.

Fiquei assustada com elas no início. Intimidada. Elas tinham 13 anos e eu 28 anos. Quase todas tinham um dos três nomes: Crystal, Brittany ou Desiré. Elas eram distantes e irônicas, autocentradas e grosseiras. E se disfarçavam em camadas de hidratantes, tônicos e produtos para cabelos que cheiravam a chiclete de morango. Elas odiavam tudo e achavam tudo chato ou idiota, ou então totalmente legal ou totalmente engraçado. Tive que proibi-las de usar a palavra "gay" como sinônimo de idiota e elas acharam que eu era uma alienígena completa por achar que ao dizer "gay" elas realmente queriam dizer *gay* e então precisei dizer que não falassem "alienígena" e nós rimos e depois de um tempo eu distribuí os diários que tinha comprado para elas.

– É para ficar com a gente? É para ficar com a gente? – elas gritaram em um coro alegre, ansioso e barulhento.

– Sim – eu disse. – Podem abrir.

Pedi que cada uma delas escrevesse três verdades sobre si mesmas e uma mentira e depois nós lemos tudo em voz alta, indo de uma em uma, adivinhando qual era a mentira. Quando estávamos na metade do grupo, todas me amavam com paixão.

Não eu. Mas quem eu representava. Não quem eu representava, mas como eu lidava com elas: com respeito positivo e incondicional.

Nunca fui alvo de tantos desejos. Se eu tivesse uma presilha de flor no cabelo elas queriam tirar a presilha floral e colocá-la em seus cabelos. Se eu tivesse uma caneta, elas perguntavam se eu a daria a elas. Se eu tivesse um sanduíche, elas queriam saber se podiam dar uma mordida. Se eu tivesse uma bolsa, elas queriam ver o que tinha dentro. E, acima de tudo, queriam me contar tudo. Tudo. Cada detalhe de suas vidas. E elas contavam.

Coisas desagradáveis, terríveis, chocantes, tristes e cruéis. Coisas que me faziam manter os olhos meio fechados enquanto ouvia, como se fazer isso me impedisse de ouvir com clareza o que elas contavam. Coisas que me faziam trancar a porta do escritório depois que elas saíam e desabafar chorando. Histórias intermináveis de maus-tratos, de traição, de abandono e de destruição – o tipo de sofrimento que espirala de modo tão tenso para um caos inaceitável de interminável desesperança que já nem se parece com uma espiral.

Uma das garotas era realmente bonita. Ela lembrava Elizabeth Taylor quando jovem sem os quadris curvilíneos. A pela impecável e resplandecente. Longos cabelos pretos brilhantes. Seios fartos na medida e o restante do corpo magro como o de uma modelo. Ela tinha acabado de fazer 13 anos quando a conheci. Já tinha trepado com cinco caras e feito boquete em dez. Ela tinha perdido a virgindade aos 11 anos com o namorado da mãe, que estava agora na prisão por roubar uma TV. Seu namorado atual tinha 32 anos. Ele a pegava na maioria dos dias na esquina do estacionamento da escola. Eu a convenci a ir comigo até o Planned Parenthood* para que pudesse tomar uma injeção de Depo-Provera, mas quando chegamos lá ela não tomou a injeção. Ela se recusou a fazer o exame ginecológico e a médica não poderia lhe dar a injeção sem fazer o exame. Ela chorou, chorou e chorou. Ela chorou com um medo e um sofrimento tão agudos que era como se alguém tivesse entrado na sala e encostado um ferro quente em sua linda bunda. Eu disse um milhão de coisas na tentativa de consolar, de inspirar e de fortalecer. A médica conversou em um tom reconfortante, ainda que de comando, mas a garota que tinha trepado com cinco caras e feito boquete em dez outros antes de completar 13 anos não reclinou por três minutos na mesa de exame em uma sala bem-iluminada na presença de duas mulheres com boas intenções.

Outra garota usava um agasalho gigantesco com capuz que descia até os joelhos, sempre com o capuz puxado sobre a cabeça, não importava a temperatura. Seu rosto ficava por trás de uma espessa cortina de cabelo tingido à la punk-rock. Parecia que ela tinha duas partes de trás da cabeça e

---

* Planned Parenthood é uma organização que oferece assistência médica na área de planejamento familiar e educação sexual. (N. da T.)

nenhum rosto. Para ir de um lugar a outro ela inclinava a cabeça ligeiramente de modos variados e espiava por baixo da cortina de cabelos. Ela se recusou a falar durante semanas. Foi a última garota a perguntar se podia ficar com a minha caneta. Conhecê-la era como tentar agradar um gato selvagem. Quase impossível. Um passo para a frente e mil passos para atrás. Mas quando consegui – quando a domei e ela prendeu o cabelo, vi que seu rosto era pálido e frágil e coberto de espinhas –, ela me disse que dormia a maior parte das noites em uma cabana de madeira desmoronada perto do beco atrás do prédio de apartamentos onde morava com a mãe. Ela fazia isso porque não aguentava ficar lá dentro, com a mãe gritando e tendo acessos de fúria, alcoolizada e mentalmente doente, sem tomar seus remédios e de vez em quando partindo para a violência física. Ela puxou as mangas do agasalho e me mostrou os cortes nos braços que fazia repetidamente com uma gilete porque aquilo a fazia sentir-se melhor..

Uma garota me contou que quando o namorado da mãe ficava nervoso ele a arrastava para o quintal, ligava a mangueira e segurava seu rosto direto na água quase congelada até que ela quase se afogasse e depois ele a trancava fora de casa por duas horas. Era novembro. Mais ou menos quatro graus. Não era a primeira vez que ele fazia isso. Nem a última.

Eu disse às garotas que esse tipo de coisa não era normal. Que era inaceitável. Ilegal. E que eu chamaria alguém e que esse alguém interviria e que aquilo pararia. Chamei a polícia. Chamei os serviços públicos de proteção à criança. Chamei-os todos os dias e ninguém fez nada. Ninguém. Nada. Nunca. Não importava quantas vezes aquele homem quase afogasse aquela menininha com a mangueira do quintal ou quantas vezes o cara de 32 anos pegasse a garota de 13 anos e seus peitões no estacionamento da escola ou quantas vezes a garota de capuz dormisse na cabana de madeira desmoronada no beco quando sua mãe ficava violenta.

Eu não tive uma vida protegida. Tive a minha cota de dificuldades e sofrimentos. Achei que sabia como o mundo funcionava, mas aquilo era inacreditável. Achei que, se tornasse público que coisas ruins aconteciam com as crianças, essas coisas ruins parariam. Mas esse não é o tipo de sociedade em que vivemos, eu percebi. Não existe tal sociedade.

Um dia, quando liguei para o serviço de proteção à criança e pedi que a mulher que atendeu o telefone me explicasse exatamente por que ninguém estava protegendo as crianças e ela me disse que não existiam recursos para adolescentes que não estivessem em perigo iminente, que o Estado estava falido e que, então, os serviços de proteção à criança criaram prioridades. Eles intervinham rapidamente nos casos de crianças com menos de 12 anos, mas para aquelas acima de 12 anos eles escreviam relatórios das chamadas e os colocavam em um arquivo, e o nome da criança ia para uma lista enorme que alguém talvez algum dia verificasse quando houvesse tempo e dinheiro, se algum dia houvesse tempo e dinheiro. O bom sobre adolescentes, ela me disse confidencialmente, era que se as coisas ficassem bastante ruins em casa eles em geral fugiam, e a verba para quem fugia de casa era maior.

Desliguei o telefone com a sensação de que o meu peito tinha sido dividido ao meio. Antes que eu pudesse recuperar o fôlego, entrou a garota cujo namorado da mãe quase a afogara diversas vezes com a mangueira do jardim. Ela se sentou na cadeira ao lado da minha mesa, onde todas as garotas se sentavam para me contar suas histórias horríveis, e contou outra história terrível, mas desta vez eu lhe disse algo diferente.

Disse a ela que aquilo não era normal, que era inaceitável, que era ilegal e que eu ligaria e registraria esse horror mais recente. Mas não disse a ela que aquilo iria parar. Não prometi que alguém interviria. Disse que provavelmente continuaria a acontecer e que ela teria que sobreviver a isso. Disse que ela teria que encontrar uma saída dentro dela mesma, não apenas para escapar da desgraça, mas para transcendê-la, e que, se não conseguisse fazer isso, sua vida inteira seria uma merda, para todo o sempre. Disse a ela que escapar do problema seria difícil, mas que, se não quisesse repetir o destino da mãe, ela era a única capaz de fazer isso. Ela precisava fazer mais do que aguentar firme. Ela tinha que *chegar lá*. Ela tinha que querer aquilo mais do que qualquer coisa que jamais quisera na vida. Tinha que agarrar qualquer coisa boa que surgisse na sua frente como se estivesse se afogando. Tinha que contar os anos e deixar que passassem, tinha que crescer e então correr o mais rápido que podia na direção de seus melhores e mais felizes sonhos através da ponte construída por seu próprio desejo de cura.

Ela parecia escutar, daquela maneira desorganizada e indiferente que as adolescentes têm. Eu disse isso a cada garota que veio ao meu escritório e sentou na cadeira das histórias horríveis. Aquilo se tornou a minha mensagem. Tornou-se a coisa que eu mais disse porque era a coisa mais verdadeira.

Também é a coisa mais verdadeira para você, Empacada, e para qualquer um que algum dia sofreu algo horrível.

Você nunca vai deixar de amar sua filha. Nunca a esquecerá. Sempre saberá seu nome. Mas ela sempre estará morta. Ninguém pode interferir e consertar isso e ninguém o fará. Ninguém pode cancelar isso com o silêncio ou afastar com a ajuda das palavras. Ninguém protegerá você do sofrimento. Você não pode passar a vida chorando, ou comendo sem parar, ou fazendo greve de fome, ou se recusando a enfrentar o problema, ou dando murros ou fazendo terapia. O problema está lá e você precisa sobreviver a ele. Precisa resistir. Precisa vivenciá-lo e amá-lo e seguir em frente e se preparar melhor para ele e correr o mais rápido que puder na direção de seus melhores e mais felizes sonhos através da ponte construída por seu próprio desejo de cura. Terapeutas, amigos e outras pessoas que vivem no Planeta Meu Bebê Morreu podem ajudar você ao longo do caminho, mas a cura – a cura real, a verdadeira mudança tipo de-joelhos-na-lama – é total e absolutamente sua responsabilidade.

Esse trabalho na escola de ensino médio foi o melhor que jamais tive, mas só fiquei por um ano. Era um trabalho intenso e eu era escritora, então o troquei por tipos de trabalho menos pesados emocionalmente e que me permitissem escrever. Um dia, sete anos depois que pedi demissão, estava almoçando em uma lanchonete Taco Bell não muito distante da escola em que trabalhei com as garotas. Quando estava juntando minhas coisas para ir embora, uma mulher com o uniforme da Taco Bell se aproximou e disse o meu nome. Era a garota sem face que morava na cabana desmoronada. Seu cabelo agora estava preso atrás em um rabo de cavalo. Ela tinha crescido. Estava com 20 anos e eu, com 35 anos.

– É você? – exclamei, e nos abraçamos.

Conversamos sobre como ela estava para ser promovida a assistente da gerência na Taco Bell, sobre as garotas do grupo com as quais ela ainda mantinha contato e o que elas estavam fazendo, sobre quando a levei para fazer escalada, para assistir a um espetáculo de balé e para uma leitura de poesia em uma livraria independente e como ela nunca mais fez nenhuma dessas coisas.

– Nunca me esqueci de você, mesmo depois desses anos todos – ela me disse.

– Tenho muito orgulho de você – eu disse, apertando seu ombro.

– Eu consegui – ela disse. – Não consegui?

– Você conseguiu – eu disse. – Com certeza, conseguiu.

Eu também nunca a esqueci. Seu nome era Desiré.

Um abraço,
Doçura

AQUELA PARADA EMOCIONANTE

Cara Doçura,

Sou um jovem de 21 anos. Estou na faculdade agora. Apesar de trabalhar o dia inteiro para pagar algumas contas, ainda dependo de meus pais para casa e comida. Também uso o carro deles. Não tenho problemas por morar com meus pais – pelo menos eu não teria se não fosse gay. Meus pais são cristãos fundamentalistas. Eles acreditam que ser homossexual é um "pecado" que a pessoa enfrenta da mesma forma que o alcoolismo ou o vício de drogas e que os gays devem se arrepender e encontrar Jesus.

Meus pais sabem que sou gay. Mas não aceitam. Eles acreditam que me arrependi e que encontrei Jesus. Quando eu tinha 17 anos, mamãe ameaçou me expulsar de casa porque não queria "meu comportamento doentio debaixo de seu teto". Para que eu pudesse continuar na casa de meus pais, tive que frequentar o aconselhamento da igreja para desfazer minha homossexualidade. Fui, mas não mudou nada em mim. Só me deixou mais confuso. Não odeio meus pais, mas tenho um profundo desgosto pela maneira como me tratam. Eles acham que sou hétero, mas não confiam em mim. Mamãe está sempre me inspecionando, e com frequência entra no meu quarto aparentemente na esperança de me pegar fazendo alguma coisa. Se vou sair preciso dizer a eles exatamente com quem estou ou não poderei usar o carro. Eles se recusam a deixar a internet conectada se estou em casa sozinho e escondem o modem quando vão dormir porque têm receio de que eu procure pelo material "pecaminoso" que me traria de volta para o "estilo de vida gay".

Apesar de agir como um hétero quando estou com meus pais e minha irmã, saio com amigos e colegas de trabalho e também com meu irmão (que me aceita incondicionalmente). É uma tensão tremenda viver uma vida dupla. Tive dois relacionamentos gays. Meus pais sabem que meu namorado atual é gay e o tratam como se ele fosse me reinfectar com sua homossexualidade.

Eu me mudaria, mas não consigo achar quartos disponíveis dentro do meu orçamento. Uma opção que surgiu recentemente é que uma grande amiga perguntou se eu queria me mudar para o noroeste do Pacífico com ela – moro na Costa Leste –, e estou seriamente pensando nisso. O problema é que não quero fugir dos meus problemas e gosto muito do cara com quem estou me relacionando, mas nesse momento eu me sinto como se estivesse preso a uma situação sem saída. Sinto-me sufocado pelas expectativas dos dois lados da minha vida dupla. Um lado me condenaria ao inferno se descobrisse que sou gay. O outro lado quer que eu me afaste da minha família.

Você tem algum conselho que possa me ajudar?

Sufocado

Caro Sufocado,

Sim. Existe algo que posso lhe oferecer e que vai ajudar. Posso dizer para sair dessa casa. Você não pode viver com pessoas que querem destruí-lo. Mesmo se for sua mãe e seu pai. Você é adulto agora. Descubra como pagar o aluguel. Seu bem-estar psicológico é mais importante do que o livre acesso ao carro.

É deprimente que seus pais sejam preconceituosos e ignorantes. Lamento que eles tenham feito você sofrer, meu querido. Não há nada de correto nas ideias deles sobre a homossexualidade (ou alcoolismo ou vício de drogas, pelo menos até onde sei). Todos nós temos o direito de ter nossas opiniões e crenças religiosas, mas não temos o direito de inventar absurdos e depois usar os absurdos que inventamos para reprimir outras pessoas. É isso que seus pais estão fazendo. E ao optar por fingir que virou heterossexual de modo a acalmá-los você está fazendo a mesma coisa consigo mesmo.

Você precisa parar. Parar não significa fugir de seus problemas. É resolvê-los. Na sua pergunta você escreve que se sente "sufocado pelas expectativas de ambos os lados", mas não existem dois lados. Existe apenas um e você está nele. O você de verdade. O você autêntico. O você gay.

Seja ele.

Mesmo se não estiver pronto para se assumir para seus pais ainda, imploro que você se retire da companhia deles. Arrume as malas com as suas coisas e vá. Para o noroeste do Pacífico, para o outro lado da cidade, para o porão de seus primos malucos em Tuscaloosa, não importa. Apenas pare de morar com as pessoas que o mandaram para o acampamento de reeducação porque elas igualam sua sexualidade (normal e saudável) a uma doença.

Isso não significa que você deve cortar todos os laços com eles. Existe o meio do caminho, mas ele vai apenas numa direção: na direção da luz. Da sua luz. Aquela *que pisca, pisca, pisca* dentro de seu peito quando você sabe que o que está fazendo é correto. Escute o que estou dizendo. Confie. Deixe que isso o torne mais forte do que você já é.

Seus pais malucos vão entender que você é gay, quer você lhes conte ou não. Na realidade, eles já sabem. Eles não o estão banindo da internet para que você não assista ao Scooby Doo, querido. Recomendo que você saia da casa de seus pais não para fazer algum tipo de declaração *Eu sou gay!* para eles, mas para que possa viver a sua vida com dignidade entre pessoas que o aceitam enquanto você resolve as dificuldades de seu relacionamento com eles a partir de uma distância emocional segura. Mais cedo ou mais tarde – quer eles saibam por você ou descubram por conta própria – seus pais vão ter que encarar a realidade que você é um homossexual além do alcance do Deus (deles). Parece que o que de melhor pode acontecer quando isso ocorrer é você perder a aprovação deles. O pior cenário é que eles vão renegar você. Talvez para sempre. O que significaria que o amor deles por você se baseia inteiramente em:

Nada. Porque você é o filho adorado e a obrigação fundamental deles em relação a você como seus pais é alimentá-lo e estimular seu crescimento, mesmo que você não se torne exatamente a pessoa que eles imaginavam.	√ NÃO
Sua concordância de se abster de tocar as partes de outros homens.	√ SIM

Uau. *Jura*? Isso não é muito triste e maluco? Sei que estou sendo um pouco cruel nisso, mas é apenas porque se eu olhar para isso de modo frio meu coração vai se partir em pedacinhos. Mais importante, estou tentando marcar uma posição: amor baseado nas condições estabelecidas por seus pais é feio, mesquinho e doentio. Sim, doentio. O tipo de amor que vai matá-lo se você deixar.

Portanto, não deixe. Existe um monte de pessoas aqui fora que vão amá-lo pelo que você é. Um grupo de pessoas sadias, vibrantes, malucas, confusas, felizes e deprimidas que vai dizer *Você é gay? E daí?*. Nós queremos que você fique entre nós. Essa é a grande mensagem do Projeto Melhora. Aguente firme, ele diz, e persista porque adivinhe o quê? *Melhora*.

E por ser verdadeiro como é e por eu ter ficado emocionada com os diversos vídeos feitos por pessoas gays, lésbicas, bissexuais e transexuais contando suas histórias, acho que está faltando um pedaço importante nessa mensagem. Todas aquelas pessoas nos vídeos magníficos? Não *vai melhorar* apenas para elas. Elas *fizeram* com que as coisas melhorassem. Cada uma daquelas pessoas se revelou em um momento de suas vidas – bem como este momento de sua vida, Sufocado –, e nesse momento elas escolheram dizer a verdade sobre elas mesmas em vez de ficar escondidas na "segurança" da mentira. Elas perceberam que, na realidade, a mentira não era segura. Que ela ameaçava mais profundamente suas vidas do que a verdade.

Foi assim que tudo começou a melhorar para essas pessoas. Quando elas tiveram a coragem de dizer: *Este é quem eu sou, mesmo que você vá me crucificar por isso.*

Algumas delas perderam seus empregos porque disseram isso. Outras perderam suas famílias e os amigos. Mas ao dizer isso elas ganharam a si mesmas. Acredito que é uma frase que mora em cada um de nós – aquela em que afirmamos que seremos quem somos apesar de tudo –, mas lamentavelmente ela precisa viver de forma especialmente forte em você, Sufocado. Espero que você a encontre em você. Não apenas a frase, mas também a beleza e a coragem que o trouxeram até aqui; portanto, quando você disser isso, será verdadeiro e em voz alta.

Você já esteve em uma parada LGBT? Todo ano eu levo os bebês Doçura para a parada em nossa cidade e todo ano choro ao acompanhá-la. Tem as *drag queens* dirigindo Corvettes. Tem as bichas vestidas de policiais e bombeiros, todas atraentes em seus uniformes. Tem as lésbicas de bicicleta trazendo seus filhos em extensões ou reboques. Tem os dançarinos de samba de fio dental e plumas. Tem os percussionistas e políticos e as pessoas estranhas que estão de fato dirigindo carros antigos. Tem os corais e as bandas de metais e os batalhões de pessoas montando seus cavalos. Tem os corretores imobiliários e os palhaços, as professoras e os republicanos. E todos eles marcham diante de nós enquanto meus filhos riem e eu choro.

Meus filhos nunca entendem por que eu choro. A parada soa como uma festa para eles e, quando eu tento explicar que a festa é uma explosão de amor que tem suas raízes no ódio, apenas os deixo confusos, então ficamos juntos na lateral, rindo e chorando, enquanto assistimos àquela parada emocionante.

Acho que choro porque sempre me parece sagrado, todas aquelas pessoas passando. Pessoas que simplesmente decidiram viver a sua verdade, mesmo quando isso não era uma coisa tão simples. Cada uma delas teve a coragem de dizer: *Este é quem eu sou, mesmo que você vá me crucificar por isso.*

Assim como Jesus fez.

Um abraço,
Doçura

UMA MOTOCICLETA SEM NINGUÉM

Cara Doçura,

Estou apaixonada na meia-idade. É bem isso. Estou na meia-idade, sou casada e estou apaixonada por um amigo. E estou no auge, exatamente como no colégio, com as palmas das mãos suadas, distraída, eufórica, o pacote completo. Até agora não passou de um flerte e quero muito, muito conhecê-lo melhor. Minha pergunta não é se devo fazer (sei exatamente como devo me comportar), mas o que devo fazer com toda essa energia deliciosa, porém estressante?

Apaixonada

Cara Apaixonada,

Mantenha-se longe do objeto de sua paixão e use essa "energia deliciosa, porém estressante" para reinvesti-la no que mais interessa a você – seu casamento, aparentemente. Faça algo especialmente carinhoso para seu marido esta semana. Faça sexo hoje e faça com que seja apimentado e maravilhoso. Faça uma longa caminhada ou saia para um jantar demorado com ele e converse amorosamente sobre como vocês vão manter o amor e o romance fortes. Você está segura de que não quer investir em seu flerte, portanto confie nessa clareza e seja grata por tê-la. Minha caixa de entrada está lotada de e-mails de pessoas que não têm essa clareza. Elas ficam divididas pela indecisão, pela culpa e pelo desejo. Elas amam X, mas querem trepar com Z. Esse é o drama de quase toda pessoa monogâmica em algum momento. Todos nós amamos X, mas queremos trepar com Z.

Z é tão brilhante, tão transparente, tão pouco provável que a critique por se esquecer de levar para fora o lixo reciclável. Ninguém tem que discutir com Z. Z não usa relógio. Z é como uma motocicleta sem ninguém. Linda. Indo para lugar nenhum.

Um abraço,
Doçura

O AJUSTE DE CONTAS

Cara Doçura,

Sou a feliz mamãe de um querido bebê e, nossa, como dou valor a cada momento! Infelizmente, ou felizmente, dependendo de como se olha, o pai do bebê não parece me acompanhar no deleite de cada momento.

O pai do bebê mora em outro estado. Ele foi embora quando eu estava grávida e não apareceu no nascimento de nosso bebê. Apesar de ele anunciar, pelos e-mails que envia mais ou menos a cada seis semanas, que se preocupa com o filho, não paga pensão alimentícia, nem tem visto o bebê desde as primeiras semanas após o nascimento (nosso bebê já está com mais de um ano). Ele nunca sequer ligou para saber como o filho estava.

Minha pergunta é a seguinte: sou obrigada a enviar fotos e mantê-lo atualizado sobre nosso filho já que ele envia a cada dois meses e-mails patéticos sobre ele mesmo? Estou muito tentada a não dar mais notícias, mas adoraria levar em consideração a opinião de uma querida como você, Doçura.

Quero fazer o que for melhor para meu pacotinho, mesmo que minha vontade seja de dar um chute no saco do pai dele com a biqueira de metal da bota. "O que diabos acontece com você, seu maluco narcisista?"

Ufa! É bom dizer isso. Que a cura comece!

Felicidades & Lembranças, querida Doçura,
Ai Mamãe

Cara Ai Mamãe,

Você tem um par de botas com biqueira de metal? Eu tenho. E fico feliz em emprestá-la para que você possa chutar adequadamente a bunda desse idiota. Sua raiva é justificada. Sua perplexidade furiosa sobre o fracasso do pai do bebê em ser um pai de verdade para seu lindo filho faz todo o sentido do mundo.

Mas quer saber? Isso não tem a mínima importância.

Pelo menos não diante do que está em jogo para seu filho, caso você escolha deixar seu ódio totalmente justificável guiar suas decisões quando se trata da maneira como você se comporta a respeito do pai dele ou dela. Que esse homem é o pai de seu filho é um dos fatos mais básicos da sua vida. Ele permanece sendo um fato a despeito do que aconteça – se o homem com quem você teve um filho tem um relacionamento com seu filho ou não. Um dia, no futuro, seu filho vai acertar as contas com o pai (e com você também). Vai haver um ajuste de contas. Sempre há um ajuste de contas. Para cada um de nós. Julgar o que aconteceu em nossa infância, o porquê, quem são nossos pais e se eles foram bem-sucedidos ou se falharam conosco é a tarefa que todos nós desempenhamos quando nos tornamos pessoas maduras e completas. Esse ajuste de contas é especialmente significativo quando o pai ou a mãe decepciona o filho e, portanto, eu a aconselho a: (a) fazer tudo o que puder para evitar decepções entre seu filho e o pai, e (b) evitar decepcionar seu filho, caso o pai dele insista em agir assim.

É evidente que você está tendo que lidar com a raiva e o desapontamento que tem toda a razão de sentir em relação ao pai de seu bebê. Não a culpo por isso e ninguém deveria. Mas qual é ou não sua culpa não vem ao caso. A questão, conforme você afirma em sua carta, é o que é melhor para seu filho. Você perguntou se é obrigada a enviar fotos em resposta aos esporádicos e-mails que o pai da criança envia para você, e a minha resposta é sim. Não porque você tenha alguma obrigação com o cara – você não deve nada a ele –, mas sim com seu filho. Considerando que o Pai do Bebê parece ser um idiota patético (em vez de um tipo violento), a melhor coisa que você pode fazer por seu querido bebê é estimular uma relação entre pai e filho, principalmente nesse início da vida do bebê.

Conforme você descreveu de maneira tão triste, as coisas não começaram bem. O pai do bebê até agora fracassou em todas as áreas. Não é sua responsabilidade, mas é seu problema. Seus esforços na direção de incluir, comunicar, aceitar e perdoar pode levar a um relacionamento positivo entre seu filho e o pai que afetará profundamente o curso da sua vida. Ou não. Não dá para saber ainda. Mas é importante o suficiente para que eu a estimule a tentar.

Não digo isso com o coração leve. Seria muito mais divertido chutar esse cara com a biqueira de metal de sua bota. Eu ficaria feliz em ajudá-la a fazer isso. Compreendo quão ultrajante e injusto é para você reagir com educação e integridade a esse "maluco narcisista". Mas de vez em quando todos nós devemos agir assim, docinho, e agora é a sua vez. É quando é importante. Porque, obviamente, você não está fazendo isso por você mesma – e sim por seu filho. Eu sei que você sabe disso. Tenho certeza de que é uma boa mãe. Seu ótimo instinto materno se revela através de sua carta. E agora, surpreendentemente!, imploro que você veja o que pode fazer para ajudar o homem que a engravidou a se revelar também.

Nossos filhos merecem isso, não merecem? Ser amados de maneira radiante? Sim, eles merecem. Portanto, vamos conseguir isso.

A primeira coisa que aconselho você a fazer é obrigar o pai do bebê a pagar pensão. Isso pode ser feito através de uma negociação legal pacífica ou através de um processo. De uma forma ou de outra, recomendo que você faça isso através dos canais formais em vez de um acordo pessoal, de modo que possa recorrer caso o pai do bebê falhe no pagamento. Ao pedir que este homem contribua financeiramente, você não está apenas protegendo seu filho, mas também comunicando dois fatos importantes: que você espera algo do pai do bebê e que ele deve algo ao filho. Se ele for um tipo de pessoa decente, se for um cara bacana passando por uma fase ruim, vai agradecer a você mais tarde. Recomendo que você contrate um advogado imediatamente.

A segunda coisa que aconselho você a fazer é escrever um e-mail endereçado ao pai de seu filho que (a) reconheça de maneira compreensiva sua ausência na vida do filho, (b) pergunte diretamente sobre marcar uma visita e (c) forneça uma atualização sobre o desenvolvimento e a personalidade de seu filho. Anexe algumas fotos. Conte algumas histórias. Quando digo "reconheça de maneira compreensiva", quero dizer: não seja incisiva a respeito do fato de que o Pai do Bebê não assumiu a paternidade até o momento. Ou seja: dê espaço para ele mudar. Ou seja: não dê a entender que você se uniu a uma colunista de aconselhamento para arrancar-lhe os dentes com uma baita bota com biqueira de metal. Em outras palavras: seja você mesma, seja o seu melhor. O que às vezes, por muito pouco, significa fingir. Como, por exemplo: *Olá, Pai do Bebê! Espero que você esteja bem. O bebê está crescendo muito e ficando cada vez mais bonito e deslumbrante. Mesmo que nosso relacionamento tenha ficado no passado, é importante para mim que o bebê tenha um relacionamento com o pai e, considerando o que tem escrito em seus e-mails para mim, sei que é importante para você também. Quero marcar uma data para uma visita.*

A terceira coisa que aconselho você a fazer é arrumar uma babá por algumas horas de modo regular para que possa sair com suas amigas mais legais e reclamar com elas sobre toda a dor, raiva e confusão que você sente pelo fato de o homem com quem você já dormiu – *o homem que é biologicamente metade de seu precioso filho* – ser um completo imbecil. Isso pode parecer estranho, mas não é. Trata-se de uma peça fundamental em seu quebra-cabeça de sobrevivência. Você precisa dar um jeito de desabafar os sentimentos negativos que sente a respeito do pai de seu filho. Se não fizer isso, eles vão dominar você. É bem provável que o que deu errado entre você e o Pai do Bebê tenha sido apenas o começo. Mesmo que dê tudo certo, eu não me surpreenderia se surgissem várias ocasiões ao longo dos próximos anos em que você vai querer estrangulá-lo. Se não der um jeito de desabafar esses sentimentos, pode não conseguir evitar projetá-los em seu filho.

E esse é um jeito terrível de descarregá-los.

Há alguns anos eu li a respeito das descobertas de um estudo sobre os efeitos que pais divorciados e separados têm sobre seus filhos quando falam negativamente sobre seus ex. Tentei localizar o estudo quando estava escrevendo esta coluna, para poder citá-lo apropriadamente e reproduzir o texto correto, mas não consegui. Não tem problema porque o que ficou na minha memória a respeito do estudo é apenas uma coisa: que é devastador para uma criança ouvir um dos pais falar mal do outro. Na realidade, isso é tão verdadeiro que os pesquisadores descobriram que era menos danoso psicologicamente um pai ou mãe dizer diretamente para a criança *Você é um merda que não vale nada* do que se um dos pais dissesse *Sua mãe/pai é um/a merda que não vale nada.* Não lembro se eles tinham alguma teoria sobre as razões disso, mas fazia sentido para mim. Acho que todos nós temos uma determinação interna que vem à tona quando estamos sendo atacados e que simplesmente nos impede de não ajudar quando alguém de quem gostamos está sendo atacado, principalmente quando esse alguém é nosso pai ou mãe, a nossa metade – o outro fundamental –, e o atacante é a outra metade, o outro fundamental.

Eu sei o que falo. Meu próprio pai foi uma força destrutiva em minha vida. Se você fizer um mapa da minha vida e voltar a cada etapa – todas as ações e decisões e transições e fatos –, minha mãe juntando coragem para se divorciar de meu pai quando eu tinha 6 anos foi provavelmente a melhor coisa que já me aconteceu na vida.

Meu pai engravidou minha mãe quando ambos tinham 19 anos. Eles não estavam muito apaixonados, mas o aborto era ilegal e minha mãe não estava disposta a ir a uma instituição para mães solteiras adolescentes e dar seu bebê para outra pessoa, então ela se casou com meu pai em um casamento feito às pressas. Ao longo dos nove anos seguintes eles tiveram três filhos

– meus dois irmãos e eu – e muitas coisas difíceis aconteceram. Tenho muitas histórias terríveis sobre os anos com meu pai, que com frequência era violento e mesquinho. Mas essas não são as histórias que você precisa ouvir.

O que você precisa ouvir é quanto eu o amava quando criança. Meu pai. Meu papai. Meu paizinho. O amor que eu sentia por ele era imenso, irrefutável, maior do que meu terror e sofrimento. Eu não conseguia evitar amar meu pai. Simplesmente o amava. Não amá-lo nunca passou pela minha cabeça, não importa o quanto as coisas piorassem. Eu odiava o que ele fazia com minha mãe, com meus irmãos e comigo. Eu chorava e gritava e me escondia e tinha dores de cabeça inadequadas para a minha idade e fazia xixi na cama bem além da idade considerada normal. Mas ele era meu pai e então, quando minha mãe finalmente o deixou, implorei que ela voltasse. Quer dizer, implorei de um jeito que nunca havia implorado a ninguém antes por nada em toda a minha vida. Eu solucei com o desespero de uma garotinha de 6 anos porque sabia que se tivesse realmente acabado, se a minha mãe tivesse de fato deixado meu pai, eu não teria mais pai.

E quer saber? Eu estava certa. Depois que meus pais se divorciaram, eu não tive mais pai.

Eu o vi três vezes desde então em visitas curtas durante as quais coisas tristes e assustadoras aconteceram. Mas na maior parte das vezes não tinha nada. Zero pai. Apenas a grande solidão sem pai nos anos da minha infância, durante os quais morei em prédios de apartamentos baratos ocupados por outros filhos de mães solteiras que também tinham pouco contato com os pais. Algumas vezes por ano chegava um envelope com a letra de meu pai, endereçado a mim e a meus irmãos. Estava à nossa espera na caixa de correio quando chegávamos da escola e nossa mãe estava no trabalho. Meu irmão, minha irmã e eu abríamos essas cartas com uma alegria tão verdadeira que uma tensão ainda percorre o meu corpo enquanto escrevo estas palavras.

Uma carta! De nosso pai! Umacartadenossopai! Umacartadenossopai!

Mas, obviamente, nós devíamos saber. Nós sabíamos, mas não podíamos nos permitir saber. O envelope trazia nossos nomes nele, mas a carta que estava dentro nunca era para nós. Era sempre alguma outra coisa e sempre a mesma coisa: alguma maluquice desagradável e vulgar direcionada à nossa mãe. Que era uma vadia e que vivia à custa do governo. Como ele deveria tê-la obrigado a fazer aquele aborto ilegal anos atrás. Que ela era uma péssima mãe. Que ele viria e pegaria a mim e a meus irmãos quando ela menos esperasse e então ela se arrependeria. Então ela pagaria. Então ela nunca veria seus filhos novamente. O que ela acharia disso?

O pensamento de meu pai me sequestrando me aterrorizava mais do que qualquer outra coisa. Estava sempre comigo, a perspectiva de ser roubada. Eu me preparei, imaginando fantasias complicadas sobre como eu e meus irmãos escaparíamos, como eu levaria todos nós de volta para nossa mãe de qualquer maneira. Cruzaríamos o país a pé e descalços se assim fosse necessário. Acompanharíamos os rios e nos esconderíamos nas valas. Roubaríamos maçãs dos pés e roupas das cordas.

Mas nosso pai nunca nos levou. Ele nunca teve a intenção de fazer isso, eu percebi um dia quando tinha 27 anos. *Ele nunca me quis!* Pensei com tanta clareza, surpresa e pesar que imediatamente comecei a chorar e a soluçar.

O pai de seu bebê algum dia assumirá a paternidade do filho, Ai Mamãe?

Não sabemos. Essa carta ainda não foi aberta. Pode ter qualquer coisa dentro. As pessoas mudam. As pessoas cometem erros terríveis e depois os consertam. Homens distantes quando os filhos são bebês às vezes se tornam pais maravilhosos. Outros continuam sendo a mesma coisa. Seja lá o que acontecer, você vai agir corretamente com seu filho ao manter quaisquer sentimentos que tenha a respeito do pai separados das escolhas que fizer e das ações que tomar em relação ao relacionamento dele com o pai. Seu comportamento e suas palavras vão causar um impacto profundo na vida de seu filho – tanto como ele se sente a respeito do pai e também como ele se sente a respeito de si mesmo.

Minha mãe nunca falou mal do meu pai para meus irmãos e para mim. Ela tinha todo o direito de odiá-lo, de nos colocar contra ele, mas não fez isso. Não é que ela mentisse sobre ele para nós. Nós conversávamos com frequência e de maneira honesta sobre as coisas difíceis que presenciamos e sofremos nas mãos dele. Mas ela não o demonizava. Ela o considerava humano: complicado, cheio de defeitos e passível de salvação. O que significa, apesar de tudo, que ela tornou possível eu amar meu pai, aquele homem ausente que era a minha metade. Quando eu era criança e perguntei o que a fizera se apaixonar por meu pai, ela pensou nas coisas para me dizer, mesmo que não conseguisse mais lembrar-se muito bem delas. Quando eu era adolescente e discutimos sobre sua recusa em condenar meu pai, ela me disse que era grata a ele porque sem ele ela não teria tido meus irmãos e a mim. Quando eu estava quase me tornando mulher e minha mãe sabia que ia morrer, ela afagou meu cabelo e me disse que era normal se eu quisesse procurar meu pai novamente, que eu sempre deveria estar aberta à possibilidade de perdão e reconciliação e mudança, e que fazer isso não era uma traição a ela, mas sim uma prova da mulher que ela me criou para ser.

Não era justo que ela fosse tão gentil com um homem tão insensível. Espero que ela tenha reclamado dele com suas amigas mais legais. Como mãe solteira – ou seja, como uma mãe realmente sozinha como você, Ai Mamãe, o tipo que não compartilha a tutela ou a criação –, ela teve que ser o seu melhor eu com mais frequência do que o normal para qualquer ser humano. E você sabe o que nunca é suficientemente lindo para mim? *Ela era.* Ela era imperfeita. Ela cometeu erros. Mas era o seu melhor eu mais frequentemente do que é normal para qualquer ser humano.

E isso é o presente da minha vida.

Bem depois de sua morte, foram suas palavras e sua conduta que formaram a ponte que eu hesitei em cruzar para curar as feridas que meu pai me causou. Esse é o presente que você tem que dar a seu filho, independentemente de como o pai de seu bebê decida se comportar, independentemente se ele algum dia se apresente e se transforme no pai que ele deveria ser para seu filho. Isso é o que a maioria de nós tem que dar algumas vezes ao longo da nossa vida: amar com um claro e cuidadoso senso de propósito, mesmo quando parece ultrajante fazer isso. Mesmo quando você preferiria calçar suas botas de biqueira de metal e gritar.

Conceda isso. Você não vai se arrepender. Vai surgir no ajuste de contas.

Um abraço,
Doçura

UMA TROUXA NA CABEÇA

Cara Doçura,

Tenho vinte e poucos anos. Estou num relacionamento sério com o mesmo cara há seis anos – em idas e vindas, com a fase em que ficamos afastados quando eu era mais jovem. Tenho estado preocupada e com dúvidas sobre o relacionamento há um bom tempo, mas não posso correr o risco de perder esta pessoa que parece ser a certa para mim de maneira permanente – e, obviamente, não quero magoá-lo. Por outro lado, não quero me assentar e me arrepender mais tarde. Sinto que queremos coisas diferentes da vida e temos interesses diferentes, mas simplesmente não consigo decidir. Tenho conversado com ele sobre meus sentimentos, mas não adianta. Estamos em um breve "intervalo", mas dar um tempo nunca funciona.

Meu maior medo é ficar sozinha e nunca encontrar uma pessoa que atenda aos requisitos. Não ajuda em nada que minhas amigas mais próximas estejam se ajeitando com os namorados e falando em casar. Por favor, me ajude, Doçura.

Atenciosamente,
Assustada & Confusa

Cara Assustada & Confusa,

Morei em Londres quando tinha 20 anos. Eu era tecnicamente uma sem-teto e estava desesperadamente sem dinheiro, mas não tinha os documentos que uma americana precisa para conseguir um emprego em Londres, então passei a maior parte do tempo andando pelas ruas procurando moedas que as pessoas deixavam cair. Um dia, quando estava procurando moedas, um homem de terno se aproximou e me perguntou se eu queria um emprego informal de três dias por semana em uma grande empresa de contabilidade que de lá para cá faliu por causa de corrupção.

– Com certeza – eu disse.

E foi assim que me tornei a *garota do café um dois três.*

Garota do café era o nome real de meu cargo. *Um dois três* foi acrescentado para avisar que eu era responsável por fornecer café e chá quente e fresquinhos para todos os contadores e secretárias que trabalhavam nos três primeiros andares do prédio. Era um trabalho mais difícil do que eu imaginava. "Garota do café", os homens chamavam quando eu passava por eles com a bandeja, quase sempre estalando os dedos para chamar minha atenção para eles. Eu usava uma saia preta com meias brancas e um uniforme preto sobre uma camisa branca e ficava quase sempre sem fôlego. Proibida de entrar no elevador, eu tinha que subir e descer correndo por uma escada que ficava nos fundos do prédio para ir de um andar a outro.

Aquela escada era o meu santuário, o único lugar onde ninguém estalava os dedos e me chamava de garota do café. Nos intervalos de descanso eu descia até o primeiro andar, saía e me sentava em um trecho de concreto que ficava na extremidade do edifício que sediava a maior empresa de contabilidade que faliu por causa de corrupção. Um dia, enquanto estava sentada lá, uma velha senhora se aproximou e perguntou de onde na América eu era e eu lhe disse e ela falou que havia alguns anos tinha visitado o lugar de onde eu tinha vindo, e tivemos uma conversa agradável, e cada dia depois disso ela aparecia quando eu estava sentada no trecho de concreto e conversávamos.

Ela não era a única pessoa que vinha conversar comigo. Eu estava apaixonada por alguém na época. Na realidade, estava casada com esse alguém. E não estava conseguindo lidar com isso. À noite, após fazer amor com esse homem eu me deitava ao seu lado e chorava porque sabia que o amava e que não aguentaria ficar com ele porque ainda não estava preparada para amar uma única pessoa e sabia que, se o abandonasse, eu morreria e o mataria de desilusão e seria o fim para mim no que se refere ao amor porque nunca haveria outra pessoa que eu amaria tanto quanto o amava ou que me amaria tanto quanto ele me amava ou que fosse tão querido, sexy, legal, compreensivo e bom. Portanto, fiquei. Juntos procurávamos moedas nas ruas de Londres. E, às vezes, durante meu intervalo, ele vinha me visitar na maior empresa de contabilidade que faliu por causa de corrupção.

Um dia ele apareceu quando a velha senhora estava lá. O homem que eu amava e a velha senhora nunca vinham ao mesmo tempo, mas contei a ele sobre ela – contei detalhes das conversas que tinha com ela – e falei com ela sobre ele também. "É seu marido?", exclamou a velha senhora em alegre reconhecimento quando ele apareceu, e o cumprimentou com as duas mãos. Eles conversaram por alguns minutos e depois ela foi embora. O homem que eu amava ficou em silêncio por um bom tempo, esperando que a velha senhora se fosse, e então olhou para mim e disse um pouco surpreso: "Ela tem uma trouxa na cabeça."

– Ela tem uma trouxa na cabeça? – eu perguntei.

– Ela tem uma trouxa na cabeça – ele repetiu.

E então nós caímos na risada e rimos e rimos tanto que pode ser que esse dia tenha sido o dia em que mais dei risada na vida. Ele estava certo. *Ele estava certo*. Aquela velha senhora, todo o tempo, durante todas as conversas que tivemos enquanto eu me sentava no trecho de concreto, tinha uma enorme trouxa na cabeça. Ela parecia perfeitamente normal em todos os outros aspectos, menos nesse: ela usava um arranjo impossível de três andares feitos com farrapos sujos e tiras de cobertores e toalhas no alto da cabeça, preso por um sistema complicado de fitas por baixo de seu queixo e amarrado por laços nas ombreiras de seu casaco impermeável. Era uma visão bizarra, mas em todas as minhas conversas com o homem que eu amava sobre a velha senhora eu nunca tinha mencionado isso.

Ela tem uma trouxa na cabeça!, nós gritamos um para o outro em meio a risadas no trecho de concreto naquele dia, mas logo eu já não estava rindo. E sim chorando. Chorei, chorei e chorei na mesma medida em que dei risada. Chorei tanto que não pude voltar ao trabalho. Meu emprego como *garota do café um dois três* acabou ali, naquele momento.

– Por que você está chorando? – perguntou o homem que eu amava enquanto me abraçava.

– Porque estou com fome – eu disse, mas não era verdade.

Era verdade que eu estava com fome. Nunca tínhamos dinheiro ou comida suficiente naquela época, mas não era por isso que eu estava chorando. Estava chorando porque havia uma trouxa na cabeça da velha senhora e eu não fui capaz de dizer que havia porque sabia que aquilo estava de alguma forma ligado ao fato de que eu já não queria ficar com o homem que eu amava, mas não conseguia aceitar o que era tão óbvio e verdadeiro.

Isso faz muito tempo, Assustada & Confusa, mas tudo voltou quando li a sua carta. Ela me fez pensar que talvez aquele momento tenha me trazido aqui para dizer isso a você: você tem uma trouxa na cabeça, querida. E apesar de ser quase impossível você ver essa trouxa agora, ela é totalmente visível para mim. Você não está dividida. Está apenas com medo. Você não quer estar em um relacionamento com seu amor mesmo ele sendo um cara ótimo. O medo da solidão não é uma boa razão para ficar. Deixar o homem com quem está há seis anos não será fácil, mas você ficará bem e ele também. O fim desse relacionamento provavelmente vai marcar o fim de uma fase em sua vida. Ao seguir em frente para a próxima fase você vai perder umas coisas e ganhar outras.

Confie em si mesma. Essa é a regra de ouro da Doçura. Confiar em si mesma significa viver de acordo com o que você sabe que é o certo.

Um abraço,
Doçura

ESCREVA COMO NUNCA

Cara Doçura,

Escrevo como uma garota. Escrevo sobre minhas experiências de mulher e isso normalmente vem à tona como uma emoção em estado bruto, como um amor não correspondido e como uma discussão eventual sobre minha vagina como uma metáfora. E isso quando posso escrever, o que já não é verdade.

Neste momento sou uma patética e confusa mulher de 26 anos, uma escritora que não pode escrever. Estou acordada até tarde fazendo uma pergunta a você, realmente me questionando. Tenho ficado sentada aqui na mesa durante horas, mentalmente imóvel. Procuro por pessoas que amei e imagino por que elas nunca me amaram. Deito de barriga para baixo na cama e sinto medo. Levanto-me, vou para o computador, sinto-me pior.

David Foster Wallace chamou a si mesmo de escritor fracassado aos 28 anos. Vários meses atrás, quando a depressão se abateu sobre mim, reclamei para meu então namorado sobre como eu nunca seria tão boa quanto Wallace; ele gritou para mim na rua Guerrero em São Francisco: "PARE COM ISSO. ELE SE MATOU, ELISSA. PEÇO A DEUS QUE VOCÊ NUNCA SEJA COMO ELE."

Sei que mulheres como eu estão sofrendo e lidando com a banalização de si mesmas, o desprezo pelos outros, pelas pessoas mais bem-sucedidas, a compaixão mal-direcionada, o vício e a depressão, sejam elas escritoras ou não. Pense no cânone de escritoras mulheres: um tema unificador é que muitas carreiras terminaram em suicídio. Eu frequentemente explico à minha mãe que ser uma escritora/uma mulher/uma mulher escritora significa sofrer implacavelmente e no fim perder o controle e dizer "Eu podia ter feito melhor". Ela me perguntou: Não pode ser diferente?

Pode? Quero pular da janela pelo que pode ser resumido a uma razão: Não consigo escrever um livro. Mas não é que eu queira morrer tanto quanto quero uma vida completamente diferente. Comecei a pensar que devia escolher outra profissão – conforme Lorrie Moore sugere, "estrela de cinema/astronauta, estrela de cinema/missionária, estrela de cinema/professora de jardim de infân-

cia". Quero jogar fora tudo que acumulei e começar como uma nova pessoa, uma pessoa melhor.

Não tenho uma vida ruim. Não tive uma infância atormentada. Sei que não sou a primeira escritora depressiva. "Escritora depressiva" – porque a primeira palavra é mesmo exata, já a segunda é mais precisa. Fui clinicamente diagnosticada com um quadro depressivo grave e tenho um relacionamento de idas e vindas com os remédios controlados, o que eu confesso para que não pareça que uso levianamente o termo "depressão".

Dito isso, sou altamente funcional, um caso de cérebro altamente funcional e que brinca o suficiente para que a maior parte das pessoas não saiba a verdade. Verdade: estou em pânico porque não posso – e não vou – ultrapassar minhas limitações, inseguranças, ciúmes e inaptidões para escrever bem, com inteligência, emoção e de modo extenso. E temo que, mesmo que consiga escrever, as histórias sobre a minha vagina etc. serão desconsideradas e se tornarão alvo de chacota.

Como chegar à página se não consigo levantar a cabeça da cama? Como as pessoas fazem, Doçura, quando percebem que podem não ter o dom? Como uma mulher se levanta e se torna a escritora que deseja ser?

Sinceramente,
Elissa Bassist

Cara Elissa Bassist,

Quando eu estava com 28 anos eu tinha um quadro-negro na sala. Era um daqueles de madeira, com dois lados e um suporte em formato de A que permitia que ele ficasse de pé sozinho e pudesse ser dobrado. Em um dos lados do quadro-negro escrevi *"O primeiro produto do autoconhecimento é a humildade", Flannery O'Connor*, e do outro lado escrevi *"Ela se sentou e pensou em uma única coisa, em sua mãe segurando e segurando suas mãos", Eudora Welty.*

A frase de Eudora Welty é de seu romance *A filha do otimista*, que ganhou o prêmio Pulitzer de ficção em 1972. Foi um livro que li repetidas vezes, e aquela frase sobre a mulher que se sentou pensando em uma única coisa estava na essência do porquê. Sentei-me daquele jeito também. Pensando em apenas uma única coisa. Uma coisa que era na verdade duas coisas juntas, como as frases que ficam de costas uma para a outra no meu quadro-negro: como eu sentia falta de minha mãe e como a única maneira de aguentar viver sem ela era escrever um livro. *Meu* livro. O livro que eu sabia que estava em mim havia muito tempo. O livro que eu sentia pulsando em meu peito como um segundo coração, disforme e inimaginável até que minha mãe morreu, e eis a trama revelada, a história que eu não conseguia viver sem contar.

Que eu não tivesse escrito um livro quando cheguei aos 28 anos era um triste choque para mim. Eu esperava coisas mais grandiosas de mim mesma. Eu era um pouco como você, Elissa Bassist. Sem um livro, mas não inteiramente sem a aprovação literária. Tinha ganhado algumas bolsas de estudo e prêmios, publicado algumas histórias e ensaios. Esses pequenos sucessos forneceram as ideias de grandeza que eu tinha sobre o que alcançaria e em qual idade eu chegaria lá. Eu lia com voracidade. Eu praticamente memorizava o trabalho dos escritores que amava. Eu gravava minha vida cuidadosamente e habilmente em meus diários. Escrevi histórias em explosões febris e eventuais, acreditando que elas formariam milagrosamente um romance sem que eu tivesse que sofrer muito em cima dele.

Mas eu estava errada. O segundo coração dentro de mim bate ainda mais forte, mas nada se transformou milagrosamente em um livro. Conforme meu aniversário de 30 anos se aproximava, percebi que se realmente quisesse escrever a história que eu queria contar, teria que juntar tudo dentro de mim. Teria que me sentar e pensar em apenas uma única coisa por mais tempo e com mais determinação do que imaginei possível. Teria que sofrer. Quer dizer, teria que *trabalhar*.

Naquela época, eu acreditava que tinha desperdiçado os meus 20 anos ao não ter saído deles com um livro terminado, e amargamente me recriminei por isso. Eu pensava muito as mesmas coisas sobre mim mesma que você, Elissa Bassist. Que era preguiçosa e inútil. Que, mesmo tendo a história em mim, eu não a tinha em mim para desfrutá-la, para realmente tirá-la de meu corpo e colocá-la na página, para escrever, como você diz, com "inteligência, emoção e de modo extenso". Mas eu finalmente chegaria a um ponto em que a perspectiva de não escrever um livro era mais horrível do que a de escrever um livro ruim. E, portanto, enfim comecei a trabalhar duro no livro.

Quando terminei de escrevê-lo, entendi que as coisas acontecem exatamente como deveriam ser. Que eu não poderia ter escrito meu livro antes. Simplesmente, não era capaz de fazê-lo, tanto como escritora quanto como pessoa. Para chegar ao ponto a que precisei chegar para escrever meu primeiro livro, tive que fazer tudo que fiz durante os meus 20 anos. Tive que escrever um monte de frases que nunca se transformariam em nada e histórias que nunca formariam milagrosamente um romance. Tive que ler com voracidade e escrever exaustivamente em meus diários. Tive que perder tempo e viver o luto de minha mãe e compreender a minha infância e ter relacionamentos sexuais idiotas, carinhosos e escandalosos e amadurecer. Resumindo, tive que acumular o autoconhecimento que Flannery O'Connor menciona naquela frase que escrevi em meu quadro-negro. E, uma vez que cheguei lá, tive que dar uma parada brusca no primeiro produto do autoconhecimento: a humildade.

Você sabe o que é isso, querida? Ser humilde? A palavra tem origem latina, nos termos *humilis* e *humus*. Ser *lá de baixo*. Ser *filha da terra*. Ser *do solo*. É aí que fui quando escrevi a última palavra de meu primeiro livro. Direto chorar no chão frio de ladrilhos. Solucei e uivei e ri em meio às lágrimas. Não me levantei durante meia hora. Estava feliz demais e agradecida para ficar de pé. Eu tinha feito 35 anos algumas semanas antes. Estava grávida de dois meses de meu primeiro filho. Não sabia se as pessoas iam achar meu livro bom, ruim, horrível ou lindo e não ligava. Sabia apenas que já não tinha dois corações batendo no meu peito. Tinha arrancado um deles com as próprias mãos. Tinha sofrido. Tinha dado tudo o que podia.

Eu tinha finalmente conseguido fazer isso porque tinha descartado todas as ideias de grandeza que um dia tive sobre mim mesma e sobre meus textos – *tão talentosa! Tão jovem!* Parei de ter sonhos de grandeza! Tinha me contentado com a noção de que a única coisa que importava era tirar aquele batimento cardíaco extra do meu peito. O que significava que tinha que escrever meu livro. Meu livro possivelmente medíocre. Meu livro que possivelmente nunca-seria-publicado. Meu livro totalmente de lugar nenhum-do-grupo-que-eu-admirava-tanto-que-praticamente-decorei-as-frases. Foi só então que me rendi humildemente, que fui capaz de fazer o trabalho de que precisava.

Espero que você pense bastante sobre isso, docinho. Se você tivesse um quadro-negro de dois lados em sua sala eu escreveria para você *humildade* em um lado e *renda-se* no outro. Isso é o que acho que você precisa descobrir e fazer para sair da depressão braba na qual você se encontra. Para mim, a coisa mais fascinante sobre sua carta é que, escondida embaixo da ansiedade, do sofrimento, do medo e do autoboicote há a arrogância em sua essência. Ela pressupõe que você *deve* ser bem-sucedida aos 26 anos, quando na realidade a maioria das escritoras leva muito mais tempo do que isso para chegar lá. Ela lamenta que você nunca será tão boa quanto David Foster Wallace – um gênio, mestre do ofício –, e ao mesmo tempo descreve quão pouco você escreve. Você se boicota e ainda assim é consumida por ideias de grandeza que tem a respeito de sua própria importância. Você se acha demais ou de menos. Nenhum dos dois é o lugar onde conseguimos ter algum resultado.

Conseguimos ter algum resultado no nível básico. E a coisa mais gentil que posso fazer por você é dizer para colocar os pés no chão. Sei que é difícil escrever, querida. Mas é mais difícil não escrever. A única maneira para você descobrir se "tem isso em você" é escrever e ver se consegue. A única maneira de superar as suas "limitações, inseguranças, ciúmes e incapacidades" é produzir. Você tem limitações. De certa forma, você é incapaz. Isso é verdade em relação a cada escritor e é especialmente verdade para escritores que têm 26 anos. Você vai se sentir insegura e com ciúmes. Quanto poder você confere a esses sentimentos depende totalmente de você.

Que você lute com um quadro depressivo grave certamente acrescenta um obstáculo às suas dificuldades. Não foquei nisso na minha resposta porque acredito – e parece que você acredita – que se trata apenas de um obstáculo. Não preciso dizer que sua vida é mais importante do que seu texto e que você devia consultar seu médico sobre como sua depressão pode contribuir para o desespero que você está sentindo sobre seu trabalho. Não sou médica, portanto não posso aconselhá-la sobre isso. Mas posso dizer que você não está sozinha em suas inseguranças e medos, eles são típicos de escritores, mesmo daqueles que não têm depressão. Artistas de todos os tipos lendo isto vão entender sua luta. Inclusive eu.

Outra parte de sua ansiedade parece enraizada em sua preocupação de que, como mulher, seu texto, que mostra "emoção em estado bruto, amor não correspondido", e a discussão de sua "vagina como metáfora" sejam encarados com menos seriedade do que o de um homem. Sim, é provável que isso aconteça. Nossa cultura fez progressos significativos no que se refere à discriminação sexual, ao racismo e à homofobia, mas ainda não chegamos lá. Também é verdade que trabalhos literários de mulheres, gays e escritores negros são frequentemente classificados como específicos em vez de universais, menores em vez de grandes, pessoais ou especiais em vez de significativos socialmente. Existem coisas que você pode fazer para esclarecer e desafiar esses preconceitos de merda.

Mas a melhor coisa possível que você pode fazer é colocar os pés no chão. Escreva tão maravilhosamente bem que não possa ser classificada. Ninguém vai lhe pedir para escrever sobre sua vagina, fofa. Ninguém vai lhe dar algo. Você tem que se dar. Você tem que nos contar o que tem a dizer.

É isso que as escritoras têm feito ao longo dos tempos e é o que continuaremos a fazer. Não é verdade que ser "uma escritora significa sofrer implacavelmente e no fim se esborrachar no chão e achar que 'poderia ter se saído melhor'", nem é verdade que um "tema recorrente a todas é que tantas carreiras terminaram em suicídio", e eu recomendo veementemente que você deixe para lá essas crenças. Elas são incorretas e melodramáticas e não se aplicam a você. Pessoas de todas as profissões sofrem e se matam. Apesar das várias lendas relativas a artistas e de nossa fragilidade psicológica, o fato é que a profissão não é um grande indicativo de suicídio. Sim, podemos repetir de cor uma lista de escritoras que se mataram e, sim, podemos fazer conjecturas de que suas posições como mulheres nas sociedades em que viveram contribuíram para o estado depressivo e desesperador que as levou a fazer isso. Mas não é um tema recorrente.

Você sabe qual é?

Quantas mulheres escreveram romances e contos lindos e poemas e ensaios e peças de teatro e roteiros apesar de toda a merda que aguentaram. Quantas delas não caíram em prantos, achando que "poderiam ter se saído melhor", e, em vez disso, foram em frente e se tornaram melhores do que qualquer pessoa poderia prever ou permitir que fossem. O tema recorrente é resiliência e fé. O tema recorrente é ser uma guerreira e uma poderosa. Não é fragilidade. É força. É coragem. E "se a sua Coragem, negar você" – como escreveu Emily Dickinson, "supere a sua Coragem". Escrever é difícil para cada um de nós – inclusive para homens brancos heterossexuais. Extrair carvão é mais difícil. Você acha que os mineiros ficam parados o dia todo falando sobre como é difícil extrair o carvão? Não. Eles simplesmente *cavam*.

Você precisa fazer a mesma coisa, querido doce arrogante lindo louco talentoso torturado vaga-lume, estrela em ascensão. Que você esteja tão dedicada a escrever me diz que esse texto é sua missão aqui. E quando as pessoas estão aqui pra fazer isso elas quase sempre nos dizem algo que precisamos ouvir. Quero saber o que você tem por dentro. Quero ver os contornos de seu segundo coração pulsante.

Portanto, escreva, Elissa Bassist. Não como uma garota. Não como um garoto. Escreva como nunca.

Um abraço,
Doçura

UMA LUZ NOVA E MAIS SUTIL

Cara Doçura,

Meus pais decidiram recentemente se divorciar. Para ser mais precisa, meu pai trocou minha mãe por uma mulher mais jovem. Uma história clichê, a não ser por ter me deixado abalada quando aconteceu na minha família, como se fosse a primeira vez que tivesse acontecido a alguém. Sou adulta. Sempre fui próxima de meu pai. Eu o considerava um modelo a ser seguido. Descobrir que ele estava saindo com outra pessoa sem contar à minha mãe e que ele mentiu para todos nós sobre isso foi muito doloroso. De repente, não podia confiar no homem em que sempre confiei, respeitei e amei.

Estou tentando ser compreensiva. Imagino que meu pai relutou e que não foi fácil para ele. Também estou zangada e magoada por ele ter se mudado tão rápido e mentido para nós. Quero nosso antigo relacionamento de volta e ao mesmo tempo sinto que não é possível por causa da maneira como me sinto agora. Fora o fato de que ele está com uma nova pessoa e que está abordando seu papel de pai de maneira diferente. Como me reconcilio com ele de forma honesta?

Assinado,
Lidando com o Divórcio

Cara Lidando com o Divórcio,

Não há nada de bom sobre um pai trocar uma mãe por outra pessoa qualquer, ainda mais por uma mulher mais jovem e ainda por cima depois de um tempo mentindo sobre isso. Lamento pelo seu sofrimento.

Acho que você se reconcilia com seu pai de maneira verdadeira sendo autêntica. Ser autêntica significa ser real, verdadeira, sincera e honesta. Você precisa dizer a seu pai como se sente a respeito de seus atos e escolhas. Precisa compartilhar com ele sua dor e sua raiva, bem como seu desejo de reconstruir o relacionamento que foi afetado pela desonestidade dele. E também precisa se esforçar para ouvir o que ele tem a dizer.

Não tenho como ter certeza disso, mas imagino que seu pai não queria magoar você. Ele provavelmente não queria magoar sua mãe também, embora tenha sido isso o que ele fez. Pessoas boas fazem todo tipo de coisas idiotas quando se trata de sexo e amor. Apesar de a decepção com seu pai parecer uma traição pessoal, o que aconteceu é entre ele e sua mãe. Ele não podia revelar seu caso a você até que estivesse pronto para revelá-lo a sua mãe. Ele não estava querendo mentir para você. Você apenas ficou presa no meio das mentiras dele. E teve a visão privilegiada de uma intimidade que em última instância não lhe diz respeito. Você não pode interpretar essa traição como se fosse sua. Só porque seu pai mostrou ser indigno da confiança de sua mãe não significa que ele não mereça a sua.

Sei que parece que estou defendendo o comportamento de seu pai, mas, por favor, deixe-me garantir que não é o caso. Entendo perfeitamente por que você se sente da maneira como se sente. Eu estaria furiosa e magoada também. Mas mudar muitas vezes exige que separemos nossas reações emocionais de nossa mente racional. Sua mente racional sabe que os homens trocam suas esposas por mulheres mais jovens o tempo todo. Sua reação emocional é que você não acredita que seu pai fez isso. Sua mente racional sabe que é difícil até mesmo para pessoas fortes e éticas sustentarem uma monogamia de longo prazo. Sua reação emocional é que você está chocada por seus próprios pais terem fracassado em fazer isso. Acho que ajudaria se você se apoiasse preferencialmente no lado racional neste momento. Não negue seu sofrimento, mas coloque em perspectiva o que parece ser em grande parte verdade: afinal de contas, seu pai não conseguiu ser um bom marido para sua mãe, mas isso não significa que ele não conseguirá ser um bom pai para você.

Eu recomendo que você lhe dê uma chance. Não acho que deve perdoá-lo, mas tampouco deve massacrá-lo. Descubra um modo de inserir a fraqueza de seu pai na complexidade dessa ligação de uma vida toda. Explore corajosamente o que o novo relacionamento significa para ele e pergunte onde você se encaixa nele.

Vai ser difícil, mas isso não é nenhuma novidade. A história da vida privada está constantemente nos permitindo ver aqueles que amamos mais profundamente através de uma luz nova e mais sutil. Olhe com atenção. Tente fazer isso.

Um abraço,
Doçura

AMIGOS NA FLORESTA

Cara Doçura,

Três de meus melhores amigos do colégio e eu vamos viajar para uma cabana na floresta em um fim de semana só de rapazes que acontece todo ano. Estamos todos com trinta e tantos anos e fazemos esses encontros há quase uma década. É a nossa maneira de manter contato, já que todos nós somos ocupados e alguns moram em cidades diferentes. Embora às vezes eu fique meses sem falar com eles, considero esses caras meus amigos mais próximos. Temos nos visto ao longo de diversos relacionamentos, dois casamentos e um divórcio, um de nós se assumindo como gay, outro admitindo seu alcoolismo e ficando sóbrio, outro ainda se tornando pai, questões de famílias disfuncionais, a morte de um colega de colégio e nos sucessos e nos fracassos profissionais – já entendeu, não?

Em nosso encontro mais recente há alguns meses, ouvi por acaso meus amigos falando de mim. Antes desse incidente, nós quatro havíamos comentado sobre a minha vida amorosa. Eu e minha namorada de muitos anos desmanchamos no ano passado por razões em que não vou me estender aqui, mas de fato conversei com meus amigos quando eu e ela decidimos terminar o namoro. Um pouco antes do fim de semana com meus amigos nós voltamos e contei a eles que minha ex e eu estávamos tentando mais uma vez. Eles não falaram muita coisa, mas eu não esperava que o fizessem.

Mais tarde naquele dia eu saí para dar uma caminhada, mas logo percebi que tinha esquecido o chapéu, então voltei para pegá-lo na cabana. Na hora em que abri a porta, deu para ouvir meus amigos na cozinha falando sobre mim. Eu não estava tentando escutar às escondidas, mas não consegui resistir a ouvir, já que eles estavam falando de minha namorada e de mim. Eu não diria que estavam me esculhambando, mas eles fizeram comentários críticos sobre o modo como eu "justifico" meu relacionamento e outras coisas nada elogiosas sobre a minha personalidade. Depois de cinco minutos nisso, abri a porta com força e gritei para que eles soubessem que eu estava lá e parassem de falar.

Tentei fingir que não tinha ouvido o que eles conversavam, mas logo contei a eles o que tinha acontecido. Eles ficaram muito envergonhados. Todos se desculparam e me garantiram que o que tinham dito não tinha importância, e alegaram que estavam apenas preocupados por eu ter voltado com a minha namorada, a qual não consideravam boa pra mim. Fingi que estava tudo bem e me comportei como se quisesse esquecer o que se passara, mas já faz dois meses e ainda estou chateado com o que aconteceu. Senti-me traído. Por um lado, não é da conta deles quem eu escolho para namorar, mas por outro lado estou irritado por eles terem me criticado dessa forma.

Reconheço que é possível que eu esteja dando importância demais a isso. Admito que falei sobre cada um deles com os outros ao longo dos anos. Fiz declarações que não gostaria que a pessoa em questão ouvisse, mesmo por meio de outra pessoa. A parte racional que existe em mim entende que esse tipo de conversa entre amigos é normal. Parece bobo admitir isso, mas estou magoado. Parte de mim quer mandá-los à merda no próximo fim de semana na cabana que será realizado no ano que vem.

O que você acha? Devo perdoar e esquecer ou encontrar um novo grupo de amigos?

Estranho no Ninho

Caro Estranho no Ninho,

Que desastre. Como deve ter sido horroroso ouvir seus amigos falando coisas negativas sobre você. Como eles devem ter ficado mortificados quando souberam que você tinha ouvido. Você tem toda a razão para estar chateado.

E ainda assim... *e ainda assim* – você sabia que viria um "e ainda assim", não sabia? – de modo geral isso é uma coisa sem importância, bastante comum. Não tenho dúvida de que você não deve descartar esses amigos por um novo grupo. Além do mais, e esses novos amigos? Eles também vão falar de você pelas costas.

Mas estou me adiantando.

O primeiro passo para superar isso, talvez, seja reconhecer que o que aconteceu foi realmente muito inapropriado. Ao ouvir o que não era para ser ouvido, você invalidou o código social que existe para proteger seus sentimentos. Você ouviu seus amigos falarem coisas sobre você que eles são educados demais para lhe dizer, e com uma linguagem áspera que não teriam usado se soubessem que você estava escutando. Você testemunhou uma conversa que tinha você como tema e que estava sendo realizada sem preocupações para com os seus sentimentos. Dá para imaginar por que se sentiu tão atacado. Qualquer um se sentiria.

O fato de seus amigos terem essas opiniões, no entanto, não significa que eles não gostem de você ou que não o valorizem como amigo ou que, por outro lado, não o considerem a melhor pessoa que conhecem. Pode ser difícil de acreditar nisso neste momento, quando os sentimentos estão tão à flor da pele, mas é a verdade.

Conversamos sobre nossos amigos às escondidas. Nós fazemos isso. Pergunte a qualquer cientista social que estuda os comportamentos da comunicação humana. Mesmo você admitiu fazer isso. Nossos amigos são testemunhas de nossos pontos negativos e positivos, de nossos maus hábitos e de nossas boas qualidades, de nossas contradições e habilidades. Que eles de vez em quando sintam necessidade de comentar os aspectos negativos de nossas vidas e de nossas personalidades em termos menos elogiosos é algo a ser esperado. Como qualquer coisa, existem modos saudáveis e construtivos de fazer isso e também modos doentios e destrutivos.

Um modo saudável é baseado no respeito e no amor. Neste caso, fazemos avaliações críticas e observações nada lisonjeiras totalmente dentro do contexto do afeto e da preocupação com a pessoa em questão. Às vezes falamos às escondidas de um amigo para lidar com nossas dúvidas sobre ele ou com nossa discordância sobre as escolhas que ele ou ela fez. Às vezes fazemos isso porque nossos amigos têm qualidades que nos perturbam, confundem ou aborrecem, apesar de amá-los mesmo assim. Às vezes falamos de nossos amigos com outras pessoas porque temos uma relação estranha ou grosseira ou de pouca conversa com um deles e simplesmente precisamos desabafar. O ponto de partida dessas conversas é a certeza de que gostamos do amigo e nos importamos com ele – independentemente das coisas que nos irritam, confundem e desapontam sobre ele ou ela. Os pensamentos negativos que expressamos sobre esse amigo são contrabalançados pelos muitos pensamentos positivos que temos.

Uma maneira doentia de falar sobre um amigo ou sobre uma amiga às escondidas é baseada na crueldade e na má intenção. Há uma falta de generosidade e uma alegria ferina; a pessoa tem prazer em detonar o chamado amigo. Embora possamos fingir o contrário, não queremos verdadeiramente coisas boas para ele ou ela. Fazemos críticas e agimos de maneira mesquinha. Não protegemos esse amigo, mas em vez disso concordamos em traí-lo se a situação nos beneficiar. Por outro lado, ficamos felizes em usar essa "amizade" em nosso benefício se a oportunidade surgir. Nosso afeto é de conveniência, não do coração.

Portanto, existem uma maneira boa e uma maneira ruim de fazer fofoca, mas ambas são bem desagradáveis de escutar sem querer quando se é o tema da conversa. Não há dúvida de que, considerando o que aconteceu, Estranho no Ninho, você e seus amigos vão precisar consertar o estrago. Acredito que dentro de pouco tempo você conseguirá fazer isso.

Tenho certeza de que seus amigos estavam conversando sobre você com amor e preocupação – um modo saudável. Meu palpite é que seus amigos estavam inconscientemente tentando fortalecer os laços com você em vez de destruí-los quando falavam sobre você naquele dia na cabana. Afinal de contas, quando este "incidente" aconteceu, você tinha acabado de contar que tinha se reconciliado com a mulher que todos aparentemente acreditam, com razão ou não, ser uma força negativa em sua vida. Se eles não se importassem com você, não se preocupariam em falar sobre essa virada. Como se importam, começaram a falar a seu respeito assim que acharam que você estava longe. Juntos, conversaram entre si sobre o que sentiam, como preparação, talvez, para compartilhar uma versão mais leve com você.

Isso é assim porque eles gostam de você.

Você ouviu coisas que não devia. Eles disseram coisas que não teriam dito se soubessem de sua presença. Mas isso não significa que eles o traíram. Significa apenas que todos vocês foram flagrados em uma situação embaraçosa na qual, eu imagino, todos nós podemos estar um dia.

Sugiro que você converse novamente com seus amigos sobre o que aconteceu, só que desta vez faça isso de maneira mais direta. Sem dúvida sua mágoa ainda persiste em parte porque você tentou esquecer rápido demais. Deixe que esse mal-entendido entre os amigos-na-floresta o aproxime de seus amigos em vez de afastá-lo. Use essa experiência desagradável como uma oportunidade de acabar com o mal-entendido sobre sua namorada e seja lá o que for que seus queridos amigos achem que você está justificando a respeito de seu relacionamento com ela. Diga a eles o quanto ficou magoado ao ouvir o que eles disseram. Diga a eles por que acha que estão errados. Diga por que ama sua namorada e por que eles deviam estar abertos para amá-la também. Depois pergunte por que eles disseram o que disseram sobre você e ela e se esforce para ouvir.

Sua escolha de parceiros românticos não é da conta deles, é verdade, mas a razão de eles terem uma opinião a respeito disso é desejarem que você tenha uma vida boa. Eles conhecem você. Eles escutaram o que você lhes contou sobre seu relacionamento com essa mulher e fizeram suas próprias observações. Não estou sugerindo que você desmanche com sua namorada porque seus amigos não gostam dela, mas pelo menos ouça o que eles têm a dizer. Eles talvez tenham uma opinião negativa dela porque quando você desmanchou o namoro e contou a história da separação para seus amigos você a retratou de maneira pouco lisonjeira e incorreta. Eles talvez não saibam do que estão falando, e você precisa colocá-los no rumo certo. Eles talvez vejam algo que você não consegue ver agora, cego como deve estar pelo desejo de que este relacionamento dê certo.

Não dá para saber. O tempo dirá. Mas recomendo que você engula o orgulho e ouça seus amigos, e que olhe para a imagem de você que eles estão refletindo de volta. Ela pode ser proveitosa. Ela pode deixá-lo chateado. Ela pode ajudá-lo a superar os sentimentos delicados que tem sobre o que aconteceu na cabana. O complicado sobre amigos é que às vezes eles estão totalmente errados sobre nós e às vezes estão totalmente certos, e é quase sempre apenas quando olhamos em retrospecto que dá para saber qual é o caso.

Tenho uma amiga querida que chamarei de Beth. Ela se apaixonou de maneira rápida e profunda por um cara que chamarei de Tom. Durante um ano ou dois, Tom levou Beth em um percurso de altos e baixos. Era amor, decepção, renúncia, mentiras, paixão, promessas e um monte de bobagens. Ela ficava animada. Ela ficava deprimida. Ela aparecia na minha porta, curvada e tremendo e chorando, ou me ligava para dizer como Tom era maravilhoso. Quando eu já tinha testemunhado esse relacionamento tempo suficiente a ponto de formar uma opinião a respeito dele, comecei a compartilhar minhas preocupações com Beth. No início fui gentil, mas logo não estava conseguindo evitar dizer a ela exatamente o que pensava nos termos mais ásperos: aquele homem era um jogador e, ao não se libertar dele completamente, ela só estava infligindo mais sofrimento a ela mesma.

Demorou alguns meses e alguns falsos recomeços e traições antes que ela acreditasse que eu estava certa. Nessa altura ela gostaria de ter ouvido o que eu havia dito tempos antes, mas é assim mesmo, não a culpo. Eu também não teria ouvido. Quem faz o que o amigo manda fazer? Não posso dizer que sempre faço, mesmo quando depois reconheço completamente que deveria ter feito.

Vários meses depois Beth começou a namorar outro cara. Vou chamá-lo de Dave. Após mais ou menos um mês de relacionamento, ela ligou e disse que eles estavam noivos.

– Para casar? – eu gaguejei, tentando esconder a reprovação e o medo de que esse Dave fosse outro desastre, outro Tom.

– Sim! Sei que é rápido, mas estamos apaixonados e vamos nos casar – ela disse.

Ela estava certa. Ele era ótimo. Ela estava tão feliz. Ela sabia que estava certa.

Passei meia hora fazendo uma pergunta atrás da outra em um tom de voz que eu esperava soasse animado, mas quando desliguei o telefone eu não me sentia animada. Estava chateada. Imediatamente enviei um e-mail para outra amiga íntima de Beth – uma mulher a quem eu só tinha sido apresentada. Perguntei o que ela achava dessa história louca de a Beth se casar com esse cara que estava namorando havia apenas um mês. Conversamos muito sobre Beth. Compartilhamos suas tendências e suas fraquezas, as coisas que torcíamos para que acontecessem com ela e também as que tínhamos medo de que acontecessem. Nós a conhecíamos. Nós gostávamos dela. Queríamos que fosse feliz, mas estávamos conversando às escondidas e sem restrições sobre ela.

Meses depois, após Beth se casar com Dave, após eu perceber que Dave realmente a fazia feliz e que ele era bom não apenas para ela, mas por ela, contei a ela o que tinha feito. Contei que tinha enviado um e-mail àquela amiga dela porque tinha ficado angustiada sobre como ela e Dave se envolveram tão rápido. Deu para ver a tensão que cruzou seu rosto à medida que eu a informava de que duas de suas melhores amigas tinham conversado sobre ela. Entendi por que isso a deixou na defensiva e pouco confortável. Quem éramos nós para dar sugestões sobre a questão da pessoa com quem ela se casou e com que rapidez? Entendi totalmente.

Mas eu também entendi quem éramos nós. Nós éramos duas de suas melhores amigas. Nós éramos pessoas que a escutaram contar todas aquelas histórias horrorosas e gloriosas sobre Tom e nós seríamos as pessoas que estariam lá para ela, independentemente de como as coisas acontecessem com Dave. Nós seríamos suas amigas não importa o quê. Porque gostávamos dela. Se ela precisasse de nós, nós a encontraríamos a qualquer hora. Nós a apoiaríamos. Ela sabia disso, e eu sabia que ela faria o mesmo. Sabia que ela sempre me contaria a verdade, mesmo que me magoasse, e também sabia que ela teria o cuidado de não me magoar. Sabia que ao longo do percurso de nosso relacionamento ela também poderia ter tido opiniões ou preocupações sobre mim que preferiria discutir com outra pessoa, e em termos que seria melhor que eu não ouvisse. Sabia que isso era normal, que era um aspecto totalmente natural de manter uma verdadeira amizade ao longo dos anos, que isso não era uma traição e sim uma bênção.

É isso que você tem com esses homens, Estranho no Ninho. Amigos de verdade. Bênçãos reais. Perdoe-os. Sinta-se feliz por tê-los. Siga em frente.

Um abraço,
Doçura

PENSAMENTOS NOJENTOS ME DEIXAM EXCITADA

Cara Doçura,

Sou uma mulher heterossexual, em breve terei 34 anos. Pensamentos nojentos me deixam excitada – pensamentos sobre incesto entre pai e filha, homens me "possuindo" de maneira violenta e eu sendo submissa na cama. Sempre tentei afastar esses pensamentos porque eles não combinam com quem eu sou e também porque são repulsivos e constrangedores, mas geralmente não consigo evitar e minha mente vagueia por lá de qualquer forma. Eles são, basicamente, a minha válvula de escape.

Sou uma mulher feminista, forte, independente e "normal", que obviamente é contra o estupro, o incesto e a dominação masculina, então eu me sinto mais do que péssima por ter esses pensamentos e ainda assim não consigo parar de tê-los. Tive três namorados sérios ao longo dos anos e alguns parceiros/amantes, além de namoros mais curtos, e recentemente comecei a sair com um homem de quem gosto muito. Com alguns desses homens exercitei um pouquinho do jogo sexual de domínio, mas nunca revelei a ninguém a extensão completa de meus desejos e de minhas fantasias. Acho que uma das razões para eu me sentir tão envergonhada é que meu pai foi levemente abusivo em termos sexuais no início da minha vida (ex. "carícias leves" de vez em quando durante um ano). Ele morreu em um acidente de carro quando eu tinha 8 anos, então a coisa não durou muito, graças a Deus, mas eu me preocupo que meus pensamentos doentios remetam a ele e ao que ele fez, principalmente porque as fantasias "pai e filha" têm uma presença de destaque em minha mente – o que me faz querer vomitar.

Estou escrevendo para perguntar o que você faria se fosse eu, Doçura. Devo dar vazão aos meus pensamentos doentios ou devo combatê-los?

Conheço pessoas que fazem um monte de coisas pervertidas, mas tenho interesse zero em participar de uma comunidade de sadomasoquismo – esse tipo de coisa é pesado demais para o meu gosto. Não estou envolvida em nenhum tipo de desequilíbrio de poder na cama e não sou nem de longe uma masoquista.

Não quero masmorras ou chicotes, muito menos ser escrava de ninguém. Apenas anseio ser dominada na cama de maneira amorosa, porém firme (de maneiras quase exclusivamente psicológicas ou que envolvam conversa e nada além de uma pegada firme e com ternura no que se refere ao aspecto físico). Sinto-me como se tivesse que purgar essas fantasias para sempre ou adotá-las plenamente para ter uma vida sexual mais satisfatória. O que você faria? Como você faria? Você acha que eu posso um dia arriscar compartilhar isso com um homem ou ele me acharia doida e sairia correndo?

Louca para Ser Submissa

Cara Louca para Ser Submissa,

Você algum dia jogou este jogo quando era criança, aquele em que você entra em um banheiro escuro e encara a sombra de seu reflexo no espelho e repete *Mary Worth, Mary Worth, Mary Worth* 13 vezes? A lenda na minha região dizia que quando você falasse Mary Worth pela última vez o espelho quebraria e pingaria sangue e seria grande a chance de o espírito da própria Mary Worth aparecer.

Lembrei-me desse jogo quando li sua carta aflita, Louca para Ser Submissa. Sei que é batido, mas gostaria que você jogasse a sua própria versão do jogo da Mary Worth comigo. Entre no banheiro e olhe fixamente para o seu reflexo no espelho e repita esta frase para você mesma 13 vezes, mas deixe as luzes acesas:

Pensamentos nojentos me deixam excitada.
Pensamentos nojentos me deixam excitada.
Pensamentos nojentos me deixam excitada.
Pensamentos nojentos me deixam excitada.
Pensamentos nojentos me deixam excitada.
Pensamentos nojentos me deixam excitada.
Pensamentos nojentos me deixam excitada.
Pensamentos nojentos me deixam excitada.
Pensamentos nojentos me deixam excitada.
Pensamentos nojentos me deixam excitada.
Pensamentos nojentos me deixam excitada.
Pensamentos nojentos me deixam excitada.
Pensamentos nojentos me deixam excitada.

O espelho quebrou e pingou sangue? Alguma cara assustadora apareceu? Você saiu correndo e tremendo? Espero que a resposta seja não. Espero que você tenha ficado lá e encontrado o seu próprio olhar. Cada pedacinho agonizante de autocomiseração e cada questão que você apresenta em sua carta serão amenizados e resolvidos por meio de sua habilidade de fazer isso, querida.

Obviamente você não é doida porque pensamentos nojentos a deixam excitada! Você sabe quantas mulheres têm essas mesmas fantasias? Convide sua melhor amiga para ir à sua casa e brinque um pouco de *Eu conto o meu se você contar o seu*. Escolha qualquer livro que tenha as palavras "mulheres" e "erótico" no subtítulo e dê uma folheada no verdadeiro *banquete* de palmadas e brutamontes mandões, homens mais velhos e gordos e menininhas sapecas. Você pode ser uma "mulher feminista forte, independente e 'normal'" e ainda querer essa maluquice na cama. Na realidade, ser uma "mulher feminista forte, independente e 'normal'" apenas aumenta sua chance de conseguir o que quiser do sexo.

Portanto, vamos conversar sobre como você pode fazer isso, minha ameixinha submissa.

Está claro para mim que você precisa se curar em relação ao que aconteceu com seu pai. Ele abusou de você sexualmente e depois morreu. Isso é pesado, é grave. Um bom psicoterapeuta vai ajudá-la a entender sua perda, sua violação e o amor que você provavelmente ainda sente por seu pai. Ele ou ela também a ajudará a investigar como sua história está conectada a seus desejos sexuais atuais.

Meu palpite é que tudo *está* conectado – ainda que de maneira obscura –, tão desconfortavelmente quanto isso a faz se sentir. Mas isso não quer dizer que você queria que seu pai transasse com você ou que gostaria de ser estuprada ou intimidada por homens. Isso significa, talvez, que você perdeu alguma coisa ou foi ferida de modo que seus anseios sexuais estão talvez – e somente talvez – tentando recuperar e reparar. É impossível saber, mas recomendo que você procure compreender o máximo que puder dentro de seu próprio mundo sombrio. Não apenas vai se livrar de seus "pensamentos doentios", mas finalmente assumir sua sexualidade e se divertir.

E divertido isso é. A questão da fantasia sexual é que se trata de um *fingimento*. E, quando a fantasia é encenada, ela é realizada entre e com *adultos que estão consentindo aquilo*. Existe um mundo de diferença entre ser estuprada e pedir que alguém rasgue suas roupas e transe com você. Você tem o domínio de sua vida sexual, mesmo se o seu desejo for o de abrir mão de seu poder e modo de atuação enquanto está fazendo sexo. Você pode recuperar esse domínio a qualquer momento.

O que significa, obviamente, que você sempre o teve.

Vítimas de estupro não têm. Vítimas de incesto não têm. Vítimas de brigões tirânicos não têm. Você está perdendo o foco quando se penitencia por ter os desejos que têm; quando rejeita a realidade de que *pensamentos repulsivos a excitam*. A parte mais repulsiva de cada um desses atos é que alguém está sendo magoado porque ele/ela está sendo forçado a fazer o que ele/ela não quer fazer.

Você quer o oposto. Você quer alguém que faça o que quer que ele faça. E, uma vez que você entende essa distinção, você vai parar de se sentir tão horrível sobre seus desejos e vai começar a pedir aos homens de sua vida para ajudar você a satisfazê-los. Vai ser bom, animado, bem divertido.

Também vai ser um pouco assustador, do jeito que sempre é quando temos coragem suficiente para acessar as verdades mais reais e cruas. Quando temos a coragem de olhar diretamente no espelho e repetir *Mary Worth* 13 vezes sem intervalo e perceber, entre excitada e aterrorizada, que nunca foi dela que devíamos ter medo.

Sempre foi apenas a gente.

Um abraço,
Doçura

CHEGAR LÁ

Cara Doçura,

Fui criado no "Sul Profundo" cristão superconservador, onde descobri que minha vida tinha sido protegida das visões e dos estilos de vida de outras áreas do país. Nossa cidade tem uma população de cerca de 6 mil habitantes. O condado todo tem menos de 30 mil. Sei que as pessoas são mais ou menos iguais em todo lugar, mas no Sul as pessoas tendem a manter as coisas longe do olhar público.

Trabalho no setor imobiliário e tenho o meu próprio negócio. Estou casado há mais de vinte anos e tenho quatro filhos. A primeira metade do meu casamento foi o que considerei uma utopia, mas nós amadurecemos de maneira diferente nos últimos dez anos ou mais. Agora, a sensação é de que apenas coabitamos pacificamente, como se fôssemos irmãos. Nenhum de nós dois está feliz, mas permanecemos juntos por causa das crianças.

Há alguns anos tive um acidente que machucou a minha coluna. Um neurocirurgião me disse que operar não adiantaria, e ele me indicou uma clínica especializada em dor. Agora estou perdidamente viciado em remédios para dor. Quando era jovem experimentei bebidas e drogas. Grande parte disso estimulado pelo suicídio de um irmão mais velho. Nunca tive problemas com vícios, apesar de tudo. Agora, tomo o suprimento mensal de remédios muito fortes para dor entre sete e dez dias, depois entro em crise e preciso implorar ou pedir emprestado dos outros para aguentar até a próxima consulta. Sei que essas drogas vão acabar transformando meu fígado em uma pedra, se não tiver uma overdose antes. Sei que tenho um problema sério.

Quando a economia piorou, o mesmo aconteceu com o meu negócio e acabamos perdendo nosso plano de saúde. Não tenho mais funcionários, então se não trabalho todo dia não temos o que comer. A reabilitação, na prática, é impossível. Não posso depender de minha mulher para me sustentar e não tenho qualquer outra família por perto. Sinto-me completamente sozinho, a não ser pelos meus filhos. Tentei tudo o que pude imaginar, desde rezas até abstinência.

Eu simplesmente não tenho a disciplina de ir até o fim. Tornei-me mentalmente dependente das drogas, tanto quanto fisicamente ou até mais. Dependo das drogas para me ajudar a lidar com a falta de trabalho e de renda assim como para lidar com um casamento sem amor. Junte a isso a morte de minha querida mãe há um ano e meio, e logo depois a de um dos meus melhores amigos, de câncer. Agora comecei a ter problemas de depressão e pensamentos suicidas, que, tenho certeza, estão relacionados com os medicamentos, bem como com a economia e tudo mais. As opções que vejo são:

1 - Continuar do jeito que estou, sabendo que há uma boa chance de que isso vá me matar.

2 - Descobrir um jeito de ir para reabilitação e perder a casa e o negócio (minha mulher não trabalha).

3 - Frequentar os encontros do AA/NA nesta cidade pequena. Isso quase certamente destruiria o que sobrou de meu negócio.

Espero que você possa ver outras opções porque não consigo ver nenhuma das que listei dando certo. Por favor, seja honesta, franca e me dê uma nova perspectiva para o meu problema multifacetado.

Obrigado,

Imperador de um Império Falido

Caro Imperador de um Império Falido,

Lamento muito sua falta de sorte. Você listou as três opções que acredita ter, mas na realidade todas elas dizem a mesma coisa: que você acredita estar ferrado antes de começar. Entendo por que você se sente desta maneira. A convergência de dor física, vício de drogas, desastre financeiro, falta de plano de saúde e um casamento infeliz é realmente desanimadora. Mas você não pode se dar ao luxo de se desesperar. Você pode encontrar um caminho para superar essas dificuldades, e precisa fazer isso. Não existem três opções. Há apenas uma. Como Rilke diz: "Você precisa mudar sua vida."

Você tem a capacidade de fazer isso, Imperador. Parece impossível agora, mas você não está pensando com clareza. As drogas, o desespero e a depressão desorganizaram sua cabeça. Se tiver apenas um pensamento em sua mente neste momento, por favor, deixe que seja esse. Foi esse pensamento que me tirou de meu próprio desastre de drogas/dinheiro/amor há muitos anos. Alguém em quem eu confiava me disse o que fazer quando eu não conseguia pensar por mim mesma, e ouvi-lo salvou a minha vida.

Você diz que não tem "disciplina para ir até o fim" quando se trata de largar seu vício, mas você tem. É que você não pode fazer isso sozinho. Você precisa procurar ajuda. Aqui vai o que acho que você deve fazer:

1 - Converse com um médico da clínica especializada em dor e diga a ele ou ela que você se viciou em seus remédios para dor e também que está deprimido e falido. Conte a história toda. Não esconda nada. Você não está sozinho. Não tem nada do que se envergonhar. Sei que seu primeiro instinto é mentir para o médico, para que ele ou ela não corte sua dose de remédios, mas não confie nesse instinto. Esse é o instinto que vai destruir a sua vida e possivelmente matá-lo. Confie no homem dentro de você, no seu verdadeiro eu, e se não consegue fazer isso, confie em mim. Seu médico pode ajudar você a diminuir gradualmente o remédio no qual você está viciado, prescrever um remédio alternativo e não viciante, e encaminhá-lo para um tratamento para vício de drogas e aconselhamento psicológico, ou todas as opções acima.

2 - Talvez seu médico conheça um tratamento para viciados sem custo, mas, se isso não for uma opção, imploro que frequente os encontros dos Narcóticos Anônimos (NA) ou dos Alcoólicos Anônimos (AA), se existir em sua cidade. Obviamente você está com medo de ser julgado e condenado. Algumas pessoas vão julgá-lo e condená-lo, mas a maioria não vai. Nossas mentes são pequenas, mas nossos corações são grandes. Praticamente todo mundo fez besteira em algum momento ou outro. Você está em uma situação difícil. Fez coisas que não esperava fazer. Nem sempre você tem mostrado seu melhor. Isso quer dizer que é como o restante de nós. Nunca estive em uma situação humilhante em que não tenha ficado surpresa com todas as pessoas "normais" que também estavam na mesma posição humilhante. Os humanos são maravilhosamente imperfeitos e complexos. Somos provocantes, autoprotetores, movidos pelo ego, loucos por drogas, entre outras coisas mais nobres. Acho que você ficará confortado quando for ao encontro do AA/NA e vir quantos possuem problemas parecidos com os seus – inclusive pessoas que você acharia que não os teriam. Essas pessoas vão ajudar você a se curar, querido. Elas vão apoiá-lo enquanto você enfrenta o vício. E vão fazer isso de graça. Conheço muita gente que transformou sua vida graças a esses encontros. Nenhuma delas achou que era o "tipo AA/NA" antes de ir lá. Estavam erradas. Você se preocupa que seu negócio ficará destruído se a notícia de que está frequentando os encontros se espalhar. Acho que as pessoas são mais generosas do que você está imaginando – sim, mesmo no "'Sul Pro-

fundo' cristão e superconservador". Mas, Imperador, ainda que você esteja certo, qual é a alternativa? Seu vício e depressão vão apenas piorar se você continuar nesse caminho. Você prefere perder o negócio porque se recusou a fazer uma mudança em sua vida ou porque vive em uma comunidade de idiotas que só pensam em punir você por procurar ajuda?

3 - Converse com sua mulher e conte a ela sobre seu vício e sua depressão. Isso pode ser o primeiro item de uma lista ou o último – não posso avaliar a partir de sua carta. Será que sua mulher será uma advogada importante à medida que você faz o primeiro pedido de ajuda, ou ela o apoiará mais se você lhe contar após fazer algumas mudanças positivas por conta própria? De qualquer forma, imagino que ela se sentirá traída por saber que você vem escondendo seu vício, e no fim ficará aliviada de saber a verdade. Você diz que seu casamento chegou ao fim naturalmente, mas gostaria que considerasse a ideia de que você não é o melhor juiz disso neste momento. Você é um viciado em drogas angustiado psicologicamente com quatro filhos, sem plano de saúde, perspectivas profissionais incertas e uma pilha de contas. Eu não esperaria que seu casamento estivesse bem. Duvido que você tenha sido um parceiro maravilhoso nos anos recentes, e não parece que sua mulher tenha sido também. Mas vocês dois deram um jeito de, após dez anos felizes juntos, esticar outros dez "pacificamente", e apesar do imenso estresse que você está passando é um feito que não deve deixar de reconhecer. Ele pode indicar que o amor que um dia vocês tiveram um pelo outro não está morto. Talvez você possa reconstruir seu casamento. Talvez não possa. De qualquer forma, recomendo que você verifique.

4 - Faça um planejamento financeiro, mesmo que esse planejamento seja a anatomia de um desastre. Você menciona o dinheiro como a razão de não ir para a reabilitação ou mesmo aos encontros do AA/NA, mas você certamente sabe que as repercussões financeiras serão bem piores se você continuar no caminho atual. Tudo está em risco, Imperador. Seus filhos. Sua profissão. Seu casamento. Sua casa. Sua vida. Se precisar gastar algum dinheiro para se curar, que seja. A única maneira de sair do buraco é subindo. Depois de consultar o médico e ver quais são as opções disponíveis, depois de ter uma conversa honesta e franca com sua mulher sobre a sua situação, sente-se com ela e converse sobre dinheiro e coloque tudo sobre a mesa. Talvez você possa requisitar um auxílio do governo. Talvez sua mulher possa arranjar um emprego, temporariamente ou permanentemente. Talvez você possa pegar um empréstimo com um amigo ou com um membro da família. Talvez as coisas não pareçam tão terríveis depois que você der os primeiros

passos na direção da cura e for capaz de manter o trabalho enquanto se recupera. Sei que você se sente aterrorizado por causa de sua situação financeira porque tem quatro filhos para sustentar, mas cada escolha que está fazendo atualmente está afetando seu objetivo. A única maneira de sustentar sua família financeiramente é você se recompor.

Morei no Brooklyn durante vários meses quando tinha 24 anos. Dividia o apartamento com o homem que era então meu marido em um prédio praticamente vazio. Embaixo de nós havia um armazém; acima de nós um casal que brigava violentamente no meio da noite. O restante do prédio, apesar de cheio de apartamentos, estava desocupado por razões que nunca ficaram claras para mim. Eu passava os dias sozinha no apartamento escrevendo, enquanto meu marido trabalhava como assistente de um amigo rico. De noite eu trabalhava como garçonete.

– Você ouviu algo estranho? – meu marido perguntou uma noite quando cheguei em casa do trabalho.

– Se ouvi alguma coisa? – eu perguntei.

– Atrás das paredes – ele disse. – Ouvi algo mais cedo e me perguntei se você também tinha ouvido enquanto estava sozinha hoje.

– Não ouvi nada – eu disse.

Mas no dia seguinte eu ouvi. Algo por trás das paredes, e depois vindo do teto. Algo próximo, depois distante, depois próximo novamente, depois sumiu. Eu não sabia o que era. Era impressionante. Como um bebê extremamente discreto. O lamento tinha o peso de uma pluma, a velocidade de uma folha seca caindo da árvore. Podia ser nada. Podia ser eu. Era a expressão exata do som que a minha barriga fazia sempre que eu pensava na vida e como precisava mudá-la e como parecia impossível.

– Eu ouvi alguma coisa – contei a meu marido naquela noite.

Ele foi até a parede e a tocou. Não tinha nada lá. Estava silenciosa.

– Acho que estamos imaginando coisas – ele disse e eu concordei.

Mas o som continuou indo e vindo ao longo de dezembro, impossível de definir ou identificar. O Natal chegou e estávamos sozinhos. Meu marido tinha recebido um bônus de seu amigo e nós gastamos parte dele em ingressos para a ópera em lugares bem lá atrás. Era *A Flauta Mágica*, de Mozart.

– Eu continuo ouvindo os sons – disse a meu marido no metrô de volta para casa. – O som atrás das paredes.

– Sim – ele disse. – Eu também.

No ano-novo nós acordamos às sete horas com um uivo. Pulamos da cama. O som era o mesmo que estávamos escutando havia três semanas, mas ele não estava mais discreto. Estava vindo nitidamente do teto de nosso closet. Meu marido imediatamente pegou um martelo e começou a bater no gesso com o lado do gume, quebrando o gesso em grandes pedaços que caíam sobre nossas roupas. Em menos de dez minutos ele tinha arrancado quase todo o teto do closet. Nós não nos importávamos em estar destruindo o lugar. Sabíamos apenas que precisávamos encontrar a fonte daquele som, que tinha parado durante as marteladas. Quando o teto do closet já tinha sido retirado, ficamos em silêncio e olhamos para as misteriosas e negras entranhas do prédio.

A princípio parecia que não tinha nada – aquele barulho horrível tinha sumido, ou talvez nós tivéssemos realmente imaginado o som –, mas um segundo depois dois gatinhos magérrimos apareceram, surgindo para nos olhar da beira recortada do buraco. Foi a coisa mais estranha que já vi. Tão esqueléticos que deviam estar mortos, visivelmente tremendo de medo, cobertos de fuligem, de teias de aranha e de bolas de graxa, os olhos enormes e faiscantes.

– Miau – um deles miou.

– Miau – miou o outro.

Meu marido e eu estendemos nossas palmas das mãos e os filhotes imediatamente subiram nelas. Eles eram tão leves que era como segurar o ar com a menor coisa possível nele. Eram como dois pardais em nossas mãos.

Tentei escrever sobre essa experiência diversas vezes ao longo dos anos. Era uma coisa estranha que aconteceu comigo durante a triste e duvidosa fase da minha vida em que esperava contar aos leitores algo profundo sobre meu ex-marido e sobre mim. Sobre como estávamos apaixonados e ainda assim perdidos. Sobre como éramos parecidos com aqueles dois gatinhos que ficaram presos e morrendo de fome por semanas. Ou talvez não sobre os gatinhos. Talvez o significado estivesse em como ouvimos o som, mas não fizemos nada a respeito até que fosse tão alto que não tínhamos outra escolha.

Nunca encontrei um modo de escrever sobre isso até que escrevi esta carta para você, Imperador, e percebi que era uma história que você precisava ouvir. Não sobre como os gatinhos sofreram durante aquelas semanas em que vagavam dentro do prédio escuro sem saída, embora certamente houvesse algo lá também, mas como eles se salvaram. Como estavam assustados aqueles gatinhos, e ainda assim insistiram. Como quando dois estranhos ofereceram as palmas das mãos e eles aceitaram.

Um abraço,
Doçura

PARTE DOIS

A MISTERIOSA ESTRELA QUE GUIOU VOCÊ ATÉ AQUI

As cartas que você publica são realmente enviadas por anônimos? A maioria delas está tão bem escrita que dá a impressão de que é você ou um dos redatores do* Rumpus *que as escrevem.

As cartas publicadas na minha coluna e neste livro foram enviadas por pessoas que procuraram o meu conselho. Na maioria dos casos o nome e/ou o endereço do remetente não é visível para mim. Nem eu nem ninguém do *Rumpus* escreve as cartas. O fato de ter milhares de cartas para escolher faz com que cartas bem-redigidas tenham uma chance maior de serem escolhidas da famosa pilha pelo simples fato de serem mais concisas e complexas. Concordo com você que as cartas são ótimas. Tenho muitas outras na minha caixa de entrada.

Você teve contato alguma vez com os remetentes depois de eles terem lido sua resposta? Eu ficaria interessada em saber o que eles têm a dizer.

Tive notícia de cerca de metade deles. Cada um mandou uma resposta carinhosa, mesmo quando o conselho desencadeou emoções complicadas. Acredito que deve ser impactante ter sua carta publicada e respondida. É uma honra terem confiado em mim para refletir sobre suas vidas.

Você parece ser muito saudável emocionalmente, mas lendo a sua coluna dá para ver que já teve os seus conflitos no passado. Você ainda continua lutando?

Claro que sim.

Você é terapeuta ou passou por um longo trabalho de psicoterapia?

Não sou terapeuta e só consultei um terapeuta em alguns momentos na vida. O que significa que em termos técnicos sou totalmente desqualificada para essa tarefa.

O PASSARINHO

Cara Doçura,

Que merda é essa, que merda é essa, que merda é essa?

Estou fazendo esta pergunta porque parece que ela se aplica diariamente a todas as coisas.

Tudo de bom,
Que Merda É Essa

Caro Que Merda É Essa,

Quando eu tinha 3, 4, 5 anos, meu avô por parte de pai fez com que eu o masturbasse. Eu não era boa naquilo. Minhas mãos eram pequenas demais, eu não conseguia pegar o ritmo certo e não entendia o que estava fazendo. Eu sabia apenas que não queria fazer aquilo. Sabia que aquilo me fazia mal e me deixava ansiosa de uma maneira tão doentia que posso sentir aquele mesmo enjoo surgir em minha garganta neste exato momento. Odiava ter que esfregar o pênis do meu avô, mas não havia nada que eu pudesse fazer. Simplesmente *tinha* que fazer aquilo. Naquele tempo, meu avô tomava conta de mim e da minha irmã alguns dias da semana. E na maioria dos dias em que eu estava presa na casa dele, ele tirava o pênis já enrijecido para fora das calças e dizia *venha cá* e pronto.

Quando tinha quase 6 anos me mudei para bem longe dele e, logo depois, meus pais se separaram, meu pai saiu da minha vida e eu nunca mais vi meu avô. Morreu com problemas nos pulmões quando tinha 66 anos e eu 15 anos. Quando fiquei sabendo que ele havia morrido, não fiquei triste. Também não fiquei alegre. Ele não significava nada para mim, mas, mesmo assim, estava sempre lá, sua presença e o que ele me obrigara a fazer, passando por mim como um rio negro. Durante anos, eu não disse nada sobre isso a ninguém. Esperava que o silêncio pudesse desaparecer com tudo ou transformar em nada além do que uma invenção desagradável da minha deturpada mente infantil. Mas não foi assim. Ela estava lá, esta coisa sobre a qual me perguntaria *Que merda era aquela?*.

Não havia nada naquela merda e nunca haveria. Vou morrer com aquilo nunca sendo nada, o merda do meu avô obrigando minhas mãos a fazer as coisas que ele fez minhas mãos fazerem com seu pau. Mas levei anos para entender isso. Para aceitar a verdade dentro de mim de que algumas coisas são tão tristes, erradas e inexplicáveis que a pergunta deve simplesmente ficar sozinha como um espantalho na plantação.

Assim, me revoltei contra aquilo na busca de uma resposta para aquela merda que o meu avô fez comigo. *Que merda é essa, que merda é essa, que merda é essa?*

Mas nunca consegui me livrar daquilo. Daquela merda em especial não seria fácil se livrar. Pensar naquilo só trazia tudo de volta. E voltando e voltando aquilo continuou, o pênis do meu avô na minha mão, uma lembrança tão viva, tão *palpável*, tão parte de mim. Ela voltava quando eu fazia sexo e quando não fazia. Ela voltava em cenas rápidas e em sonhos. Um dia ela voltou quando encontrei um filhote de passarinho que havia caído do ninho.

Sempre ouvi dizer que não devemos pegar filhotes de passarinho; que se tocarmos neles a mãe não volta para pegá-los. Mas não importa se é verdade ou não – esse filhote já estava condenado. O pescoço estava quebrado e a cabeça pendia para o lado. Eu o amparei com as mãos da forma mais delicada que pude, falando baixinho para acalmá-lo, porém a cada tentativa mais ele se debatia para escapar, apavorado com a minha voz.

Ver o sofrimento do passarinho seria insuportável em qualquer situação, mas foi especialmente insuportável naquele momento da minha vida porque eu tinha acabado de perder a minha mãe. E porque ela estava morta eu também estava morta. Eu estava morta, porém viva. E tinha um filhote de passarinho nas mãos que estava morto, mas igualmente vivo. Sabia que só havia uma coisa humanitária a fazer, mas levei quase uma hora para conseguir ter coragem: coloquei o filhote em um saco de papel e o sufoquei com as mãos.

Nada que partiu da minha vida partiu de forma suave e o filhote não foi exceção. O passarinho não se entregou sem lutar. Eu podia senti-lo através do saco de papel, pulsando de encontro à minha mão e empinando-se. Ao mesmo tempo flácido e feroz embaixo de sua pele translúcida, como o pênis do meu avô.

Lá estava ele! Lá estava ele novamente. Dentro do saco de papel. O fantasma do pênis daquele velho ia sempre estar em minhas mãos. Mas desta vez compreendi o que estava fazendo. Sabia que tinha que apertar com mais força do que podia suportar. Ele *tinha* que morrer. Apertar demais era assassinato. Era um ato de piedade.

Isso era uma merda. A merda era minha.

E a merda é sua também, Que Merda É Essa. Aquela pergunta não se aplica "diariamente a todas as coisas". Se ela se aplicar, você está desperdiçando a sua vida. Se ela se aplicar, você é um covarde preguiçoso e você não é um covarde preguiçoso.

Faça perguntas melhores, meu caro. A merda é a sua vida. Dê uma resposta.

Um abraço,
Doçura

VAI! VAI! VAI!

Cara Doçura,

Toco guitarra e baixo desde os 11 anos. Estou na mesma banda desde os 20 anos. Tenho 26 anos, ainda moro na mesma cidade e toco as mesmas músicas. Adoro a minha banda. É parte do que sou. Também lançamos um álbum do qual tenho orgulho (produção independente, mas a garotada local é fã). Mesmo assim, imagino o que aconteceria se eu fosse embora. Quero conhecer outros lugares. Andar por aí. Me aventurar antes de ter uma família para sustentar. Entretanto, minha banda é como se fosse a minha família e acho que não posso abandoná-la. Nunca vamos ser grandes e não tem problema. Mas estarei sendo egoísta se decidir sair?

Obrigado,
Pensando em Ficar Sozinho

Caro PFS,

Vai! Vai! Vai! Precisa de mais incentivo, querido? VAI.

Sinceramente. Falando sério. O mais rápido que puder. Tenho certeza disso: não chegue à fase de tomar conta de crianças e ter um emprego de verdade com um estojo de guitarra cheio de arrependimento por todas as coisas que gostaria de ter feito e não fez quando era jovem. Conheço muitas pessoas que não fizeram o que queriam. Acabam sendo versões mesquinhas e confusas das pessoas que elas gostariam de ter sido.

É difícil sair. É assustador e solitário. Seus amigos da banda vão ficar surpresos e metade do tempo você vai estar se perguntando o que está fazendo em Cincinnati, Austin, Dakota do Norte, Mongólia ou qualquer outro lugar a que sua melodiosa bundinha boa de beliscar te leve. Haverá dias tumultuados e improdutivos, noites descontroladas e metafóricos pneus furados.

Mas será uma experiência fantástica e linda para a alma, sozinho. Vai dar um novo sentido para a sua vida.

Um abraço,
Doçura

O LADO TRISTE DISSO

Cara Doçura,

Sou um cara de 38 anos e de casamento marcado. Minha noiva está com 35 anos. Não estou precisando de dicas românticas. Estou te escrevendo por causa da mãe da minha noiva, que morreu de câncer, quando minha noiva tinha 23 anos e eu ainda não a conhecia.

Ela e a mãe eram muito unidas. A morte da mãe foi um golpe terrível na época para a minha noiva e ainda hoje a deixa muito mal. Não é que ela não consiga sair da cama ou esteja lutando contra uma depressão. Ela tem a vida dela. Uma de suas amigas a chama de "alegria sobre rodas" e ela está certa, mas sei que esta não é a história toda. A morte da mãe está sempre pairando. Aparece de forma regular. Quando ela chora e fala de quanto sente falta da mãe, eu dou apoio, mas não parece que seja o suficiente. Não sei o que dizer além daquelas coisas banais como "Sinto muito" e "Posso imaginar como se sente" (embora na verdade não possa porque minha mãe ainda está viva). E como nunca foi próxima do pai, que saiu de cena há muito tempo, e não tem muito contato com a irmã, não posso contar com alguém da família dela para apoiá-la. Algumas vezes tento alegrá-la ou fazê-la esquecer o "lado triste da vida", mas o tiro sai pela culatra e ela se sente ainda pior.

Não sei como lidar com essa situação, Doçura. Me sinto impotente diante do sofrimento dela. O que você me sugere? Quero ser um companheiro melhor para lidar com sofrimento.

Assinado,
Desnorteado

Caro Desnorteado,

Vários meses após a morte da minha mãe eu encontrei um pote de vidro cheio de pedras escondido bem no alto do armário no quarto dela. Eu estava retirando as coisas da casa dela, que sempre considerei meu lar, mas que deixara de ser. Foi um processo devastador – mais cruel na sua clareza brutal do que qualquer coisa pela qual passei ou espero passar –, mas quando eu estava com aquele pote cheio de pedras nas mãos senti um tipo de alegria que não posso descrever de outra forma a não ser dizer que o som abafado das pedras no pote me fez sentir por um momento como se estivesse com a minha mãe.

Aquele pote de vidro cheio de pedras não era só um pote cheio de pedras. Eram pedras que meu irmão, minha irmã e eu tínhamos dado para a nossa mãe. Pedras que tínhamos encontrado nas praias, nas trilhas e nas áreas próximas dos estacionamentos e que havíamos apertado nas mãos dela, sendo as mãos de nossa mãe o recipiente de todas as coisas que achávamos importante guardar.

Sentei no chão do quarto e despejei as pedras, passando as mãos sobre elas como se fossem as coisas mais preciosas do mundo. Muitas eram lisas, pretas e pequenas. *Pedras de reflexão*, era assim que minha mãe as chamava, um tipo de pedra tão agradável ao toque que, segundo ela, tinham o poder de acalmar a mente se as esfregássemos do jeito certo.

O que fazer com as pedras que um dia você deu para a sua mãe que agora está morta? Qual será o lugar certo para elas? A quem pertencem? Qual é a sua responsabilidade? Com a lembrança? Com o aspecto prático? Com a razão? Com a fé? Você as coloca de volta no pote e as carrega consigo ao longo da triste rebeldia e confusão de seus 20 anos ou simplesmente as leva para o jardim e as deixa por lá?

Eu não sabia. A resposta estava muito longe. Eu só podia tocar as pedras, na esperança de encontrar minha mãe nelas.

Um pouco antes de minha mãe morrer, uma amiga me contou a história de uma mulher que morava na instituição para pessoas com lesões cerebrais onde ela trabalhava. Alguns anos antes, a mulher havia sido atacada quando ia para casa depois de uma festa. Ela bateu a cabeça na calçada com tanta força que nunca mais foi a mesma. Era incapaz de morar sozinha, incapaz de fazer a maior parte das coisas, mas ainda assim se lembrava de algo da vida anterior como pintora e professora, se sentia infeliz na instituição e queria desesperadamente voltar para a própria casa. Ela se recusava a aceitar as explicações que lhe eram dadas. Passou a acreditar piamente que para ser liberada ela precisava recitar para seus cuidadores e vigias a combinação correta de números.

93480219072, ela dizia enquanto a alimentavam, a banhavam ou a preparavam para dormir. *6552091783. 4106847508. 05298562347.* E assim, sem parar, em uma espiral implacável. Mas não importava o que dissesse, nunca decifraria o código. Não havia código nenhum. Só havia o novo fato de sua vida ter mudado para sempre.

Nos meses seguintes à morte da minha mãe, eu pensava naquela mulher de vez em quando e não somente porque seu sofrimento me angustiava. Pensava nela porque compreendia seu enorme desejo e sua fé infundada: eu também acreditava que podia decifrar o código. Que a mudança permanente na minha vida poderia ser compensada se ao menos eu pudesse decifrar a combinação certa das coisas. Que através daqueles objetos eu poderia ter minha mãe de volta de um jeito inexplicável e simbólico que tornaria suportável para mim viver o resto da vida sem ela.

Então eu procurei.

Não encontrei nada na caixa pela metade de Tic Tac de hortelã que estava no porta-luvas do carro da minha mãe no dia em que ela morreu ou no mocassim com franjas que ainda conservava o cheiro de seus pés um ano depois. Não encontrei nos seus grandes óculos de leitura fora de moda ou no cavalo cinza de porcelana que ficava na estante perto da cama dela. Não encontrei na caneta recheada com uma nota de cem dólares em tiras presenteada pelo banco ou na manteigueira com enfeite no topo ou em nenhuma das blusas que ela costurara para ela ou para mim.

E também não encontrei naquelas pedras, apesar de minhas esperanças naquele dia triste. Não estava em lugar nenhum, em nada, e não estaria nunca.

"Não vai ser fácil nunca", uma amiga que também perdera a mãe quando ainda era adolescente me disse alguns anos atrás. "Nunca vai ser fácil aceitar o fato de que nossas mães estão mortas."

Quando ela me disse isso, ainda não era minha amiga de verdade. Tínhamos conversado algumas vezes em festas, mas esta tinha sido a primeira vez que estávamos só nós duas. Ela estava com 50 e poucos e eu com 40 anos. Nossas mães já estavam mortas havia muitos anos. Nós duas éramos escritoras e éramos mães. Tínhamos um bom relacionamento com os companheiros e carreiras gratificantes. E, ainda assim, aquela verdade simples do que ela tinha dito – *de que nunca vai passar* – me deixou totalmente desanimada.

Nunca vai passar e ainda assim lá estávamos nós, mais do que ótimas, mais felizes e mais afortunadas do que alguém tem o direito de ser. Você poderia descrever cada uma de nós como "alegria sobre rodas", embora não houvesse uma única coisa boa que tivesse acontecido a cada uma de nós que não tivesse acontecido através da lente do nosso sofrimento. Não falo de chorar e se lamentar todos os dias (embora, algumas vezes, fizéssemos isso). Falo de algo que acontece dentro de nós, de palavras que não são ditas, do tremor lá no fundo do peito. Nossas mães não estavam lá no dia da formatura. Nem quando nos casamos. Quando publicamos os primeiros livros. Quando tivemos nossos filhos. Elas não estavam em nenhum dos momentos de mudança das nossas vidas e nunca estarão.

É a mesma verdade da sua noiva, Desnorteado. Ela é a sua alegria sobre rodas, para quem cada experiência é preenchida e modificada pelo fato de ela ter perdido a pessoa mais essencial, básica, primitiva e central da sua vida muito cedo. Sei disso sem conhecê-la. Para ela nunca vai ser fácil ter perdido a mãe. E a coisa mais gentil e carinhosa que você pode fazer por ela é ser testemunha disso, reunir a força, a coragem e a humildade necessárias para aceitar a realidade monstruosa dessa *falta* e se sentir bem com isso da mesma forma que ela. Sinta-se confortável sendo o homem que diz *Meu amor, sinto muito pela sua perda* milhares de vezes.

Foi o que as pessoas que me consolaram no momento mais doloroso fizeram. Repetiram aquelas palavras ou algo parecido todas as vezes que precisei ouvi-las; reconheceram abertamente algo que é invisível para eles, mas real para mim. Sei que ao dizer essas palavras banais e comuns você se sente desconfortável e pouco convincente. Também me sinto assim quando falo essas coisas para quem perdeu pessoas queridas. Todos nós sentimos. Parece pouco convincente porque achamos que podemos resolver tudo. Parece insuficiente porque não há nada que realmente possamos fazer para mudar o que é terrivelmente verdadeiro.

Mas compaixão não quer dizer solução. Quer dizer dar todo o amor que se tem.

Então, dê o seu amor. Não há dúvida de que você já faz isso. Sua carta carinhosa é prova disso. Mas sugiro que pare de se atormentar. Tenha coragem de se sentir incapaz. Diga 3 mil vezes nos próximos anos que sente muito pela perda que sua noiva teve. Faça perguntas sobre a mãe dela de vez em quando sem que ela precise te dar a deixa. Ofereça consolo antes que ela peça. Faça uma homenagem à mãe dela no dia do seu casamento e em outras ocasiões. Sua sogra está morta, mas ainda vive como uma sombra na mulher que você ama. Faça um lugar para ela na sua vida também.

É o que o Sr. Doçura tem feito por mim. É o que amigos e conhecidos também têm feito. Nunca vai passar, mas fica mais suportável.

Já faz mais de vinte anos que minha mãe morreu. Desde então aperto os olhos todas as vezes que penso nela. E finalmente me convenci de que não há nenhum código para ser decifrado. A procura terminou. As pedras que um dia dei para a minha mãe estão espalhadas, substituídas por outras dadas pelos meus filhos. Deixo as melhores nos meus bolsos. Algumas vezes encontro uma tão perfeita que a carrego por semanas e a minha mão a encontrando e encontrando, acalmando a si mesma junto com o lado triste disso.

Um abraço,
Doçura

O INFERNO SÃO OS NAMORADOS DOS OUTROS

Cara Doçura,

Comecei o ensino médio e todo mundo sabe que é um tempo de drama, drama, drama. E a minha melhor amiga (vamos dizer que se chama Jill) está no centro de um.

Tudo porque Jill está namorando esse cara (vamos chamá-lo de Jack) que tem uma namorada que estuda em outra escola. Como melhor amiga da Jill, já não gosto do Jack. Ele não quer terminar com a namorada para ficar com a Jill (ele e a namorada estão juntos há mais de um ano), mas, na minha opinião, essa situação é inaceitável. Jack parece ser um cara legal, mas tem uma natureza básica desprezível que eu simplesmente não consigo engolir. Está na cara que o Jack gosta da Jill de verdade, mas ele não vai dispensar a namorada – ou a Jill.

Não sei o que seria melhor. Por um lado, quero que a Jill seja feliz, então quero que o Jack termine com a namorada. Por outro lado, quero dar um soco na cara do Jack e acho que ele faria com a Jill a mesma coisa que está fazendo com a namorada. Ando pensando em ter uma conversa com o Jack, mas não tenho certeza de que ajudaria a situação. Doçura: como faço para que pelo menos um dos dois reflita e entenda que o que estão fazendo está errado?

Amiga Preocupada

Cara Amiga Preocupada,

É de fato um drama, drama, drama! Ah, mas este é fácil, docinho. E difícil. Mas é melhor aprender agora, no início do ensino médio, que você está só no começo desse tipo de diversão. Jean-Paul Sartre disse a famosa frase "o inferno são os outros", o que é bem verdadeiro, mas mais verdadeiro ainda é *o inferno são os namorados dos outros* (ou as namoradas, conforme o caso).

Tenho sido testemunha das pessoas que amo traindo e sendo traídas, mentindo e sendo alvo de mentiras, sendo abusivas emocionalmente e sofrendo abusos emocionais por parte de seus amantes. Tenho consolado e aconselhado. Tenho ouvido histórias longas e tediosas sobre sofrimentos românticos desastrosos que previ desde o início porque a mesma amiga escolheu a pessoa errada *mais-uma-vez*. Porém, a má notícia é que o mundo é assim, querida, e não há nadinha que possamos fazer.

Você já leu *Romeu e Julieta*, de Shakespeare? Pessoas *morrem* porque elas querem quem elas querem. Todos fazem coisas malucas, estúpidas, singelas, surpreendentes e autodestrutivas. Você não vai conseguir fazer ninguém "refletir e entender que está fazendo algo errado". Não vai.

E não devia nem tentar. O que está acontecendo entre o Jack e a Jill é problema deles. Jill sabe que Jack está envolvido com outra pessoa. E, apesar disso, resolve ter um relacionamento romântico com ele. Jack resolve enganar uma moça de quem ele provavelmente gosta e se envolver com outra. Não são coisas boas, mas são reais.

Não me leve a mal: entendo como se sente. Sei que pareço calma e controlada, mas a verdade é que prefiro me manter de maneira geral, pelo menos internamente, distante de algum bobo ou canalha que uma ou outra de minhas amigas íntimas supôs "amar" (veja: *o inferno são os namorados dos outros*). É terrível ver uma amiga fazer escolhas que você teme que a farão sofrer. Mas é aqui que entram os limites, minha querida Amiga Preocupada.

Você sabe o que são limites?

As melhores pessoas e as mais sadias do planeta sabem, e já que não tenho dúvidas de que você vai se tornar uma dessas pessoas, é melhor aprender com elas o mais cedo possível. Esta situação incômoda com o Jack, a Jill e a jovem da outra escola tem dado a você esta oportunidade. Está claro para mim que os sentimentos que surgiram em sua preocupação com a Jill e a consequente antipatia em relação ao Jack confundiram sua capacidade de entender os limites apropriados. O impulso que você tem de se meter e resolver a situação dos pombinhos me diz que está superestimando o seu poder e a sua influência, e também que está desrespeitando o direito de autodeterminação amorosa de Jill – ela tem total direito, não importa quão enlouquecedoras suas decisões possam ser para você.

Não estou dizendo para você ficar calada. Outra coisa que as melhores pessoas e as mais sadias do planeta fazem é ter a coragem de dizer a verdade. Você deve dizer a Jill o que me disse – que quer que ela seja feliz, mas em razão de o Jack ser meio galinha você tem medo de que ele a trate do mesmo modo que está tratando a outra menina, a "verdadeira" namorada. Ouça o que ela diz com o coração aberto e de forma crítica. Ame-a mesmo que ela não faça o que você gostaria que fizesse depois de alertá-la de que seu amante é um canalha. Deseje o melhor para ela sem se enredar emocionalmente numa situação que não é da sua conta. (Lembra-se dos limites? A vida dela é só dela. E a sua é só sua. E etc.)

E mais, Amiga Preocupada, deixe o que tem que acontecer entre o Jack e a Jill acontecer. Ria se eles acabarem provando que você estava errada. Apoie Jill se você estiver certa. E, enquanto isso, desenvolva a compreensão de um monte de outras coisas que as melhores e mais sadias pessoas do planeta sabem: que a vida é longa, que as pessoas mudam mas também continuam as mesmas, que cada um de nós terá a necessidade de errar e de ser perdoado, que todos nós estamos caminhando, caminhando e caminhando e tentando achar nosso caminho e que todas as estradas levam ao topo da montanha.

Um abraço,
Doçura

PLAFT, PLAFT, PLAFT

Cara Doçura,

Duas semanas atrás meu chefe me deixou sair do meu plantão mais cedo. Tentei ligar para o meu namorado, mas ele não atendeu. Quando cheguei lá em casa e abri a porta do apartamento eu o encontrei de pé, em frente a um espelho grande que temos, vestindo minhas calcinhas. Ele bateu a porta e trancou-a antes que eu pudesse registrar o que tinha visto.

Fiquei surpresa, é claro, porém fiquei mais surpresa ainda, quando ele abriu a porta novamente, todo vestido (com as próprias roupas), e agiu como se nada tivesse acontecido. Nós sempre tivemos uma relação divertida e aberta, tanto sexualmente quanto emocionalmente, então fiquei desorientada com aquele comportamento dissimulado. Sempre demonstrei vontade e interesse em experimentações. Não entendo por que ele esconderia isso de mim. Devo dizer alguma coisa para ele, ou, melhor ainda, devo fazer alguma coisa para mostrar que não estou decepcionada? Ou continuo a seguir sua vontade e não digo nada?

Um abraço,
Partilhando Calcinhas, Fantasias Não

Cara PCFN,

A primeira vez que o Sr. Doçura me deu uma palmada, estávamos juntos havia uma semana. Àquela altura, tínhamos transado com tanta intensidade, tantas vezes, tão emocionados e maravilhados e de maneira tão violenta que o ardor que estávamos sentindo praticamente queimou a tinta das paredes. Estava imprensada contra a pia do banheiro e ele imprensado por cima de mim, nós dois de frente para o espelho. Vi como sua expressão ficou séria, determinada e um pouco dura alguns instantes antes daquele primeiro *plaft*.

– Gosta, meu amor? – sussurrou nos meus cabelos e eu dei um gemido baixinho de aceitação.

Plaft, Plaft, Plaft.

Na verdade não tinha gostado muito não, amor. Mas também não tinha nada contra. Ele era um cara tão incrível, um amante tão amoroso, tão diferente de todos os outros que eu conhecera e tão parecido com as minhas melhores e mais secretas partes que estava disposta a aceitar umas palmadas na bunda se era aquilo que o excitava. A ideia de vê-lo excitado por me bater era mais do que suficiente para me convencer a continuar brincando aquela primeira vez, enquanto continuávamos ocupados sensualmente embaixo do pedestal da pia de louça até o submundo úmido mais abaixo, quando finalmente ficamos quietos entre os canos no chão creme, imaginando como tínhamos chegado até ali, tão extraordinariamente cansados que não importava.

– Sabia que esta pia foi feita na Argentina? – perguntei quando consegui dizer alguma coisa.

– Argentina? – respondeu.

Como resposta, estiquei meu braço e passei o dedo pelo pequeno adesivo na parte de baixo da pia onde estava escrito *Produzido na Argentina.*

– Foi muito bom – disse ele. – Não foi?

– Foi – respondi. – *Muito* divertido.

Continuamos com o *Plaft, Plaft, Plaft* durante todo o mês seguinte. (Você gosta disso, não é?/É.) *Plaft.*

Depois de um tempo, apesar de tudo, comecei a ficar meio aborrecida. O ritmo dele geralmente me tirava da minha própria viagenzinha prazerosa. A mão dele às vezes aterrissava dolorosamente no ossinho acima da bunda em vez de na parte gordinha da minha bunda.

– Dá para bater um pouquinho mais para baixo? – disparei tão repentinamente no meio da transa que estraguei o clima e não deu para continuar. – O que te faz ficar excitado quando me bate? – perguntei finalmente.

– É sensual – respondeu com indiferença.

– Mas o que tem de sexy para você nisso? – insisti.

– Que você fique tão excitada – respondeu.

– Que *eu* fique excitada? – retruquei.

– É – disse e nossos olhos se encontraram.

Não precisou mais nada. O modo como nos olhamos foi o suficiente para entendermos em um segundo que havíamos atuado no nosso próprio filme pornográfico *O Presente de Magi* – cada um de nós fazendo um sacrifício que anulava o presente do outro. Eu não queria apanhar da mesma forma que não queria transar com um canguru. E vice-versa. Estávamos fazendo aquilo porque achávamos que era o que o outro queria que fizéssemos.

Depois que paramos de rir, fizemos o caminho de volta – como havíamos chegado àquela interpretação errada. Acontece que eu havia feito um comentário, no terceiro dia do nosso relacionamento, sobre sexo, controle, submissão, dominação, ternura, entrega, teoria social de gênero, desejo, incesto, transgressão, masculinidade, poder e uma fantasia adolescente que tive que envolvia o *Super Bowl* e um bando de homens vestindo ternos. Ele havia entendido que eu queria ser punida como uma garotinha safada em um convento e aí ele me bateu de me tirar o fôlego por um mês.

Não é a coisa mais doce que você já *ouviu*?

– Para dizer a verdade – eu disse –, essa história de bater não mexe comigo.

– E o que mexe com você? – perguntou.

E foi assim que começamos há quase 15 anos. Com aquela pergunta, seguida da minha resposta. Com a minha pergunta e depois a dele. Foi dessa forma que seguimos em frente. Não com aquele fogo potente capaz de chamuscar a pintura das paredes, mas com a coragem mais vigorosa do tipo isso-dá-medo-mas-vamos-fazer-de-qualquer-maneira que isso exigiu para dizer o que era verdadeiro não só em relação a nós, mas sobre quem somos sexualmente.

O que é às vezes estranho, às vezes excitante, às vezes divertido, às vezes sombrio, às vezes depressivo acaba não sendo muito parecido com os *eus sexuais* que escolheríamos se pudéssemos escolher.

Não há dúvida de que o seu namorado está envergonhado em relação ao fato de que ele gosta de usar calcinha. Quem não estaria? Que homem pediria para usar tal coisa? Isso não quer dizer que ele não pode tentar ficar íntimo da ideia – e eu sinceramente espero para o próprio bem dele que fique. Mas está claro que ele ainda não chegou lá. Ele está com vergonha. É bem provável que *odeie* esse fato, mas ele continua lá e não há como negar. E aí um dia, quando tem o apartamento todo para ele, ele se rende, tira a roupa, veste a calcinha e sem nenhum aviso você aparece – *você! A amante aberta a novas experiências e emoções!* – e aí ele bate a porta na sua cara e finge que aquilo nunca aconteceu.

Sabe a razão? Porque, por mais que ele goste de uma nova experiência, a vida dele não é um experimento. A vida dele é como a sua, como a minha e como as vidas de todas as pessoas que estão lendo estas palavras neste exato momento. É uma mistura de medo, necessidade, tesão, amor e desejo de ser amado. Com ênfase neste último.

Você entrou em um campo que ela considera seu momento mais desprezível. O pervertido usando calcinha. Você viu o lado secreto dele antes que ele tivesse contado o segredo e isto foi extremamente humilhante para ele.

Não há como ignorar o fato. Você não pode apagar o que viu. Tem que lidar com o que viu, mas não acho que seja uma boa ideia "fazer alguma coisa" para demonstrar que ainda continua a fim dele. Você precisa falar com ele, meu docinho. Vai dar medo e parecer esquisito, mas você vai conseguir. Quando tenho que falar algo muito difícil geralmente coloco tudo no papel antes. Se o que aconteceu com você tivesse acontecido comigo, eu escreveria: "Quero falar com você sobre aquele dia em que cheguei em casa do trabalho antes da hora. Estou nervosa por estar tendo essa conversa, mas me preocupo com você e nosso relacionamento é tão importante para mim que acho que vale a pena correr o risco de me sentir desconfortável. Primeiro e mais importante quero que saiba que não estou te julgando pelo que vi – na verdade, estou curiosa. Quando abri a porta e vi você, de pé, com a minha calcinha, fiquei surpresa porque achava que você tinha se aberto comigo sobre a sua sexualidade e seus desejos, mas fiquei mais surpresa ainda porque você bateu a porta e não quis conversar comigo depois. Isto anda me deixando preocupada porque quero que você confie que pode ser honesto comigo e também porque quero fazer amor com você e não acho que possamos fazer isso com esse silêncio entre nós sobre o que aconteceu naquele dia. Dá para a gente conversar sobre isso?"

Se ele disser que não, o relacionamento vai acabar, embora você possa fingir durante um tempo.

Se ele disser que sim, vai ser o ponto de partida para prosseguir.

É um lugar real, um submundo, um lugar onde todos nós estamos exaustos e encolhidos entre os canos, ocupados com as origens estranhas e secretas de nossos desejos mais primitivos. Enquanto você estiver lá com o seu cara, sugiro que divida com ele algumas coisas suas. Dê a ele uma dica de seja lá o que for que faria você bater a porta na cara dele se estivesse em frente ao espelho e ele te flagrasse ao entrar.

Aquele adesivo de *Produzido na Argentina* não está mais embaixo da pia. Nem moramos mais na casa daquele banheiro. Antes de nos mudarmos – anos depois de estarmos juntos –, o Sr. Doçura cuidadosamente retirou o adesivo e fez um cartão com ele para mim.

Na frente está escrito *Produzido na Argentina.* E, na parte de dentro, "Mas parece que foi feito aqui em casa".

Um abraço,
Doçura

A MULHER NO FIM DA LINHA

Cara Doçura,

Preciso da sua ajuda em relação a perdoar. Carrego uma raiva violenta dentro de mim e não consigo me livrar dela. Ano passado, descobri que o meu marido e uma jovem que eu havia contratado estavam tendo um caso. Essa mulher, que eu havia convidado para entrar na minha vida, que eu havia ajudado a alavancar a carreira, que eu havia convidado para fazer parte da família, me agradeceu se encontrando secretamente com o meu marido e lhe enviando dramáticas cartas de amor fazendo pressão para que ele me deixasse.

A minha visão de mundo perdeu um pouco o brilho. As pessoas são capazes de fazer as coisas mais surpreendentes e egoístas. O meu foco costumava ser o de perseguir a alegria e o prazer na minha vida, e também de dividir essa alegria. Mas agora parece que essa luz se apagou para sempre. Essa mulher causou um estrago na minha família que jamais imaginei que fosse possível. Reconheço que faz mal dizer tal coisa, mas eu realmente odeio essa mulher.

Recentemente, descobri que ela AINDA tem escrito cartas para o meu marido, seis meses depois do rompimento. Tenho um bolo de raiva por causa disso, um monstro em meu peito. Imagino coisas horríveis acontecendo com ela e isso me consome todos os dias. Como encontrar o caminho de volta para a compaixão e a alegria de viver que eu tinha? Como encontrar um pouquinho de paz?

Luto e Raiva

Cara Luto e Raiva,

Quanta dor. Sinto muito por tudo que aconteceu. Existem poucas coisas mais devastadoras do que uma traição como a que você descreve. Não é à toa que você tem um enorme monstro dentro do peito. É uma reação compatível com a situação que te causou tanta dor. E, apesar de tudo, você sabe que vai se autodestruir se continuar a deixar que a raiva tome conta de você. Então, vamos conversar sobre como você pode encontrar um pouco de paz.

Sua carta sugere que você e seu marido permaneceram juntos durante toda essa turbulência. Você não me pediu conselho matrimonial, então vou me conter, mas estaria sendo negligente se não dissesse que acho que boa parte da raiva que você sente pela outra mulher se dissiparia no momento em que você e seu marido consertassem o estrago que o caso amoroso dele causou. O que mais me surpreende em relação à sua carta é que você pouco fala sobre ele. A raiva parece estar direcionada só para a mulher com quem ele teve um caso. Você escreve que ela "causou um estrago na minha família que jamais imaginei que fosse possível", mas é claro que ela não poderia ter causado o estrago se o seu marido não tivesse permitido. Os dois a traíram, mas seu marido cometeu um crime mais grave. Ele fez um juramento. Ela apenas arranjou um emprego.

Não menciono isso para diminuir o que ela fez, mas para chamar a sua atenção para uma dinâmica que vale a pena examinar. Ter um caso secreto com um dos membros do casal que te contratou não é uma boa prática, mas por que é que a sua raiva se concentra nela e não nele? É possível que você tenha redirecionado a sua raiva para a parte mais segura, já que o ódio por ela não exige que você destrua a sua família como o ódio por ele exigiria? De que modo expressou a raiva que estava sentindo para o seu marido quando você descobriu o caso? Como você o perdoou? A raiva que você sentia pela mulher aumentou ou diminuiu depois de perdoar o seu marido? Por quê? O que é que perdão neste contexto significa para você?

Dou força para que você separe um tempo para refletir sobre essas perguntas. Respondê-las pode resgatar algum senso de equilíbrio em relação à sua raiva, e vai também exigir que você contemple questões cruciais que precisam ser resolvidas antes que você seja capaz de encontrar "a alegria de viver" novamente. Quando coisas ruins acontecem, geralmente o caminho de volta para a plenitude é desmontar tudo. Você é forte para fazer isso, não importa quão devastador para a alma e para o casamento isso possa ser. Uma coisa ruim aconteceu com você, mas você não pode deixá-la definir sua vida. Os casais sobrevivem a todo tipo de problema, inclusive a um desse. E indivíduos também sobrevivem, até quando seus casamentos acabam. Existe um futuro.

Você me pediu ajuda em relação a perdoar, mas não acho que seja o que você precisa neste momento. Você sabe que os alcoólatras que frequentam o AA estão sempre usando aquela frase "um dia de cada vez"? Eles usam esta frase porque dizer "eu nunca vou beber de novo" é demais para eles. É importante, difícil e fadado ao fracasso. É, sem dúvida, como você se sente em relação ao perdão neste momento. É por isso que você não consegue perdoar. Sugiro que você esqueça o perdão por agora e trabalhe na aceitação.

Aceite que o homem que você ama te traiu. Aceite que a mulher por quem você tinha a maior consideração te desrespeitou. Aceite que o que eles fizeram te magoou muito. Aceite que esta experiência te ensinou algo que você não queria aprender. Aceite que tristeza e competição fazem parte até de uma vida feliz. Aceite que vai levar muito tempo para que você consiga tirar aquele monstro de dentro do seu peito. Aceite que algum dia o que te machuca hoje vai te machucar muito menos.

Só de escrever isso para você já faz com que eu me sinta melhor, Luto e Raiva. Sente a mudança? Aceitação tem tudo a ver com simplicidade, em sentar em um lugar comum, em testemunhar os fatos comuns da vida e não começar com o essencial, mas terminar lá. Sua vida foi sacudida profundamente por essas revelações recentes. Não é tarefa sua perdoar imediatamente aqueles que te sacudiram. O desejo que você expressa verbalmente, de perdoar a mulher, é o oposto do que você sente. O perdão força um confronto direto interno impossível entre você e a mulher.

A aceitação só pede que você aceite o que é verdadeiro.

Por mais estranho que possa parecer, não acho que já tenha feito isso. Posso sentir isso no tom da sua carta. Você está tão ofendida e surpresa de que isso tenha acontecido com você que existe uma parte sua que ainda não está convencida de que isso realmente aconteceu. Você está procurando uma explicação, uma saída, uma virada feliz que mude o curso dessa história sombria. Qualquer pessoa também estaria. Esta é a razão pela qual tive de contar as minhas histórias de injustiça 7 mil vezes, como se pudesse mudá-las ao me indignar com elas e pudesse deixar de ser a mulher no fim da linha.

Mas não haverá mudança, para mim ou para você ou para qualquer pessoa que tenha sofrido uma injustiça, que é todo mundo. Somos todos em algum momento – e geralmente em muitos momentos ao longo da vida – a mulher no fim da linha. Permita que a aceitação do fato seja uma experiência de transformação. Você faz isso simplesmente encarando a situação e depois seguindo adiante. Não precisa ser rápida ou ficar distante. Pode se mover um centímetro. Você pode progredir a cada respiração.

Literalmente. E é lá que eu sugiro que você comece. Toda vez que pensar *Odeio aquela filha da puta*, quero que você neutralize o pensamento com a respiração. Acalme a mente. Inspire profunda e intencionalmente, depois solte o ar. Não pense *Odeio aquela filha da puta* enquanto respira. Dê isso a você. Liberte a filha da puta do seu peito. E depois siga em frente.

Usei esta técnica de respiração com muitas pessoas que me fizeram mal; em muitas situações que eu não podia mudar. Algumas vezes, enquanto fazia isto, inspirei aceitação e expirei amor. Algumas vezes inspirava gratidão e expirava perdão. Outras vezes não consegui invocar nada além da respiração em si, forçando minha mente a ficar vazia, sem nada a não ser o desejo de me livrar do sofrimento e do rancor.

Funciona. E a razão de funcionar é que o remédio está sendo aplicado diretamente na ferida. Não é coincidência que você diga que a sua dor está alojada em seu peito. Quando você respira de forma calma e consciente está atingindo diretamente o monstro da raiva no exato lugar onde ele mora. Você está cortando sua fonte de alimentação e forçando um novo pensamento na sua mente – um que alimente e não torture você. É basicamente autodisciplina mental. Não estou sugerindo que você negue os sentimentos negativos, mas que os aceite e passe por eles ao reconhecer o poder que temos de evitar que nos afoguemos em um mar de sentimentos que não nos fazem bem.

É trabalho duro. É trabalho importante. Acredito que o perdão esteja do outro lado. Você vai chegar lá, querida mulher. É só tentar.

Um abraço,
Doçura

ESPERMA SEM SEGREDOS

Cara Doçura,

Sou uma mulher de 30 e tantos anos e ainda solteira. Nunca imaginei que seria assim nesta idade. Tive vários relacionamentos nos quais pensei que tinha encontrado "o cara", só para ter o tapete puxado debaixo de mim.

O mais traumático deles acabou uns cinco anos atrás, na idade em que a maioria das minhas amigas estava se casando ou tendo bebê. Meu namorado, com quem estava havia três anos e que morava comigo, era divorciado e tinha uma filha. Estávamos procurando uma casa para comprar quando de repente ele resolveu voltar para a ex-mulher. Isso depois de passar um bom tempo em terapia no início do nosso relacionamento e chegar à conclusão de que queria construir uma vida comigo e ter filhos. Que boba eu fui. Quando ele me deixou, garantiu que era só por causa da filha, que estava com problemas, e que eu era o seu verdadeiro amor. E quando ela entrasse para a faculdade ele voltaria e viveríamos felizes para sempre. Ela estava com 8 anos. Aparentemente era para eu esperar dez anos, envelhecendo enquanto ele terminava a vida anterior.

Passei alguns anos me sentindo arrasada e na pior por causa daquele relacionamento. Tentei me reerguer da melhor maneira que pude e saí com algumas pessoas. No ano passado encontrei alguém especial. Infelizmente ele estava ainda mais arrasado do que eu e não queria dar um passo tão importante comigo. Terminamos há alguns meses.

Portanto, agora estou assistindo ao fim da minha vida fértil. Sempre quis passar pela experiência de ficar grávida e dar à luz. Estou até pensando em ser mãe solteira. Não tenho muita certeza do que fazer, mas tenho consciência de que o tempo está se esgotando. E, apesar de preferir ter um filho com um companheiro, não acredito que isso ainda aconteça. Mesmo que encontrasse alguém agora, ele teria que querer ter um filho logo e isso não é nada provável. Ainda assim, estou lutando para abandonar a ideia de que vou encontrar um companheiro e ter um bebê. Estou sem ação. É difícil abandonar um sonho. Se der esse passo, estarei decidindo que não me casarei e terei um filho como todas as mi-

nhas amigas fizeram. (Já mencionei a inveja que me queima todas as vezes que vejo as fotos das famílias felizes no Facebook, as fotos de mães sorridentes com os bebês no colo no hospital e os cartões de parabéns que escrevo, acompanhados pelo sentimento de ter sido enganada e esmurrada?)

Como seguir em frente e abandonar aquele sonho? Será que devo começar a ligar para os bancos de esperma? Não consigo acreditar que esse seja o fim da minha história.

Assinado, M

Cara M,

Sou da opinião de que existem algumas coisas para as quais não devemos dar conselhos: casar com alguém em particular, não casar com alguém em particular, colocar piercing no clitóris ou no pênis, passar óleo no corpo e correr nu usando uma máscara caseira de Alice B. Toklas* em uma festa e ter um bebê.

E, ainda assim, não consigo deixar de dizer que, pelo que tudo indica, você deveria considerar seriamente ter um bebê. Não porque eu quero que você tenha, mas porque você quer.

Ah, o sonho. Aquele sonho maldito de homem + bebê. Criado pela Alta Comissão Heterossexual de Reprodução Amorosa e Sexual e praticado por casais pelo país afora, o sonho é um problema se você é uma mulher com inclinações maternais e ainda não passou pela experiência (até chegar) aos 37 anos – uma situação de sabor adverso ao esperma. Você também quer sonhar!

Mas, M, você não conseguiu. Ainda não. Talvez nunca. Isso não quer dizer que tudo está perdido. Este não é o "fim da história". É simplesmente onde ela dá uma mudada que você não esperava.

Não estou menosprezando a sua dor. Seu desapontamento é justificável; sua paralisia, compreensível; sua perplexidade, real. Mas, por favor, lembre-se de que o sonho de encontrar um companheiro para viver um romance de longa duração e ter um bebê não é só um sonho. São dois. O sonho do parceiro e o do bebê estão tão entrelaçados que você pode ser perdoada por achar que era um só. É maravilhoso se estiverem juntos. É mais

---

* Alice B. Toklas, nascida em São Francisco, Califórnia, em 1877, é membro da *avant-garde* francesa do início do século XIX. (N. da E.)

que maravilhoso. É conveniente. É convencional. É economicamente vantajoso. É fantástico quando dá certo.

Mas não é isso que você tem. Então vamos ver o que você tem.

Você tem um enorme desejo de ser mãe do jeito biológico, junto com um profundo pesar de no momento não estar em um relacionamento com um homem com quem possa se reproduzir. A única coisa que você precisa para ter um filho biológico é esperma e sorte. Conseguir esperma não quer dizer que você está "decidindo de forma definitiva" que "não irá se casar e ter um filho". A vida é longa, querida. Quem pode saber o que irá acontecer? Você pode encontrar o seu Grande Amor amanhã. Você pode encontrá-lo daqui a dez anos. Você pode ter um bebê agora sozinha e outro com ele quando você tiver 42 anos. Você não sabe. A questão da pessoa por quem você vai se apaixonar e quando vai amar está fora de sua alçada. É um mistério que você não tem como resolver.

Entretanto, não há mistério em relação ao esperma. Existem frascos à venda nos bancos. É possível que amigos ou conhecidos queiram doar. O tempo para responder à sua pergunta sobre tentar conceber um bebê sozinha é com você. A janela de viabilidade reprodutiva se fechará em breve. Concordo que você chegou ao ponto em que é sensato aceitar que a escolha que você tem é ter um bebê sem parceiro ou não ter bebê nenhum. Qual dos cenários te deixa mais triste? Qual deles vai deixar você feliz por ter escolhido quando tiver 50 anos? Está na hora de fazer um trabalho emocional e prático para que possa tomar uma decisão. O site da organização das Mães solteiras por opção é um ótimo lugar para começar.

Não posso dizer o que você deve fazer. Ninguém pode. Mas, como mãe de duas crianças, posso dizer o que a maioria das mães diria: que a maternidade é muito difícil e profundamente doce. Como a melhor coisa que você já fez. Ou se você acha que quer ter um bebê então deve ter um. Digo isso apesar de as crianças serem gigantescas máquinas eternamente sugadoras. Elas não estão nem aí se você precisa dormir, comer, fazer xixi, terminar o seu trabalho ou ir a uma festa pelada e lambuzada com uma máscara caseira de Alice B. Toklas. Elas pegam tudo. Elas vão levá-la ao limite de sua personalidade e também deixá-la total-mente-de-joelhos.

Também vão retribuir tudo. Não só o que pegaram, mas muitas das coisas que você perdeu antes de elas chegarem.

Toda mãe tem uma história diferente, embora tentemos colocá-las todas juntas. Gostamos de pensar que para mães com parceiros tudo seja mais fácil e que para mães solteiras tudo é difícil, mas a verdade é que somos um grupo bem diversificado. Algumas mães solteiras têm muito tempo livre porque os filhos estão regularmente com os pais. Outras raramente têm uma folga. Algumas mães que têm parceiros dividem as tarefas do cuidado com o bebê de forma igualitária; outras ficam melhor sozinhas. Algumas mães dos dois grupos têm pais, irmãos e amigos que, tendo um papel ativo na vida das crianças, ajudam a aliviar o peso. Outras têm que pagar por hora para que outra pessoa tome conta das crianças. Algumas mães, solteiras ou com parceiros, não têm dinheiro para pagar por nada. Algumas podem e pagam. Outras podem e não pagam. Algumas recebem ajuda financeira de pais, ou fundos patrimoniais ou heranças; outras estão inteiramente sozinhas. Essa é a realidade, qualquer que seja a situação, a maioria das mães alterna o sentimento enorme de alegria por esse amor aos filhos com a sensação de desamparo pela quantidade de sacrifício que exigem.

O que você deve responder quando se aprofundar na pergunta de ter um bebê sozinha, docinho, é qual é a sua perspectiva. Não o que isso significa para "mães solteiras por escolha", mas como isso vai funcionar na sua vida. Como você vai precisar reconstruir ou reconsiderar sua vida se tornando mãe? Que recursos você tem, de que recursos vai precisar e como vai consegui-los?

Sabendo o que sei sobre bebês, três das quatro perguntas importantes que eu faria se estivesse pensando em ter um bebê sem um parceiro seriam (surpreendentemente) as mesmas que me fiz quando – junto com o meu parceiro – refleti sobre ter um bebê. São:

1. Como vou pagar por isso?
2. Quem vai tomar conta do bebê para que eu possa trabalhar?
3. Vou voltar a transar?

Vamos então começar com essas.

Você não menciona assuntos financeiros na sua carta, mas presumo que tenha que se sustentar. Crianças custam uma fortuna, especialmente se tem que pagar alguém para tomar conta delas para que possa trabalhar. Meus filhos estão agora com 4 e 5 anos. As mensalidades da pré-escola nesses últimos anos quase levam o Sr. Doçura e eu à falência. Literalmente. Quando nossos filhos eram bebês contratamos uma babá de meio período e fazíamos malabarismos para tomar conta deles no resto do tempo – nós dois ganhávamos a vida como artistas, então nenhum dos dois tinha o que chamamos de "emprego de verdade". A babá custava 15 dólares a hora. Nós a contratamos por 20 horas semanais. Quando a babá chegava, eu e meu marido íamos para o escritório que dividíamos no porão e nos ignorávamos para poder fazer nossas coisas (enquanto nossos filhos sossegavam e tiravam uma longa soneca, capazes de perceber quando estávamos pagando outra pessoa para tomar conta deles). A cada hora que passava eu pensava: "Consegui ganhar 15 dólares? Ou pelo menos metade disso?"

Geralmente, a resposta era não. Que é um longo caminho para dizer que as perguntas número 1 e 2 estão intrinsecamente ligadas. Mais do que o sonho da Alta Comissão Heterossexual de Reprodução Amorosa e Sexual do homem + bebê. Especialmente para você, já que vai ser a única provedora.

Muitos parceiros são ótimos para tomar conta do bebê enquanto você trabalha ou toma banho ou faz ligações que funcionam melhor se o pequeno ser não estiver berrando ao fundo. Você não terá um – isto é, um parceiro. Terá apenas o pequeno ser que grita. O que fazer? Você tem direito a creche gratuita? Não acredite nas queridas amigas que dizem: Ah, M! Tenha um bebê! Vou te dar todo o apoio! Serei como uma *tia* para ele! Essas pessoas têm boa intenção, mas a maioria delas é hedonista e não vai te ajudar a tomar conta do bebê. Ou talvez tome conta do bebê quando for primavera e sentirem necessidade de ir até o zoológico para ver os elefantes. Você precisa de alguém que fique com o bebê toda segunda, quarta e sexta das nove às três. Uma coisa que aprendi depois de me tornar mãe foi que a maioria dos adultos não tem muita vontade de passar muito tempo com o filho dos outros a menos que exista algum benefício direto – isto é, dinheiro ou a promessa de que você retribua o favor e tome conta do filho deles.

É claro que existem exceções. Alguns avós querem ter um papel importante na vida dos netos. Você tem pai ou mãe que gostem de bebês, morem perto, sejam equilibrados, fisicamente em forma e que não bebam durante o dia? Uma irmã ou amiga que realmente queira se comprometer e colocar a mão na massa? Se você não tem esse tipo de apoio, como vai fazer para cuidar do bebê, como vai se estruturar e como vai pagar por tudo?

E agora chegamos à pergunta sobre se a sua vida depois do bebê será um inferno melancólico e sem sexo. Provavelmente não haverá muita ação por um tempo. Mas não se preocupe: isso tem muito pouco a ver com o seu status de estar sem um parceiro. O Sr. Doçura e eu brincamos que a única razão que nos fez termos o segundo filho foi porque assim transaríamos uma vez mais antes de morrermos. Por causa do bebê você vai estar exausta, com os hormônios alterados e talvez a sua vagina ou o abdômen estejam em frangalhos e você não vai pensar em sexo por um tempo, mas um dia você vai superar isso e pensar em namorar de novo. Alguns homens não vão se interessar em sair com você por causa do bebê. Outros se sentirão bem com o bebê e você se interessará por eles e talvez um deles se torne "aquele cara especial".

Independente do que acontecer com os homens você terá um bebê. Um incrível e pequeno ser que te deixará louca, aumentará sua capacidade de amar, irá fazer você pensar coisas que nunca imaginou, lembrar-se de coisas que você achava que tinha esquecido, cicatrizar feridas que você achava que nunca cicatrizariam, perdoar pessoas que te fizeram tão mal por tanto tempo e entender coisas que você não compreendia antes de se apaixonar loucamente por aquele tirano que não dá a mínima se você precisa fazer xixi. Você vai voltar a cantar se parou. Vai voltar a dançar. Vai engatinhar pelo chão, brincar de pega-pega, fazer cócegas e brincar de esconde-esconde. Fará torres oscilantes com blocos de Lego e cobras e coelhos de massinha.

É tudo muito legal.

E será solitário também, fazer tudo isso sem um parceiro. Quão solitário eu não posso dizer. Algumas vezes vai segurar o bebê e chorar de frustração, de raiva, de desespero, de cansaço e de uma tristeza inexplicável. Vai observar o bebê com alegria e vai rir do mistério tão puro e da beleza tão visível que chega a doer. Essas são ocasiões em que é muito bom ter um parceiro, M. O que é que você vai fazer? Como vai preencher o lugar do homem que você gostaria de ter?

Essa é uma pergunta difícil para mim – a que não fiz a mim mesma quando decidi ficar grávida e me tornar mãe, embora reconheça que tenha sido muito tola em não fazê-la. Nenhum de nós sabe o que o futuro nos reserva. O inesperado acontece mesmo quando temos tudo mapeado. Minha amiga A perdeu o marido em um acidente de carro quatro dias depois do nascimento da filha. O marido da minha amiga B morreu de câncer quando o filho ainda não tinha 2 anos. O marido da minha amiga C a trocou por outra mulher quando o bebê tinha seis semanas. O parceiro da minha amiga D decidiu que não estava preparado para ser pai e se mudou alguns meses depois de o bebê nascer e a vê uma vez por ano. Poderia continuar e usar todas as letras do alfabeto. E, mesmo que você tenha o sonho, não sabe se ele vai se concretizar.

O contrário também pode acontecer. Você pode decidir ter o bebê e encontrar o amor verdadeiro no meio de tudo isso. Você pode ir no fundo da alma e descobrir que não quer ter um bebê se isso significa passar pela experiência sem um parceiro.

O importante é você dar o salto. Pule bem alto, com energia, vontade e coração. Não dê importância ao modelo que a comissão criou. É você que constrói a sua vida. Pegue o que você tem e empilhe tudo como uma torre de blocos de madeira. Construa o seu sonho ao redor.

Um abraço,
Doçura

CONFIDÊNCIAS DE UM VICIADO EM SEXO

Cara Doçura,

Meu pai é idoso e está vindo morar comigo em poucos meses. Minha mãe morreu há uns três anos. Meu pai vai morar também com todos os meus irmãos – ele vai se mudar a cada quatro ou cinco meses. Ele adora viajar, então pensamos que mudá-lo de lugar faria com que ele se sentisse mais ativo e independente. Não me sinto à vontade em dizer que sou a favorita de meu pai já que não concordo com essa ideia de favorita e nem acho que ele tenha sido um pai que demonstrasse seus sentimentos ou que estivesse envolvido com a família, mas posso dizer que ele depende de mim um pouco mais do que depende dos meus outros irmãos. Recentemente essa dependência se tornou também emocional.

Doçura, meu pai começou a me fazer confissões. No início eram confissões bobas e sem importância e eu as atribuía ao fato de ele estar mais atento à própria mortalidade e, consequentemente, fazendo um balanço da vida. Entretanto, mais recentemente suas confissões se transformaram em um festival de transgressões e delitos que não é nada divertido para mim. Ele tem me contado sobre as mulheres com as quais enganou minha mãe, de como ele não tem 100% de certeza de não ter outros filhos e de detalhes sexuais de mau gosto que me fazem ter visões indesejáveis. Ele me contou que quando a minha mãe ficou grávida de mim ela não queria ter um quinto bebê e pretendia fazer um aborto – mas temendo que alguém descobrisse ela cancelou o procedimento, mas aboliu o sexo com ele, o que o levou à primeira traição.

Este não é o tipo de informação que eu precisasse saber.

Sou uma pessoa que sabe perdoar, Doçura, mas olha só a situação, ele NÃO se arrepende. Isto é, eu seria até capaz de engolir todas essas novas informações odiosas – como ter transado com a nossa empregada nos anos 1980, por exemplo – se ele demonstrasse um fiapo de arrependimento, mas ele não tem nenhum. Justifica que conta essas coisas para mim e não para os meus irmãos porque ele sabe que eu não o "julgarei". De onde ele tirou essa ideia?

Por mais torta que possa parecer, reconheço que é uma tentativa dele de se ligar a mim. Dito isto, gostaria que ele se calasse. De repente, já não sei como me sinto com o fato de ele vir morar comigo e despejar esse monte de bosta todos os dias. Não tenho certeza do que fazer. Sinto que é minha responsabilidade tomar conta dele, mas tenho direito de estabelecer limites a esta altura do campeonato?

Responsável

Cara Responsável,

Sim, você tem todo o direito de estabelecer limites a esta altura do campeonato. Para dizer a verdade, esta seria uma boa ideia mesmo que o seu pai não tivesse se tornado uma fonte infeliz de histórias picantes. A mudança do idoso para a casa de um filho adulto é uma transição de vida importante para ambas as partes (em alguns casos, para o cônjuge do filho adulto e para as crianças também). Mesmo nas melhores das circunstâncias, é prudente traçar minuciosamente um plano de família no qual regras e expectativas sejam ditas, preocupações discutidas para que se chegue a um consenso sobre o plano de resolução de conflitos. Quando duas famílias se fundem, os papéis de autoridade e responsabilidade devem ser rearranjados – algumas vezes discretamente, outras vezes drasticamente – e devem ser redistribuídos de modo que a velha ordem pai-filho seja revertida. Essa é sem dúvida uma coisa complicada.

Que o seu pai tenha escolhido complicar mais ainda ao resolver confessar suas aventuras sexuais não é nada divertido. Eu te dou força para simplificar a situação imediatamente dizendo a ele que você não quer mais ouvir nenhuma palavra sobre a vida sexual dele. Seja clara. Seja direta. Seja incisiva. Se ele não respeitar os seus desejos, dê um gelo nele. Se ele começar a falar dessas coisas, diga-lhe que pare. Se não parar, saia do recinto ou pare no acostamento da estrada ou faça qualquer coisa que precise para sair de perto dele. Se você for firme e consistente, ele entenderá.

Uma vez que você tenha estabelecido essa fronteira, recomendo que analise as questões subliminares que possam estar levando seu pai a falar com você de forma tão inapropriada. Há uma chance de que as confissões estejam associadas a condições médicas. Algumas doenças de cérebro causam mudanças de personalidade. Se você acha que este pode ser o caso, e especialmente se você observar outras mudanças no seu pai, sugiro que consulte o médico que o acompanha.

Um cenário mais provável é a sua suposição: essas confissões são um jeito torto do seu pai de criar laços com você. Talvez a melhor maneira de fazê-lo parar de contar o que você não quer ouvir é perguntar a ele sobre o que você está querendo ouvir. Talvez ele simplesmente precise de uma vez por todas se abrir e falar da vida dele para alguém que ama. Por que não tentar ocupá-lo em um nível mais profundo? Peça que divida com você outras histórias da vida dele – aquelas que ele nunca teve coragem de contar. Certamente ele tem algumas que não envolvem trepar com a empregada enquanto a sua mãe ia ao mercado.

Por isso, por vocês dois, eu tenho esperança.

Um abraço,
Doçura

O FUTURO TEM UM CORAÇÃO ANTIGO

Cara Doçura,

Dou aulas de escrita criativa na Universidade do Alabama, onde a maioria dos meus alunos são veteranos que se formarão em breve. A maioria deles tem como maior e menor área de concentração o inglês e a escrita criativa e estão se sentindo amedrontados e ansiosos em relação à saída da academia e à entrada no "mundo real". Muitos amigos deles de outras áreas já se candidataram a empregos para depois de formados e muitos dos meus alunos estão cansados dos comentários de que "ter inglês como área de concentração prepara você para a faculdade de Direito". São comentários feitos por amigos e familiares que os pressionam a optar pela carreira de Direito apesar de terem pouco ou nenhum interesse na área. Tenho lido suas colunas para os meus alunos na tentativa de estimulá-los e de dizer para eles que tudo vai dar certo.

Nossa escola decidiu abrir mão de um orador de formatura nos últimos cinco anos ou mais e, mesmo quando tínhamos um orador de formatura, em geral eram líderes empresariais ou ex-atletas e as mensagens se perdiam para a maioria daqueles ouvintes de 21 e 22 anos. Então, Doçura, estou pedindo a você que faça o discurso de formatura para a nossa pequena turma de escritores. Embora tenhamos dificuldade em obter um ph.D. honorário para você, acredite em mim quando digo que há entre nós alguns escritores, padeiros, músicos, editores, designers e jogadores de jogos eletrônicos muito talentosos que com imenso prazer escreveriam um ensaio lírico, assariam uma torta, escreveriam uma canção e fariam muitos outros atos de gentileza em troca dos seus conselhos.

Com carinho,
Cupcake e Turma 408

Queridos Cupcake e Turma 408,

Existe uma frase do escritor italiano Carlo Levi que acho perfeita aqui: "O futuro tem um coração antigo." Eu a adoro porque expressa com tal propriedade e concisão o que é obviamente verdade – que a pessoa que nos tornamos nasce de quem somos na nossa forma mais primitiva; que sabemos e não sabemos o que ainda temos que deixar claro na nossa vida. Acho que é um sentimento para vocês refletirem agora, queridos, neste momento em que o futuro provável parece ser o oposto do antigo, como se fosse um Lamborghini que está estacionado perto do meio-fio enquanto todas as vozes ao redor exigem que você entre e saia dirigindo.

Estou aqui para dizer que está tudo bem em viajar a pé. Na verdade, eu até recomendo. Existem tantas coisas à frente que merecem ser vistas, tantas coisas que ficaram para trás e que vocês não podem identificar em alta velocidade. A sua professora está certa: vocês vão ficar bem. E vocês vão ficar bem não porque a área de especialização é inglês ou não, ou porque planejam se inscrever na faculdade de Direito ou não, mas porque "dar certo" é quase sempre onde no final aterrissamos, mesmo que façamos muita besteira pelo caminho.

Eu sei. Fiz algumas besteiras. Também escolhi o inglês como área de especialização. Acontece que menti por seis anos sobre ser formada em inglês, embora não tivesse tido a intenção de mentir. Fui à faculdade e participei de uma cerimônia de formatura. Atravessei o palco e peguei o canudo. Nele estava escrito que eu teria o certificado quando fizesse a última matéria. Parecia ser uma coisa bem fácil, mas não era. E aí eu não fiz a matéria e o tempo foi passando, cada ano parecendo ficar mais distante da possibilidade de eu me graduar. Havia feito todas as matérias menos aquela. Havia tirado boas notas. Dizer que eu tinha me formado em inglês era mais verdade do que mentira, eu dizia a mim mesma. Mas isso não transformava o diploma em realidade.

Vocês têm que fazer o que vocês têm que fazer. Não há nada errado com a faculdade de Direito, mas não entrem no curso a menos que queiram se tornar advogados. Vocês não podem fazer um curso se ele representa a morte para vocês. Fingir nunca funciona. Se não acreditam em mim, leiam Richard Wright. Leiam Charlotte Brontë. Leiam Joy Harjo. Leiam Toni Morrisson. Leiam William Trevor. Leiam todo o cânone ocidental.

Ou simplesmente fechem os olhos e se lembrem de todas as coisas que vocês já sabem. Deixem que seja lá qual for a luz misteriosa que trouxe vocês até aqui os guie em direção a seja lá qual for a beleza doida que espera por vocês. Tenham confiança de que tudo o que aprenderam durante os anos de faculdade valeu a pena, sem se importar com a resposta que vocês tenham ou não sobre sua utilidade. Saibam que todas aquelas histórias, poemas, peças de teatro e romances são parte de vocês agora e que são mais importantes do que vocês e sempre serão.

Trabalhei como garçonete durante a maior parte dos anos enquanto não me graduava em inglês. Minha mãe tinha sido garçonete ao longo dos muitos anos em que cuidava de mim e dos meus irmãos. Ela adorava ler. Ela sempre quis ir para a faculdade. Uma vez, quando eu era bem pequena, ela começou um curso noturno, mas meu pai ficou furioso com ela e cortou em pedaços o livro do curso com uma tesoura. Ela largou o curso. Acho que era biologia.

Vocês não têm que aceitar um emprego que deixe os outros confortáveis sobre o que eles entendem como seu sucesso. Vocês não têm que explicar o que planejam fazer com suas vidas. Vocês não têm que justificar sua formação mostrando suas recompensas financeiras. Vocês não têm que manter um crédito impecável. Qualquer pessoa que espere que vocês façam alguma dessas coisas não tem noção nenhuma de história, economia, ciência ou arte.

Vocês precisam ser capazes de pagar a sua conta de luz. Vocês têm que ser gentis. Vocês têm que se dar por inteiro. Vocês têm que encontrar pessoas que amem vocês de verdade para que possam amá-las com a mesma intensidade. E isso é tudo.

Eu me casei quando estava na faculdade e me divorciei durante os anos em que menti sobre a graduação em inglês. Quando encontrei o homem com o qual estou casada agora, ele me disse: "Sabe de uma coisa, eu realmente acho que você deveria fazer essa matéria e se formar, não porque eu quero isso, mas porque posso ver que você quer." Achei que ele estava sendo chato. Não falamos sobre o assunto de novo por um ano.

Entendo do que vocês têm medo. Também entendo os medos de seus pais. Existem preocupações práticas. Precisamos de dinheiro para viver. Além disso, existe um desejo profundo de se sentir aceito, de sentir que as pessoas nos respeitam. Durante os meus anos de garçonete eu me sentia envergonhada. Na minha família, eu deveria ser aquela que "deu certo". Algumas vezes parecia que eu havia desperdiçado a chance de ter uma educação e desonrado a minha mãe falecida ao me tornar uma garçonete como ela. Algumas vezes pensava sobre isso enquanto ia de mesa em mesa com a bandeja e aí tinha que pensar em outra coisa para não começar a chorar.

Anos depois de ter largado o último restaurante onde trabalhei como garçonete, o meu primeiro romance foi publicado. O homem que havia sido o gerente do restaurante leu sobre mim no jornal e veio para a noite de autógrafos do livro. Ele havia sido rude e rabugento comigo muitas vezes e eu o menosprezava quando era necessário, mas fiquei emocionada ao vê-lo na livraria naquela noite. "Todos aqueles anos atrás, quem teria imaginado que estaríamos comemorando a publicação do seu romance?", ele me perguntou quando nos abraçamos.

"Eu teria", respondi.

E era verdade. Sempre imaginei, mesmo durante todo o tempo em que eu tinha medo de que isso nunca acontecesse. Estar lá naquela noite era o significado da minha vida. Chegar lá havia sido o meu objetivo. Quando digo que vocês não precisam explicar o que vão fazer com as suas vidas, não estou sugerindo que fiquem descansando por aí e reclamando de como a vida é difícil. Estou sugerindo que se aventurem em direções para as quais não existem medidas precisas. Estou falando de trabalho. E amor.

É bem condescendente dizer a vocês o quanto são jovens. É até incorreto. Alguns de vocês que estão se formando não são jovens. Alguns são mais velhos do que eu. Mas para aqueles novos formandos que são realmente jovens, e os que não são tão jovens vão me apoiar aqui: vocês são muito jovens. O que significa que oito das dez coisas que vocês querem para vocês vão com o tempo se mostrar falsas.

As outras duas coisas vão se mostrar tão verdadeiras que vocês vão olhar para trás daqui a vinte anos e gritar.

Minha mãe era jovem também, mas não tão jovem quanto os muito jovens. Ela tinha 40 anos quando foi para a faculdade. Ela passou seus últimos anos de vida como universitária, embora não soubesse que aqueles eram seus últimos anos. Pensava que aquela era uma nova etapa de sua vida. Ela morreu alguns meses antes de nos formarmos por faculdades diferentes. Nas homenagens finais para ela, sua professora favorita se levantou e lhe concedeu um ph.D. honorário.

Coisas terríveis, maravilhosas e interessantes acontecem na vida. Para alguns de vocês, essas coisas já aconteceram. Tudo o que acontece com vocês pertence a vocês. Façam com que sejam suas. Alimentem-se com elas mesmo que seja difícil degluti-las. Deixem que elas os alimentem, e elas farão isso.

Essa foi uma lição recorrente para mim.

Chegou um dia em que decidi parar de mentir. Telefonei para a faculdade onde eu não tinha me formado em inglês e perguntei à mulher que atendeu o telefone o que precisava fazer para receber o meu diploma. Ela disse que bastava fazer uma matéria. Podia ser qualquer matéria. Escolhi latim. Eu nunca tinha estudado latim, mas queria saber, finalmente, de onde vinham tantas das nossas palavras. Eu tinha uma ideia romântica do que era estudar latim – as línguas românicas são descendentes dele –, mas não foi nada romântico. Era muita confusão e muita memorização e a tentativa de decifrar histórias bizarras sobre soldados marchando em terras antigas. Apesar de todos os meus esforços, consegui um B.

Uma coisa que nunca esqueci de minhas aulas de latim é que uma língua que vem de outra língua é chamada de língua filha.

Foi o começo de outra era na minha vida, como este é o de vocês.

Depois de anos longe do estado em que eu e minha mãe havíamos feito faculdade, voltei lá para uma leitura do meu primeiro romance. Da mesma forma que o meu chefe tinha feito semanas antes em outra cidade, a professora que havia concedido o ph.D. honorário para a minha mãe durante o velório leu sobre mim no jornal e veio até a livraria para assistir à leitura. “Naquele tempo, quem imaginaria que estaríamos comemorando a publicação de seu romance?”, ela perguntou quando nos abraçamos.

“Eu não”, eu respondi. “Eu não.”

E era verdade. Eu realmente achava isso da mesma forma que eu tinha certeza de que um dia escreveria um livro como disse para o meu chefe. Que as duas coisas podiam ser verdadeiras ao mesmo tempo – tanto a minha descrença quanto a minha certeza – era a unificação do que era antigo e do que era futuro em mim. Era tudo o que eu queria e ainda assim estava surpresa pelo que tinha conseguido.

Espero que vocês fiquem surpresos e conscientes ao mesmo tempo. Espero que sempre tenham amor. Espero que tenham dias de tranquilidade e um bom senso de humor. Espero que um de vocês faça uma torta para mim (de banana, por favor). Espero que quando as pessoas perguntarem a vocês o que vão fazer com o diploma de inglês e/ou de escrita criativa vocês digam: *Continuar meu estudo literário das contradições e complexidades da motivação e do desejo humano;* ou talvez só: *Carregá-lo comigo, como faço com tudo o que é importante.*

E depois sorriam bem serenamente até que eles digam: *Ah.*

Um abraço,
Doçura

FLERTANDO COM UM FALSO AMIGO

Cara Doçura,

Talvez eu esteja apaixonada pelo meu amigo. Talvez ele esteja apaixonado por mim. Ao menos, adoramos estar juntos. Nós nos vemos todos os dias, falamos ao telefone de duas a três vezes por dia, e sentimos saudade quando temos que dizer adeus. Um alto grau de tensão sexual rapidamente surgiu em nossa amizade, mas tentamos controlá-lo falando francamente sobre isso e discutindo sobre a razão de não poder desfrutá-lo: ele está em um relacionamento monogâmico sério com uma mulher gentil, bonita e amorosa que eu também considero uma amiga.

No começo, tentamos encarar naturalmente a mútua atração – nós nos sentimos atraídos fisicamente. Natural ou não, houve noites em que parecia insuportável dizer não ao toque, então decidimos que devíamos passar um tempo sem nos ver. Mas a tentativa da separação só amplificou o quanto dependíamos um do outro. Não conseguíamos ficar algumas horas sem nos falarmos e um de nós ligava para o outro. Depois tentamos nos ver só quando a namorada dele também estava junto. Para meu horror, a presença dela não dissipou a tensão; só me fez me sentir mais culpada. Nunca nos beijamos. Nunca fomos além. Mas alguma coisa está acontecendo.

Ele não vai deixá-la, pelo menos não agora, eu nem pediria isso a ele. Por mais que eu goste dele, reconheço que os dois realmente se amam. Não vamos ter um caso, já que teria um final ruim para todo mundo. Provavelmente vamos deixar de nos ver. Estamos tentando há dois meses e não parece que vai funcionar. Estamos nos esforçando muito, muito mesmo, para continuar no nível platônico, mas não devia ser tão difícil.

Se tivéssemos nos encontrado em outra época, provavelmente estaríamos juntos. Meu amigo é brilhante (mas nunca condescendente), gentil, generoso, talentoso, apaixonado, interessante, charmoso, engraçado e afetuoso. Passamos horas conversando. Nunca ficamos entediados. Não conseguimos parar de sorrir quando estamos perto. Nós realmente gostamos um do outro. Nossa amizade é tudo para mim (e para ele), mas não vai sobreviver se não acharmos um modo de cortar o desejo que só parece aumentar.

O que devo fazer, Doçura? Eu o amo. Respeito e admiro a namorada dele, e quero fazer o que é certo para todos. Mais do que tudo, quero continuar a amizade, então por que parece que não está dando certo?

"Amiga"

Cara "Amiga",

Não parece estar dando certo porque, na verdade, você não é amiga desse homem. Você está tendo um relacionamento romântico, sexualmente reprimido e ilusório com ele. Você está namorando "a seco", e essa versão específica de namoro seco é muito ruim e vai continuar sendo muito ruim até que:

a) Seu amigo termine com a namorada e assim vocês dois possam explorar os sentimentos que têm um pelo outro sem serem tolos mentirosos, ou

b) Vocês dois aceitem o fato de que todos nós somos tolos mentirosos de vez em quando e tenham um caso que inclua sexo, e não somente um caso emocional que estão tendo, de modo que possam ver se essa "tensão" entre vocês tem futuro além da política do não me toque/ não me conte que vocês dolorosamente adotaram, ou

c) Você termine o relacionamento com seu amigo porque está se apaixonando por ele e ele não está disponível.

A opção A está fora porque você não tem controle nenhum se o seu amigo vai terminar com a namorada.

A opção B está fora porque você já estabeleceu (sabiamente) que não quer ser uma tola mentirosa (por mais divertido que seja por um tempo).

Mas a opção C é toda sua, *mi amiga*. E do ponto de vista açucarado da Doçura está muito claro que é isso o que você precisa fazer.

A opção C não é nada divertida. À primeira vista, afastar-se de seu superdescolado e incrível mas tão apegado garoto maravilha parece ser a pior de todas as ideias. Mas confie em mim quando digo que é o único caminho para conseguir o que você acha que quer. No caso, ele. Mas ele por inteiro. Não às escondidas. Nem como um "amigo" com quem você quer ir para a cama mas não pode (nem vai ou irá).

Para conseguir o que quer em um relacionamento romântico você tem que dizer o que quer. Vamos repetir juntas? *Você quer que o seu amigo seja livre para se apaixonar de verdade por você se você realmente estiver se apaixonando.* Esse jogo torturante, meio besta e perigoso de falsa amizade que vocês dois estão jogando simplesmente não vai funcionar.

Talvez a decisão de se afastar de seu amigo deixe claro para ele que, se ele deseja explorar as possibilidades com você, terá que fazer mudanças em sua vida para que você também possa. Talvez isso deixe claro para ele que perder a mulher que ele ama para poder explorar as possibilidades com você seja um preço muito alto a pagar. De qualquer modo, querida Amiga, você ganha.

Um abraço,
Doçura

A DIMENSÃO HUMANA

Cara Doçura,

Escrevo esta mensagem do meu pequeno sofá na Unidade de Tratamento Intensivo Pediátrica do Hospital Infantil Egleston em Atlanta. Meu marido e eu acabamos de descobrir que nossa filha, Emma, de seis meses, tem um tumor e passará por uma operação no cérebro amanhã. Tenho medo de perdê-la. Tenho medo de que fique sem movimentos ou que seu desenvolvimento seja prejudicado e que tenha uma vida difícil. Tenho medo de que descubram que o tumor é maligno e que ela precise fazer quimio. Ela é só um bebê.

As pessoas têm dedicado seus pensamentos e orações a nós, mas, para ser honesta, Deus é o que está mais longe na minha cabeça. Nunca fui muito religiosa e agora duvido da Sua existência mais do que nunca. Se existisse um Deus, por que ele deixaria que a minha garotinha corresse risco de vida passando por essa cirurgia, Doçura? Nunca, em tempo algum, imaginei que eu e meu marido estaríamos em uma situação como essa.

Quero pedir que você reze e que todos os seus leitores rezem para um Deus em que talvez, não estou bem certa, nem eu mesma acredite mais. Reze para que o meu bebê fique bem. E para que possamos sair dessa e esquecer o que aconteceu. Escrevi para você antes sobre coisas diferentes, que agora parecem estúpidas e bobas. Eu só quero passar por isso com meu marido e minha filha, olhar para trás e agradecer a Deus por tudo estar bem. Quero acreditar Nele e quero acreditar que todas as orações feitas para nós estão surtindo efeito.

Abbie

Cara Abbie,

Tenho pensado em você, em Emma e no seu marido sem parar desde que li a sua mensagem. Saiba que tenho vocês no meu pensamento e que desejo o melhor para Emma.

Gostaria de publicar sua mensagem e a minha resposta, mas quero ter certeza de que você a mandou com essa intenção. Se não foi – se você queria que fosse uma mensagem pessoal, está tudo bem e eu não a publicarei. Se você quer que eu a publique, quero ter certeza de que está tudo bem em incluir os detalhes de identificação – o nome da Emma, o nome do hospital e coisas do gênero. Se não quiser, avise-me e assim eu ou você podemos fazer as modificações.

Envio meu amor, luz, bênçãos, força.

Com amor,
Doçura

Cara Doçura,

Muito obrigada por responder. Adoraria que você publicasse a minha mensagem. Se você quiser, pode também adicionar esta parte para que todos saibam que a cirurgia foi um sucesso. Os médicos acham que o tumor é benigno. Tiveram que deixar uma parte bem pequena porque estava presa a um vaso sanguíneo e um movimento errado poderia deixá-la paralisada para sempre. Emma se recuperou tão bem que até os médicos parecem um pouco surpresos. Há uma grande possibilidade de irmos para casa amanhã.

Neste momento acredito que haja um Deus e que o poder da oração foi o que manteve minha Emma salva e bem. Pessoas por todo o país rezaram por nós. Espero que todos continuem a rezar para que o tumor não volte e que possamos seguir em frente. Durante toda a minha vida não tinha opinião formada sobre a existência de Deus. A esperança de que Ele exista e escute as nossas preces é algo que está em todas as pessoas. Descobrir que a minha filha de seis meses tinha um tumor (maligno ou não) me recolocou em contato com a parte de mim que diz que se Deus existisse coisas ruins não aconteceriam.

Quero aceitar o sucesso da cirurgia e as boas notícias que recebemos até agora como um sinal de que Ele existe, mas também não quero descartar que tudo possa ser uma coincidência. Se Ele está lá ou não, ou se as preces realmente funcionam ou não, vou continuar rezando pela rápida recuperação dela e espero que todos os seus leitores se juntem a nós e rezem pela Emma e por todas as crianças daqui de Egleston e de todos os lugares onde estejam passando por coisas tão tristes tão cedo na vida.

Sinta-se à vontade para publicar nossos nomes e localizações. Isso não vai me chatear de modo algum. Espero que ainda publique minha carta. Adoraria ler o que você tem a dizer sobre a existência de Deus. Não consigo decidir se aceito a fé e acredito, já que Emma está bem, e atribuo isso a Deus.

Obrigada por pensar em nós,
Abbie

Cara Abbie,

Sei que todos que estão lendo estas palavras compartilham meu alívio por Emma ter se saído tão bem da cirurgia. Sinto muito que tenha passado por essa experiência tão terrível. Espero que o pior já tenha passado e que você consiga "sair dessa", como você mesma coloca, e seguir em frente – para longe e rápido – para um futuro que não inclua as palavras *tumor, cirurgia* e *câncer*.

Eu me angustiei se devia publicar sua carta. Não porque não vale uma resposta – a sua situação é muito séria e suas dúvidas sobre a fé em Deus são profundas e partilhadas por muitos. Mas não pude deixar de me perguntar quem eu pensava que era para ousar tratar a questão. Sempre me pergunto isso enquanto escrevo esta coluna, mas me perguntei mais ainda quando cheguei à sua carta. Não sou membro de igreja. Não sei nada sobre Deus. Eu nem sequer acredito em Deus. E acredito menos ainda em falar sobre Deus em um fórum público onde tenho grande chance de ser crucificada por minhas crenças.

Mesmo assim, aqui estou eu porque não estava conseguindo tirar a sua carta da minha cabeça.

Há quase dois anos levei meus filhos para o Auto de Natal na enorme Igreja Unitária na nossa cidade. O Auto seria uma recriação do nascimento de Jesus. Levei meus filhos como uma forma de começar a educá-los sobre a história além daquela do Papai Noel. Não como uma doutrinação religiosa, mas como uma lição de história.

Quem é Jesus?, perguntaram do banco de trás do carro enquanto íamos para a apresentação, depois que expliquei para eles o que iríamos assistir. Eles tinham 4 e quase 6 anos naquela época. Tinham ouvido falar de Jesus esporadicamente antes, mas agora queriam saber tudo. Eu não tinha muito conhecimento sobre Jesus – minha mãe foi uma ex-católica que rejeitou a religião formal em sua vida adulta, então eu não tive educação religiosa quando era criança – mas eu sabia o suficiente para cobrir o básico, desde o seu nascimento em um estábulo, a juventude como um apóstolo da compaixão, do perdão e do amor, a sua crucificação e tudo o mais, até a religião que foi criada a partir da crença de que Jesus, depois de sofrer pelos nossos pecados, ressuscitou dos mortos e subiu aos céus.

Depois que terminei minha narrativa, foi como se alguém tivesse servido uma dose tripla de café para os meus filhos. *Conte-me sobre Jesus!* tornou-se uma exigência feita umas dez vezes por dia. Eles não estavam interessados no seu nascimento em um estábulo ou em sua filosofia sobre como viver ou mesmo sobre o que ele deveria estar fazendo no céu agora. Eles só queriam saber sobre a sua morte. Em detalhes lancinantes. Repetidas vezes. Até que cada detalhe horrível penetrasse em seus ossos por completo. Durante meses fui obrigada a descrever com detalhes e por várias vezes como Jesus foi flagelado, humilhado, coroado com espinhos e pregado pelas mãos e pés a uma cruz de madeira para ter uma morte agonizante. Algumas vezes falava sobre isso enquanto passava pelos corredores do mercadinho de produtos orgânicos metido a besta onde fazia compras e as pessoas se viravam e olhavam para mim.

Meus filhos estavam horrorizados e encantados com a crucificação de Jesus. Foi a coisa mais apavorante de que eles já tinham ouvido falar. Eles não entendiam a história dentro do seu contexto religioso. Eles só percebiam a sua verdade brutal. Eles não consideravam a divindade de Jesus, mas a sua humanidade. Tinham muito pouco interesse nessa história de ter ressuscitado dos mortos. Ele não era um Messias para eles. Era só um homem. Um homem que tinha sido pregado vivo na cruz e agonizado por um longo período.

Ele ficou triste quando os outros foram tão cruéis com ele?, meu filho sempre me perguntava. *Onde estava a mãe dele?*, minha filha queria saber.

Depois que contei sobre a morte de Jesus, eu me perguntei se devia ter contado. O Sr. Doçura e eu tínhamos conseguido protegê-los de quase toda a maldade do mundo até então, e por que, pelo amor de Deus (amém), eu os estava expondo a isso? Entretanto eu também percebi que eles tinham de saber – a fascinação pela agonia de Jesus era prova disso. Eu tinha acertado em um ponto sensível. Eu tinha revelado uma verdade que eles estavam prontos para saber. Não sobre o Cristianismo, mas sobre a condição humana: que o sofrimento é parte da vida.

Eu sei disso. Você sabe disso. Não sei por que esquecemos isso quando algo muito ruim acontece conosco, mas o fato é que esquecemos. Ficamos nos perguntando *Por que eu?*, *Como é que pode?*, *Que Deus injusto faria isso?* e *O simples fato de isso ter acontecido comigo é prova de que não existe nenhum*

Deus!. Agimos como se não soubéssemos que coisas terríveis acontecem a todo tipo de pessoa a todo momento de cada dia e a única coisa que mudou em relação ao mundo ou em relação à existência ou não de Deus ou à cor do céu é que a coisa horrível está acontecendo *conosco*.

Não é surpresa nenhuma você ter tanta dúvida neste momento de crise, querida. É perfeitamente natural que você tenha raiva e medo e se sinta traída por um Deus que você quer acreditar que terá piedade de você protegendo as pessoas que lhe são queridas. Quando fiquei sabendo que a minha mãe ia morrer de câncer aos 45 anos, eu me senti da mesma maneira. Eu nem acreditava em Deus, mas ainda assim achava que ele me devia alguma coisa. Eu tive o descaramento de pensar *Como ele ousa?*. Eu não consegui me conter. Sou uma idiota egoísta. Eu queria o que queria e esperava que me fosse dado por um Deus no qual eu não acreditava. Como piedade sempre me foi mais ou menos concedida, eu pensava que sempre seria assim.

Também não foi concedida para uma amiga cuja filha de 18 anos foi morta por um motorista bêbado. Nem foi concedida para outra amiga que ficou sabendo que o seu bebê ia morrer em um futuro não muito distante por causa de uma doença genética. Também não foi concedida para uma aluna que tive, cuja mãe foi assassinada pelo pai antes de ele mesmo se matar. Não foi concedida para todas as pessoas que estavam no lugar errado na hora errada quando se expuseram ao vírus errado, ou a uma operação militar, ou à fome, a uma mutação carcinogênica, a um desastre natural ou a um louco.

Inúmeras pessoas ficaram arrasadas por razões que não podem ser explicadas ou justificadas em termos espirituais. Fazer o que você está fazendo ao perguntar *Se existisse um Deus, por que ele deixaria minha menininha ter de passar por uma cirurgia arriscada?* – por mais compreensível que a pergunta possa ser – cria uma falsa hierarquia dos abençoados e dos amaldiçoados. Usar a nossa boa ou má sorte individual como um teste decisivo para determinar se Deus existe ou não constrói uma dicotomia ilógica que reduz nossa capacidade de praticar a verdadeira compaixão. Isso implica uma compensação de fé que desafia a história, a realidade, a ética e a razão. E deixa de reconhecer que a outra metade da elevação – a metade que torna a subida necessária – é primeiro ter sido pregado em uma cruz.

É onde você estava na outra noite quando me escreveu, minha querida. Aprisionada pelo seu sofrimento. Acordei às três da manhã porque dava para sentir seu sofrimento tão claramente que eu – uma estranha – me sentia presa também. Então, me levantei e escrevi para você. Meu e-mail era um pequeno e insignificante e-mail provavelmente não muito diferente dos zilhões de outros e-mails insignificantes que você recebeu de outras pessoas, mas mesmo sem conhecer você eu sei que aqueles e-mails das pessoas que não tinham o que lhe oferecer além das palavras gentis, junto com todas as preces que as pessoas fizeram para você, formaram uma pequena jangada que mal podia sustentar o seu peso enquanto você flutuava através daquelas horas horríveis em que aguardou para saber o destino de sua filha.

Se eu acreditasse em Deus, veria evidência da sua existência nisso tudo. No momento mais difícil você se manteve à tona pelo amor humano que recebeu quando mais precisava. Que teria sido verdadeiro independentemente do resultado da cirurgia de Emma. Teria sido a generosidade que te ajudou a superar mesmo que as coisas não tivessem ido tão bem quanto foram, por mais que odiemos admitir isso.

A pergunta que você me fez é sobre Deus, mas, reduzida à sua essência, não é tão diferente da maioria das questões que as pessoas me pedem para responder. Ela diz: *Isso me decepcionou* e *Eu quero fazer melhor da próxima vez*. Minha resposta não será muito diferente também: *Para fazer melhor você terá que tentar*. Talvez o bem que possa vir dessa experiência terrível seja uma compreensão mais complexa do que Deus significa para você, de modo que na próxima vez que precisar de um apoio espiritual você tenha alguma coisa mais firme para se apoiar do que o fraco argumento do só-vou-acreditar-que-ele-existe-se-ele-me-der-o-que-eu-quero. O que você aprendeu enquanto ficava sentada ao lado de Emma na unidade de terapia intensiva é que a sua ideia de Deus como um homem espiritual que não existe, que pode ou não ouvir suas preces e pode ou não entrar em ação para te salvar quando a situação fica feia, é um projeto perdido.

Portanto, depende de você criar um melhor. Um maior. O que é na verdade, quase sempre, algo menor.

E se você permitisse que o seu Deus existisse nas palavras simples de compaixão que os outros te oferecem? E se a fé é o modo como se sente quando coloca a sua mão no corpo sagrado da sua filha? E se a maior beleza do dia for a nesga de luz através da sua janela? E se a pior coisa acontecesse e você continuasse de pé? E se você confiasse na dimensão humana? E se você escutasse com mais atenção a história do homem na cruz que descobriu uma maneira de aguentar o sofrimento em vez daquela sobre a mágica impossível do Messias? Você veria milagre nisso?

Um abraço,
Doçura

PARTE TRÊS

LEVE VOCÊ MESMO A ÁGUA

Se você tivesse que dar um conselho a pessoas com vinte e poucos anos, qual seria?
Ir a uma livraria e comprar dez livros de poesia e ler cada um deles cinco vezes.

Por quê?
Porque a verdade está neles.

Mais alguma coisa?
Ser uma pessoa pelo menos dez vezes mais magnânima do que você acredita ser capaz. Sua vida será cem vezes melhor por isso. Esse é um bom conselho para qualquer um em qualquer idade, mas especialmente para aqueles com vinte e poucos anos.

Por quê?
Porque quando se tem vinte e poucos anos estamos nos transformando em quem seremos e, portanto, é melhor não ser um idiota. Além disso porque acho mais difícil ser magnânimo quando se tem vinte e poucos anos, de modo que essa é a razão por que quero lembrá-la disso. Somos geralmente menos humildes nessa fase da vida do que em qualquer outra e esta falta de humildade é curiosamente misturada com insegurança e incerteza e medo. Você vai aprender muito sobre você mesmo se seguir na direção da bondade, da grandeza, da gentileza, do perdão e da coragem emocional. Seja um guerreiro" em nome do amor.

Você sabe quem você é?
Sim.

Quanto tempo você levou para realmente entender quem você é?
Trinta e tantos anos, mas ainda estou me acostumando comigo mesma.

A BELA E A FERA

Cara Doçura,

Sou um típico homem de 26 anos, incomum apenas no sentido de que sou inacreditavelmente feio. Não me odeio, e não tenho dismorfia corporal. Nasci com uma doença rara do sangue que modificou o meu corpo desde muito novo. Ele provocou deformidades físicas e deformações nas articulações. Um lado do meu corpo é mais fraco e atrofiado que o outro.

Eu não teria sido um cara bonito mesmo sem esta doença, mas é impossível consertar a situação com exercícios normais e fisioterapia. Também estou acima do peso, o que eu admito ter condições de resolver. Não me alimento só com porcarias, mas como todo mundo eu poderia consumir menos. Não sou feio de uma forma misteriosa ou interessante, como diversos atores populares. Eu me pareço com o que sou: um homem humilhado.

Meu problema – e meu problema com a maior parte dos canais de aconselhamento – é que não existem muitos recursos para pessoas como eu. Nos filmes, personagens feios se redimem ao serem embelezados a tempo de conquistar o olhar de seu interesse amoroso, senão sua feiura é uma brincadeira (e eles não são realmente feios). Na vida real, somos ensinados que o caráter vale mais do que o físico, mas existem muitas pessoas atraentes (ou pelo menos com a aparência normal) que também são seres humanos decentes.

Qual é a chance para pessoas como eu que nunca nem remotamente serão atraentes e que são apenas normais por dentro?

Sou uma pessoa feliz e tenho uma vida bastante satisfatória e tenho bons amigos. Tenho um emprego flexível que me permite ter tempo livre suficiente para me dedicar aos meus hobbies, com patrões que compreendem quando preciso faltar ao trabalho por razões médicas. Mas, quando se trata de amor, sou um renegado. Não quero que a minha vida inteira se passe sem que eu conheça esse tipo de amor.

É melhor fechar essa parte de mim e dedicar o meu tempo e minha energia aos aspectos da minha vida que funcionam ou devo tentar algumas abordagens novas para conseguir um par? Minha aparência faz com que o namoro on-line seja uma negação total. Pessoalmente, as pessoas reagem bem à minha personalidade agradável, mas não me consideram uma opção romântica. Estou em busca de novas ideias ou, se você achar que é uma causa perdida, de permissão para desistir. Obrigado pela ajuda.

Assinado,
A Fera Manca

Querida Fera,

Há muito tempo eu tinha um amigo que se queimou gravemente em quase todo o corpo. Seis semanas depois de seu aniversário de 25 anos, ele não percebeu que tinha um vazamento de gás no fogão de seu apartamento, então ele acendeu um fósforo e a cozinha explodiu. Ele sobreviveu por pouco. Quando saiu do hospital quatro meses depois, seu nariz, dedos e orelhas eram cotocos queimados e sua pele era mais couro do que carne, como a pele de um lagarto rosa com listras brancas lustrosas em cima. Vou chamá-lo de Ian.

"Sou o monstro que cospe fogo", ele urrava para meus filhos no antepenúltimo feriado de Ação de Graças, curvado embaixo deles perto da beirada da cama. Eles gargalhavam de alegria e de falso medo, gritando "Monstro, Monstro!". Ian olhava para mim e depois olhava para o Sr. Doçura e, juntos, caíamos na gargalhada.

Você sabe por quê? Porque ele *era* o monstro que cospe fogo. Meus filhos nunca o conheceram de outro jeito e nem o pai deles e eu. Acho que é verdade que Ian não sabia quem era antes de se queimar. Ele era um homem feito pelo fogo.

E por causa do fogo ele era também um homem rico – ele tinha recebido uma indenização da empresa de gás. Ele tinha crescido como filho da classe média baixa, mas na época em que o conheci – quando eu tinha 27 anos e ele 31 anos – ele se divertia sendo um pouco esnobe. Ele comprava comida sofisticada e bebidas absurdamente caras. Colecionava arte e a pendurava em uma série de apartamentos tipo estúdio. Vestia-se de maneira impecável e dirigia carros de sonho. Ele adorava ter dinheiro. Ele muitas vezes dizia que ser queimado foi a melhor coisa que já tinha acontecido com ele. Que, se pudesse voltar no tempo, não deixaria de acender aquele fósforo. Não acender o fósforo seria perder o dinheiro que tinha trazido tanta felicidade para ele. Ele tinha uma vida incrível, disse ele, e era grato por isso.

Mas tinha uma coisa. Uma coisa pequenininha. Ele lamentava não poder ter um amor. Amor romântico. Amor sexual. Amor amor. *Amor*.

"Mas você *pode*!", eu insistia, embora fosse verdade que, quando eu o encontrei pela primeira vez, me senti constrangida em enfrentar seu olhar porque ele era, de fato, uma visão horripilante, seu corpo um panorama rugoso e ao mesmo tempo macio da dor excruciante e da deformação. Eu o conheci quando era garçonete em um pretensioso bar francês aonde ele ia com frequência. Ele se sentava perto do lugar onde eu tinha que fazer o pedido e pegar as bebidas no bar, e conforme eu trabalhava passei a entendê-lo aos poucos, olhando para ele apenas perifericamente. Conversamos sobre livros e arte e sapatos e ele bebia doses de tequila de vinte dólares e comia pratos de patês cuidadosamente elaborados e eu corria do balcão para as mesas e de volta para o balcão, entregando as coisas.

Depois de um tempo, ele se tornou mais do que um cliente com quem eu tinha que ser simpática. Ele se tornou um amigo. Nessa altura, eu tinha esquecido que ele se parecia com um monstro. Foi a coisa mais estranha, mas foi verdade, a minha visão sobre Ian mudou profundamente assim que o conheci. Como seu rosto queimado ficou em vez de seus brilhantes olhos azuis, suas mãos inchadas e cheias de cicatrizes, o som de sua voz. Não era como se eu não pudesse mais ver sua monstruosidade. Essas coisas ainda estavam lá em toda a sua glória grotesca. Mas juntamente com isso havia alguma coisa a mais, algo mais feroz: sua beleza.

Eu não era a única vê-la. Havia muitas pessoas que gostavam de Ian. E todas nós insistíamos repetidas vezes que nosso amor era a prova de que algum dia alguém o amaria. Não da *forma* como nós o amávamos – não apenas como um amigo –, mas *daquela forma*.

Ian não queria ouvir uma palavra sobre isso. Até mesmo pensar na possibilidade de ter um namorado era insuportável para ele. Ele tinha tomado a decisão de se fechar para o amor romântico havia muito tempo, quando ainda estava no hospital. Ninguém poderia amar um homem tão feio quanto ele, pensou Ian. Quando eu discutia com ele, ele dizia que eu não tinha noção da importância da aparência física na cultura gay. Quando disse a ele que achava que certamente haveria alguns homens no planeta dispostos a amar um homem queimado, ele disse que ele se contentava com os serviços esporádicos de um garoto de programa. Quando disse que achava que a sua recusa em se abrir para o amor romântico era baseada no medo e que superar esse medo era a última coisa que ele precisava curar do trauma de seu acidente, ele disse que a conversa estava encerrada.

E assim foi.

Uma noite depois que saí do trabalho, Ian e eu fomos a outro bar tomar um drinque. Quando nos sentamos ele me contou que era o aniversário de seu acidente e perguntei se ele me contaria toda a história daquela manhã e ele contou. Ele disse que tinha acabado de acordar e que estava olhando distraído para um pacote de biscoitos salgados que estava na bancada no momento em que a cozinha foi envolvida por chamas azuis. Ele ficou espantado ao ver os biscoitos e o pacote se desintegrarem em um instante. Parecia, para ele, um acontecimento lindo, quase mágico, e depois, no momento seguinte, ele percebeu que estava envolvido na chama azul e se desintegrando também. Ele me contou que caiu no chão gemendo e como seu colega de quarto foi acordado, mas teve medo de ajudá-lo, então em vez disso ele gritava palavras de conforto para Ian do outro quarto. Foram as pessoas que estavam na calçada lá embaixo que viram as janelas de seu apartamento explodirem que fizeram a primeira ligação para a polícia. Ele me contou como os paramédicos conversaram com ele gentilmente e como um deles lhe disse que ele podia morrer e como ele gritou ao pensar nisso e como o modo que ele soou para si mesmo nesse grito foi a última coisa da qual se lembrava antes de ficar inconsciente por semanas.

Ele nunca teria um amante.

Ele seria feliz. Ele seria triste. Ele seria mesquinho e agradável. Ele seria manipulador e generoso. Ele seria mordaz e atencioso. Ele se mudaria de um ótimo apartamento tipo estúdio para outro e mudaria todas as paletas de cores. Ele beberia e pararia de beber e recomeçaria a beber novamente. Ele compraria obras de arte originais e uma raça específica de cachorro. Ele ganharia um monte de dinheiro com imóveis e perderia outro bocado em uma aventura de negócios. Ele se reconciliaria com as pessoas que amava e se afastaria de outras. Ele não retornaria minhas ligações e leria meu primeiro livro e me mandaria um bilhete supersimpático. Ele daria ao meu primeiro filho um moderno par de calças absurdamente caras e suspiraria e diria que detestava crianças quando eu dissesse que estava grávida de meu segundo filho. Ele daria risada no Dia de Ação de Graças. Ele se esconderia embaixo da cama e diria que era o monstro incendiário e daria risada com todos os adultos que entendessem a piada.

E pouco menos de um mês depois – uma semana antes do Natal, quando estava com 44 anos – ele se suicidaria. Não deixou nem um bilhete.

Tenho pensado muitas vezes na razão que levou Ian a cometer suicídio, e pensei nisso mais uma vez quando li sua carta, Fera. Seria fácil relacionar a morte de Ian àquele fósforo, o tal que ele disse que não deixaria de acender se tivesse a chance. O tal que o fez parecer um monstro e, portanto, impróprio para o amor romântico, apesar de também tê-lo deixado rico e, portanto, feliz. Aquele fósforo é tão tentadoramente simbólico, como algo difícil e dourado em um conto de fadas que exige um preço semelhante a seu poder.

Mas não acho que sua morte possa ser reduzida a isso. Acho que ela está ligada à sua decisão de se fechar ao amor romântico, de recusar até mesmo a possibilidade de algo tão fundamental por causa de algo tão superficial quanto a aparência que ele tinha. A pergunta que você me fez – sua própria essência – está girando ao redor da mesma coisa. Não se trata de *Será que algum dia encontrarei alguém que me amará em termos românticos?* – embora, de fato, essa questão exista e irei responder a ela –, mas sim *Serei capaz de permitir que alguém faça isso?*.

É aqui que precisamos explorar.

Você nunca terá a minha permissão para se fechar ao amor e desistir. Nunca. Você precisa fazer tudo o que puder para conseguir o que quer e o que precisa, e encontrar "esse tipo de amor". Ele está lá para você. Sei que é arrogante da minha parte dizer isso, porque que diabos eu sei sobre parecer um monstro ou uma fera? Nada. Mas sei que estamos aqui, todos nós – feras e monstros e beldades e solitários igualmente –, para fazer o melhor que pudermos. E cada um de nós pode fazer mais do que desistir.

Principalmente você. Qualquer um que tenha vivido no mundo por 26 anos se parecendo com o que parece – "homem humilhado" – não é "apenas normal por dentro". Por causa disso, sua jornada para encontrar o amor também não vai ser normal. Você vai precisar ser corajoso. Vai ter que entrar em florestas escuras sem um cajado. Você não é atraente de forma convencional ou ao menos não tem, como você diz, "uma aparência normal", e como já sabe, muitas pessoas vão imediatamente descartá-lo como parceiro romântico por essa razão. Não tem problema. Você não precisa dessas pessoas. Ao se afastarem, elas fizeram um favor a você. Porque o que restou depois que os tolos foram embora são as velhas almas e os de bom coração. Esses são os caras surpreendentes superbacanas e brilhantes que estamos procurando. Essas são as pessoas que merecem o seu amor.

E você, querido, é merecedor delas. Em vez de fornecer provas de sua derrota-sequer-começada, você mencionou filmes nos quais "personagens feios se redimem ao serem embelezados a tempo de conquistar o olhar de seu interesse amoroso", mas essa não é uma história que me convence, docinho. Nós somos bem mais antigos do que isso. Temos histórias melhores, mais verdadeiras. Você conhece o conto de fadas chamado *A Bela e a Fera*? Jeanne-Marie Le Prince de Baumont, que assina como Gabrielle-Suzanne Barbot de Villeneuve o original *La Belle et la Bête*, de 1756, é a autora da versão que a maioria de nós conhece atualmente. Existem muitos detalhes que vou omitir aqui, mas a história é mais ou menos a seguinte:

Uma linda jovem chamada Bela mora com a Fera em um castelo. Bela se comove com a boa vontade e a generosidade da Fera e se sente estimulada por sua inteligência sensível, mas toda noite, quando a Fera a pede em casamento, ela recusa porque sente repulsa por sua aparência. Um dia ela deixa a Fera para visitar sua família. Ela e a Fera combinam que ela voltará em uma semana, mas quando ela não retorna a Fera fica desolada. Magoada, a Fera vai para o jardim de rosas e desmaia. É assim que Bela o encontra quando volta, meio morto por causa do coração partido. Vendo-o nesse estado, ela percebe que o ama de verdade. Não apenas como amigo, mas daquela maneira, e assim ela se declara e chora. Quando suas lágrimas caem na Fera, ele se transforma em um lindo príncipe.

O que quero que você perceba é que Bela amou a Fera quando ela ainda era uma fera – não um lindo príncipe. Somente quando ela o amava é que ele se transformou. Você será da mesma maneira transformado, assim como o amor nos transforma a todos. Mas você precisa ser destemido o suficiente para deixar que ele o transforme.

Não estou convencida de que você esteja pronto. Você fala em pessoas como você, mas não se considera uma "opção romântica". Como sabe disso? Você já fez abordagens e foi rejeitado ou está projetando seus próprios medos e inseguranças nos outros? Você está se fechando para a possibilidade de romance antes que qualquer um tenha a chance de se sentir atraído romanticamente por você? Em quem você está interessado? Alguma vez você já convidou alguém para sair ou beijou ou colocou as mãos dela ou dele dentro de suas calças?

Considerando a sua carta (articulada, honesta, triste e forte), arrisco dizer que você é um gato legal. Estou quase certa, baseada apenas em sua carta, de que diversas pessoas considerariam a ideia de colocar as mãos dentro de suas calças. Você deixaria que uma delas o fizesse? Se a resposta for sim, como você reagiria uma vez que ela ou ele chegasse lá? Não pretendo ser uma safadinha pervertida (embora eu seja realmente uma safadinha pervertida). Minha intenção é questionar, sem diminuir a realidade absoluta de que muita gente vai desconsiderá-lo como uma possibilidade romântica apenas por causa de sua aparência, se você já se perguntou se a maior barreira entre você e o amor sensual e acrobático que é possível entre você e as pessoas que se interessarão por você – *sim, sem dúvida!* – não é sua aparência horrível, e sim seu lindo e vulnerável interior. O que você precisa fazer para se convencer de que alguém pode vê-lo como um amante em vez de como um amigo? Como você pode bloquear seu impulso de se bloquear?

Essas perguntas são fundamentais para sua capacidade de encontrar o amor, queridinho. Você me pediu soluções práticas para encontrar um parceiro, mas acredito que, uma vez que você se permita estar psicologicamente pronto para dar e receber amor, sua melhor estratégia é fazer o que todo mundo que está buscando um amor faz: mostrar o seu melhor da forma mais transparente e sincera e bem-humorada possível. Tanto on-line quanto pessoalmente. Com estranhos e entre o seu círculo de amigos. Incorpore a beleza que existe em seu corpo deformado e se esforce para ver a beleza em todas as outras Feras. Caminhe sem o cajado nas florestas mais escuras. Acredite que os contos de fadas são reais.

Um abraço,
Doçura

ESCOLHI O VAN GOGH

Cara Doçura,

Fui atacada sexualmente quando tinha 17 anos. Eu era ingênua e não entendi aquilo. A ansiedade se tornou uma parte profunda da minha vida e quase me arrasou. Conseguir me reerguer e seguir em frente foi tudo o que pude fazer. Estou em paz com o que aconteceu.

Estou namorando um cara ótimo há cerca de um ano e meio. Como conto a ele sobre a violência sexual que sofri? Será que preciso contar? Ela não afeta o meu relacionamento ou o meu cotidiano, mas foi uma coisa forte e instrutiva e, portanto, teve um papel importante na definição de quem eu sou hoje. Nós já passamos por alguns acontecimentos intensos do ponto de vista emocional, então sei que ele é capaz de ouvir isso. Adoraria o seu conselho.

Assinado,
Superação

Cara Superação,

Eu tenho uma amiga vinte anos mais velha do que eu que foi estuprada três vezes em diferentes momentos ao longo da sua vida. Ela é uma pintora talentosa de certo renome. Quando eu soube dos estupros por que ela passou, perguntei-lhe como se recuperou deles e como continuou tendo relações sexuais saudáveis com homens. Ela me disse que chega uma hora em que precisamos decidir quem nós permitiremos que nos influencie. Ela disse: "Eu podia deixar que os três homens que me curraram contra a minha vontade me influenciassem ou podia deixar que um Van Gogh me influenciasse. Escolhi o Van Gogh."

Nunca esqueci isso. Penso nessa frase, "Escolhi o Van Gogh", sempre que tenho problemas em levantar a minha própria cabeça. E pensei nela quando li sua carta, Superação. Você também escolheu o Van Gogh. Algo terrível aconteceu com você e você não deixou que isso a afetasse. Parabenizo você por sua coragem e capacidade de perdoar. Acho que você deve contar a seu namorado sobre o ataque sexual e acho que deve contar tudo. O que aconteceu. Como você sofreu. Como você superou a experiência. E como se sente a respeito disso agora.

Você diz que essa experiência tenebrosa não mais afeta o seu "cotidiano", mas também diz que ela teve um papel importante na definição de quem você é. A questão sobre amar verdadeiramente e de maneira honesta e se doar de forma completa tem tudo a ver com permitir que as pessoas que amamos enxerguem o que nos moldou. Omitir esse trauma de seu namorado o torna maior do que ele precisa ser. Isso cria um segredo que você é bonita demais para guardar. Contar é um jeito de dispersar as coisas. Isso permitirá que o seu amor fique mais próximo de seu círculo. Permita que ele entre.

Um abraço,
Doçura

O OUTRO LADO DA PISCINA

Cara Doçura,

Meus dois filhos já adultos, com 35 e 23 anos, voltaram para o ninho, minha casa. Eles não pediram. Simplesmente apareceram.

Meu filho mais novo faz faculdade, mas ele odeia isso. Ele quer o dinheiro do financiamento. Ele bebe, fuma maconha, assiste TV durante o dia e fica jogando no computador. Sua namorada de 18 anos e o bebê deles estão para se mudar em breve, para encher o meu quarto extra já lotado. (Como o bebê é meu neto, estou meio animada com a ideia.)

Meu filho mais velho também está matriculado na faculdade e a está encarando com seriedade e tirando boas notas, mas ele bebe e é muito mal-humorado e sarcástico comigo. Zerei minha poupança para pagar a prestação do carro dele e pagar suas contas.

Sou uma alcoólatra em recuperação e tenho meus maus momentos. Estou sustentando a casa com os dólares que tiro como escritora, o que significa que não é muito. Mas sou batalhadora e uso cupons de desconto e faço compras em lojas baratas.

Minha pergunta é como consigo fazer esses homens se virarem sozinhos e fora da minha casa? Quero escrever com privacidade, andar de um lado para o outro na sala de calcinha e sutiã para testar o diálogo, pesquisar, cantar, balançar o bumbum, praticar ioga, ler, encontrar as coisas onde as deixei na noite anterior, desfrutar de um banheiro cheiroso no qual a tampa do vaso sanitário continua abaixada, comer tofu e laranjas, beber chá-verde – não batata frita e enormes sanduíches. Não quero encontrar maionese espalhada sobre a pia da cozinha. Quero chorar assistindo a filmes românticos e ouvir os sucessos de Mozart, pagar minhas contas, comprar algumas pulseiras.

Estou presa, Doçura. Amo esses meninos. O pai deles, meu ex-marido, morreu no ano passado e sei o quanto meus filhos se sentem perdidos e confusos com isso. Sei que a economia está difícil. Admito que construir uma vida, encontrar alguém para amar, desfrutar os muitos prazeres da vida é uma tarefa difícil. Mas tenho medo de que meus filhos estejam fracassando na missão de dar conta disso. Tenho medo de não ser capaz de pagar todas as despesas. Tenho medo de que o que desejo à medida que envelheço não seja possível. Tenho medo de que meus filhos nunca sejam independentes. Estou oprimida pelo medo.

O que você acha que eu devo fazer?

Oprimida

Cara Oprimida,

Uma de minhas lembranças mais antigas é também uma das mais nítidas. Eu tinha 3 anos e estava na aula de natação na ACM. No primeiro dia eu, como todas as crianças de 3 anos, recebi o que chamávamos de bolha – um equipamento de flutuação que ficava preso ao redor dos braços, ombros e cintura e que imitava um objeto do tamanho e do formato de uma bola de futebol pressionada contra as minhas costas. Isso em tese me manteria à tona. "Não se preocupe!", minha mãe me garantiu repetidas vezes. "Sua bolha vai sustentar você!"

Ela disse a mesma coisa em variados tons, com vários graus de paciência e exasperação, semana após semana à medida que eu me agarrava à borda da piscina, mas suas palavras não significavam nada. Eu não seria convencida a me juntar aos meus colegas na água. Eu estava aterrorizada. Eu estava certa de que, se me soltasse da parede, imediatamente me afogaria, com a bolha ou sem ela. Portanto, toda semana eu estacionava teimosamente lá enquanto assistia a meus colegas de aula se jogarem por toda a piscina. "Veja!", minha mãe apontava para eles com animação quando eles passavam.

Mas eu não mudaria de opinião.

No último dia de aula, era para os pais nadarem com seus filhos. Minha mãe vestiu o maiô e se sentou ao meu lado na borda da piscina e juntas balançamos nossos pés na água, olhando as outras crianças realizarem as técnicas que tinham aprendido. Quando estava na hora de sair, ela me disse: "Que tal nós entrarmos na água juntas? Eu seguro você."

Eu aceitei. Foi assim que sempre entrei na água, pendurada em minha mãe, que suavemente me molhava, me balançava para cima e para baixo até que eu gargalhava. Então, para dentro da água nós fomos. Quando estávamos no meio da piscina, ela me convenceu a deixar que segurasse apenas nas minhas mãos enquanto me arrastava pela água, e então, enquanto ela fazia isso, eu pedi repetidamente "Não me solte, não me solte", e ela prometeu repetidas vezes "Não vou soltar, não vou soltar", mas em um forte puxão repentino ela me girou e deu um impulso para longe dela.

Minha memória de como me senti deslizando na água sem a minha mãe ainda é muito nítida e visceral, apesar de ter acontecido há quarenta anos. As sensações foram tanto físicas quanto intelectuais. Como foi estranho e maravilhoso estar solta e livre, de uma maneira especial, pela primeira vez em minha vida. Como passei rapidamente do choque com a traição de minha mãe para o terror de minha nova realidade e para o prazer absoluto de como era nadar. Minha mãe estava certa: minha bolha me manteve à tona.

Obviamente, eu não queria sair da piscina depois. Eu nadava por todo lado, ao redor de minha mãe, enquanto ríamos de alegria e surpresa, as duas querendo ter descoberto antes de qualquer coisa que o que eu precisava era que ela tivesse me soltado. Nadei tanto tempo que minha mãe saiu enquanto eu nadava de um lado para o outro, a partir de onde ela se sentou em uma borda da piscina até o outro lado da piscina, o que na época parecia absurdamente distante. Quando eu chegava lá, olhava para ela e gritava "Estou no outro lado da piscina". E ela sorria e dizia sim, você está – lá do outro lado da piscina! – e então eu voltava nadando para ela e fazia tudo mais uma vez.

Acho que você precisa fazer algo parecido com o que minha mãe fez depois de semanas de paciência, Oprimida. Você precisa lançar seus filhos para longe de você para que eles possam aprender a nadar. Você precisa dizer para eles se mudarem. Eles não estão doentes. Não estão em crise. Não são mais crianças. São dois adultos capazes de se sustentar. Suas bolhas vão mantê-los à tona. Você tem que procurar fazer com que eles acreditem nisso.

Quando disser a seus filhos que não vai mais permitir que eles morem na sua casa, é provável que eles fiquem surpresos. É um choque ser colocado de lado pela pessoa de quem fomos dependentes por tanto tempo. Mas tenho quase certeza de que vai acabar sendo uma mudança saudável para todos vocês. Por mais que seus filhos gostem de você, a mim parece claro que eles não a veem de maneira realmente independente. Suas necessidades importam pouco porque eles mal percebem que você tem alguma. Eles se mudaram para a sua casa sem pedir porque não consideram de fato essa casa como sua – acham que é deles também, que têm o direito a ela porque ela pertence a você, mãe deles. *Deles*.

Eles não se afastaram de você no nível básico. Querem que você os deixe em paz e que evite dizer como devem viver, mas ainda não perceberam que você tem uma vida própria, vida que a presença deles, aliás, está atrapalhando. Eles não a veem como uma adulta com direito à privacidade e à autodeterminação.

Isso não acontece porque eles são pessoas más. É que eles precisam passar dessa fase final de desenvolvimento – aquela em que a criança realmente se diferencia dos pais – e parece que eles precisam de um empurrão que só você pode dar. Lembre-se de quando eles eram bebês e tudo era "Faça você mesmo! Faça você mesmo!?". Não conheço seus filhos, mas imagino que como todas as crianças em um certo estágio de desenvolvimento foi importante para eles realizarem tarefas que você antes fazia para eles – abrir portas, fechar o cinto de segurança no carro, abotoar o casaco. As crianças pedem essas coisas porque precisam, porque sua sobrevivência depende de suas habilidades de aprender como ser autossuficiente.

Por diversas razões eu posso apenas imaginar que seus filhos têm resistido aos estágios finais do *faça você mesmo* que começa na fase bebê por imaturidade emocional, estresse financeiro, suas próprias tendências de facilitação, luto pelo pai ou por juventude autocentrada. Eles perceberam que é mais fácil deixar que você faça isso por eles. Ao pedir que se mudem de sua casa você está lhes dizendo que sabe que eles também podem fazer isso. Você está prestando um favor a eles ao pedir que saiam. Você está demonstrando sua fé no curso natural das coisas: de que eles são capazes de ser bem-sucedidos sem você.

Desalojar seus filhos de sua casa não significa que você os está desalojando de sua vida. Como mãe deles, sua obrigação é o amor incondicional, apoio emocional e respeito. Pedir que eles se mudem de sua casa não quer dizer que você não os ajudará de diversas maneiras ao longo dos anos. Seu filho que foi pai recentemente, por exemplo, pode precisar especialmente de seu apoio para ajudar a tomar conta da criança.

A questão é que agora é você que decide o que deseja prover quando se trata de dinheiro e recursos. Você criou esse dois meninos e os transformou em homens. Cumpriu com suas obrigações. Está na hora de permitir que seus filhos cumpram com as deles. Somente quando você os deixar soltos é que eles podem fazer isso, ter a sensação de como é flutuar, à distância, do outro lado da piscina.

Um abraço,
Doçura

A VERDADE QUE MORA LÁ

Cara Doçura,

Sou uma mulher de 26 anos casada há nove meses. Meu marido tem 40 anos. Sua proposta de casamento foi incrivelmente romântica, como se tivesse saído de um filme estrelado por Audrey Hepburn. Ele é gentil e engraçado. Eu realmente o amo. E ainda assim...

Ele é a segunda pessoa com quem tive sérios problemas de relacionamento. Ao longo de todo o processo de planejamento do casamento eu tive dúvidas sobre me prender tão jovem, mas não queria magoar ou envergonhá-lo ao cancelar o casamento. Existem tantas experiências que eu temo perder ao ficar casada com alguém mais velho. Quero me candidatar ao Corpo da Paz, * *morar em todo canto do país, ensinar inglês no Japão e, sim, namorar outras pessoas. Essas são as coisas de que eu estava abrindo mão quando disse "Sim". Mas só agora está caindo a ficha.*

Sinto-me presa. Quero sair, mas ao mesmo tempo sinto-me apavorada com medo de magoar meu marido, que tem sido tão bom para mim e a quem considero meu melhor amigo. Doçura, eu nunca me arrisquei: escolhi a faculdade mais segura, aceitei o emprego mais seguro, e segui em frente com o casamento. Tenho medo de que deixar meu marido signifique que eu não tenha mais desculpas para deixar de viver a vida desafiadora e cheia de experiências enriquecedoras com que sempre sonhei.

Doçura, por favor, me ajude.

Sem Arriscar

Cara Doçura,

Sou uma mulher complicada. Carrego as cicatrizes de muito abuso emocional, algum abuso físico e um ataque sexual. Tenho uma personalidade de viciada,

---

* O Peace Corps é uma organização civil americana que se dedica a causas humanitárias. (N. da T.)

flerto com a anorexia, tenho transtorno obsessivo-compulsivo e não sei o que é viver sem um fluxo de adrenalina em meu corpo provocado pelo estresse crônico. Sou vaidosa, egocêntrica, irritadiça, autodestrutiva e solitária. Sempre.

Fui criada para me achar uma pessoa suja e acreditar que Deus só me amaria se eu me comportasse. E me comportava a maior parte do tempo. Depois, conheci um homem que me disse que Deus me amaria de qualquer jeito. Eu me converti ao cristianismo fundamentalista e me casei com o homem. Estava com 18 anos. Isso foi há sete anos.

Ele é, em grande parte de suas intenções e propósitos, um bom homem. A intenção dele é boa e ele me ama, mas ele sofre com os defeitos da maioria dos jovens de nossa religião: a síndrome do chefe de família. Esperam que eu seja de determinada maneira, então sou. Ele não percebe que faz isso a não ser que eu lhe diga, e parei de me preocupar em avisá-lo depois de tantos anos. Mas não sou realmente aquela pessoa, e quanto mais tempo estamos casados mais presa e desanimada me sinto por enterrar o meu verdadeiro eu, a pessoa complicada que já descrevi. Ele conhece todas as minhas cicatrizes, mas, como cristão, não entende nada de doença mental. Ele implora para que eu confie mais em Deus. Diz que, se eu me esforçar mais, vou melhorar. Ele acha que eu tenho muito potencial.

Não o culpo (completamente) pelo meu desgosto. Nos disseram que éramos muito jovens para casar, mas, apesar de meus próprios temores, casei para mostrar que todo mundo estava errado. Somos inacreditavelmente teimosos. Achei que, se conseguisse ser a pessoa que imaginava que seria, eu ficaria bem. Eu seria melhor. Foi a mentira que contei a mim mesma.

Eu o amo. Não quero magoá-lo. Mas não sei como acabar com essa farsa, como me curar, ou como fazê-lo entender. Passei uma semana em uma clínica psiquiátrica por causa de depressão há alguns anos simplesmente porque precisava dar um basta e sabia que a única maneira de me comunicar com ele era algo radical: ou me matava ou conseguia ajuda. Consegui ajuda. No entanto, a máscara estava de volta ao seu lugar assim que fui liberada, e a terapia foi uma piada. Nada mudou, e sinto que estou chegando mais uma vez ao limite. Não tenho mais qualquer desejo de me matar, e consigo reconhecer meus próprios sinais de aviso, mas preciso muito de um descanso. Fingir é cansativo. Minha saúde tem sofrido nos últimos meses. Nós finalmente compramos nossa primeira casa, e passo a maior parte do tempo chorando.

Já pensei em ir embora muitas vezes, mas não quero magoá-lo. Ele tem trabalhado muito para que eu possa ficar em casa (apesar de não termos filhos). Se eu for embora, ele vai se tornar um pária em nossa comunidade religiosa, da qual somos os atuais líderes. Não quero fazer isso com ele. Ele não acredita em divórcio, a não ser que eu o traia. Não sei mais no que acredito. Já tentei conversar sobre como me sinto, mas estamos em dois planetas diferentes. Se eu o confrontasse sobre como me sinto agora, ele se sentiria traído por mim e eu me sentiria mal. No passado ele recusou aconselhamento, dizendo que nossa vida é maravilhosa e que não precisamos disso, mesmo que eu precise. Meu medo é que, como sempre, se eu disser alguma coisa, por um tempo vai parecer que melhoramos, mas o ciclo continua. Estou cansada desse ciclo.

Qual é o limite, Doçura? Quando você quer que a vida que você tem dê certo, mas ela não dá, e você não tem certeza de que é possível dar certo, e quando você também quer uma vida completamente diferente, o que é que você faz? Devo ficar e me anular até talvez ser a pessoa que sempre imaginei ser? Será que é isso exatamente que significa ser adulta? Nunca tive um bom exemplo de casamento até estar casada e conhecer os meus sogros, mas não nos parecemos com eles. Mas poderíamos nos parecer com o tempo? Por quanto tempo você tenta antes de admitir que nunca será aquela pessoa? Aceito a responsabilidade de fazer tal confusão com a minha vida. Parece inevitável em retrospecto. Mas isso não resolve as coisas.

Assinado,
Sem Ação

Cara Doçura,

Sou uma mulher com vinte e tantos anos que namorou o mesmo cara por quase 13 anos e morou com ele por quase um ano. Todas as minhas amigas parecem estar se casando e eu me sinto como se tivesse que considerar casar também. No entanto, a ideia de me casar com meu namorado me faz entrar em pânico e me deixa claustrofóbica. Ele mencionou uma vez a possibilidade de nos juntarmos e acho que ele sentiu que não fiquei confortável falando naquilo, então ele não tocou mais no assunto.

Não tive muitos namorados – um relacionamento firme no ensino médio, alguns poucos relacionamentos curtos depois da faculdade e agora este. Meu namorado é a pessoa mais doce que existe, e temos muitas coisas em comum, mas não acho que essas poucas coisas sejam suficientes. De vez em quando me pego fantasiando sobre namorar outras pessoas. Sinto que meu respeito por meu namorado está desaparecendo. Não sei se isso é um sentimento temporário, ou se não é para esse relacionamento continuar mais tempo. Estou entediada e tenho medo de ficar ainda mais entediada conforme o tempo for passando. Também tenho medo de que não exista realmente ninguém melhor para mim lá fora, e que devia estar agradecida pelo que tenho e que qualquer um por quem eu me sinta seriamente interessada dificilmente se interesse por mim da mesma maneira (parece ser o caso, a julgar pela experiência). Odeio me sentir como se estivesse prestando um desserviço a meu namorado por não amá-lo tanto quanto ele me ama.

O que devo fazer, Doçura?

Assinado,
Claustrofóbica

Caras mulheres,

Decidi responder a suas cartas juntas porque acho que se forem colocadas lado a lado elas contam uma história completa que responde por si só. Lendo as cartas me ocorreu que permitir que vocês lessem o que incomoda as outras pessoas em situação parecida poderia ser uma espécie de cura para o que as aflige, embora obviamente eu também tenha algo a dizer sobre elas. Enfrentei destemidamente essas mesmas questões em minha vida quando me casei com um homem bom que eu tanto amava quanto queria abandonar.

Não havia nada de errado com meu marido. Ele não era perfeito, mas era quase. Eu o conheci um mês depois que fiz 19 anos e casei com ele em um precipitado impulso romântico um mês antes de fazer 20 anos. Ele era apaixonado e inteligente e sensível e bonito e totalmente maluco por mim. Eu era louca por ele também, embora não completamente. Ele era meu melhor amigo, meu amante querido, meu guitarrista, companheiro de estrada e agitador político, coproprietário de nossa vasta coleção de música e literatura, e pai de nossos dois gatos queridos.

Mas quase desde o início havia em mim uma coisa horrível: uma voz nítida e baixinha que não parava de dizer *vá*, independentemente do que eu fazia.

Vá, apesar de amá-lo.

Vá, apesar de ele ser uma pessoa boa e fiel e carinhosa com você.

Vá, apesar de ele ser o seu melhor amigo e você a melhor amiga dele.

Vá, apesar de não conseguir imaginar a sua vida sem ele.

Vá, apesar de ele te adorar e apesar do fato de que sua partida vai deixá-lo arrasado.

Vá, apesar de seus amigos ficarem desapontados, surpresos ou zangados, ou as três opções.

Vá, apesar de um dia ter dito que ficaria.

Vá, apesar do medo de ficar sozinha.

Vá, apesar de não ter certeza de que alguém algum dia a amará tanto quanto ele ama.

Vá, apesar de não ter nenhum lugar para ir.

Vá, apesar de não saber exatamente por que não pode ficar.

Vá, porque você quer.

Porque querer partir é o bastante. Peguem uma caneta. Escrevam esta última frase na palma de suas mãos – vocês três. Depois leiam repetidas vezes até que as lágrimas tenham secado.

Fazer o que quer porque a pessoa quer é difícil para muita gente, mas acho que é especialmente difícil para as mulheres. Nós somos, afinal de contas, o gênero sobre o qual um gigantesco botão de *Aqui para Servir* ficou eternamente apertado. A expectativa é de que cuidemos e nos doemos pela simples virtude de nossa feminilidade, e de considerar os sentimentos e necessidades das outras pessoas antes das nossas. Não sou contrária a essas características. As pessoas que mais admiro são na realidade dedicadas, generosas e atenciosas. Certamente, uma vida ética e evoluída pressupõe fazer um monte de coisas que não se deseja especialmente fazer e não fazer coisas que se deseja muito, independentemente do gênero.

Mas uma vida ética e evoluída também pressupõe dizer a verdade sobre si mesma e viver sob essa verdade.

Sair de um relacionamento porque se quer não a exime de sua obrigação de ser uma pessoa decente. Você pode ir embora e ainda assim ser uma amiga compreensiva para seu parceiro. Sair porque você quer não significa fazer as malas no momento em que surgir uma disputa ou uma briga ou alguma incerteza. Isso significa que, se você anseia se libertar de um determinado relacionamento e percebe que esse anseio instalado dentro de você é mais forte do que quaisquer outros anseios concorrentes e opostos, seu desejo de ir embora não é apenas válido, mas provavelmente a coisa certa a fazer. Mesmo que a pessoa que você ama fique magoada com isso.

Demorei séculos para entender isso. Ainda não consigo explicar completamente por que eu precisava deixar o meu ex, fiquei torturada por essa mesma questão durante anos porque me senti uma idiota por partir o coração dele e fiquei tão abalada que parti o meu próprio. Eu era jovem demais para me comprometer com uma pessoa. Não éramos tão compatíveis quanto parecíamos a princípio. Estava motivada pela minha escrita e ele invejava o meu sucesso tanto quanto o celebrava. Eu não estava preparada para uma monogamia de longa duração. Ele cresceu na classe média alta e eu cresci pobre e não conseguia evitar me sentir mal por isso. Minha mãe morreu e meu padrasto parou de ser um pai para mim e fiquei órfã aos 22 anos e afundada na tristeza.

Todas essas razões são suficientemente verdadeiras em suas especificidades, mas todas se resumem à mesma coisa: eu tinha que ir embora. Porque queria ir. Da mesma forma que todas vocês querem, mesmo se não estiverem prontas para fazer isso ainda. Sei por suas cartas que cada uma tem sua própria lista, mas todas aquelas palavras em todas as listas se resumem a uma que diz *vá*. Imagino que vocês vão entender isso em algum momento. Que, quando se trata de fazer isso, vocês precisam confiar na sua verdade mais verdadeira, mesmo que existam outras verdades correndo em paralelo – tal como o amor pelos parceiros de quem vocês querem se afastar.

Não estou falando em simplesmente levantar e abandonar seus parceiros assim que o pensamento passar pela cabeça de vocês. Estou falando em fazer uma escolha ponderada sobre a vida. Eu queria desesperadamente não deixar meu marido. Eu sofri da mesma forma que vocês estão sofrendo, e compartilhei um trecho honesto dessa luta com o meu ex. Tentei ser boa. Tentei ser má. Estava triste, amedrontada, enjoada, renunciando às coisas e em última instância me autodestruindo. Eu finalmente traí meu então marido porque não tive coragem de dizer a ele que queria ir embora. Eu o amava demais para fazer uma separação honesta, então estraguei tudo e em vez disso fiz uma confusão. O ano e pouco que fiquei me separando dele depois de confessar minhas escapadas sexuais foi sofrido do começo ao fim. Não era eu contra ele. Éramos nós dois lutando juntos afundados até o pescoço no buraco mais lamacento. Divorciar-me dele foi a decisão mais dolorosa que já tomei na vida.

Mas foi também a mais sábia. E eu não fui a única cuja vida melhorou por causa disso. Ele merecia o amor de uma mulher que não tivesse a palavra *vá* sendo sussurrada no ouvido por um fantasma maluco. Deixá-lo foi uma gentileza de certa forma, embora não parecesse assim na época.

Foi apenas quando me casei com o Sr. Doçura há alguns anos que entendi realmente o meu primeiro casamento. Ao amá-lo, vim a perceber com mais clareza como e por que amei meu primeiro marido. Meus dois casamentos não são tão diferentes um do outro, embora exista uma espécie de ligação mágica no segundo que faltou no primeiro. O Sr. Doçura e meu ex nunca se encontraram, mas tenho certeza de que se acontecesse eles se dariam maravilhosamente bem. Ambos são homens bons com corações gentis e almas generosas. Ambos compartilham a minha paixão pelos livros, pela vida ao ar livre e pela política de esquerda; ambos são artistas de áreas diferentes. Eu discuto com o Sr. Doçura tanto quanto discutia com meu primeiro marido, em uma velocidade similar, sobre coisas parecidas. Nos dois casamentos houve brigas e tristezas de que poucos sabem a respeito e menos ainda foram e são capazes de ver ou entender. O Sr. Doçura e eu também estamos enfiados até o pescoço no buraco mais lamacento possível. A única diferença é que sempre que estou lá embaixo com ele não estou lutando pela minha liberdade, e nem ele. Em nossos quase 16 anos juntos eu nunca, sequer uma vez, pensei na palavra *vá*. Apenas me esforcei mais de modo que pudesse emergir suja, porém mais forte, com ele.

Não queria ficar com meu ex-marido, não lá na essência, mesmo que grandes pedaços de mim quisessem. E se existe uma coisa na qual acredito mais do que tudo é que não dá para falsificar a essência. A verdade que existe vai aparecer no final. Trata-se de um deus a que precisamos obedecer, uma força que nos deixa a todos de joelhos. E por causa disso eu posso apenas fazer a mesma pergunta a vocês três: vocês vão fazer isso depois ou vão fazer agora?

Um abraço,
Doçura

TINTA DEMAIS

Cara Doçura,

Até alguns meses atrás, minha vida amorosa era sempre em preto e branco. Ou bem eu estava em um relacionamento sério e monogâmico ou enrolada com aventuras de uma noite ou aleatórias, farras sem compromissos com amigos platônicos. Ultimamente entrei no estranho e mágico mundo do namoro não monogâmico e casual. Conheci alguns caras que curto em um nível intelectual, bem como no aspecto sexual. Estou aprendendo muito sobre minha própria sexualidade através da interação com parceiros claramente diferentes e sinto que finalmente estou descobrindo essa parte de mim, que é maravilhosa.

Talvez seja porque sou nova nesse cenário não monogâmico e a coisa simplesmente não é (ainda?) natural para mim, mas às vezes percebo que estou me sentindo totalmente surpresa com a perspectiva de manipular esses vários homens. Numa semana eu saí com "Bill" na segunda-feira, vi "Jack" na terça-feira, depois tive um encontro amistoso e sem compromisso com um ex na quarta-feira, mas ir para a cama com três caras diferentes meio que fez a minha cabeça girar.

Não quero fazer sexo anônimo ou sem nenhum significado, mas tampouco quero me dedicar a um cara e buscar um relacionamento sério neste momento. Como posso navegar por essas águas desconhecidas sem ter um colapso nervoso? Devo contar aos caras com os quais estou saindo que eles não são os únicos com quem estou indo para a cama?

Manipuladora de Homens

Cara Manipuladora de Homens,

Vou responder primeiro à pergunta fácil: sim, você deve contar aos homens com quem está indo para a cama regularmente que não está dormindo com eles de forma exclusiva. Não existem exceções a esta regra. Nunca. Para ninguém. Sob qualquer circunstância. As pessoas têm o direito de saber se as pessoas com quem elas estão trepando também estão trepando com outras pessoas. Essa é a única forma de as pessoas que estão trepando com pessoas que estão trepando com outras pessoas possam tomar decisões saudáveis do ponto de vista emocional sobre suas vidas. É limpo. É certo. É honesto. E a regra básica duramente conquistada do Código de Ética sobre Amar os Outros Tanto Quanto Amar a Si Mesma da *Doçura* é não-fiz-isso-da-maneira-certa-na-primeira-vez.

Além disso, parece que contar essa novidade vai ser bem fácil, Manipuladora de Homens. Tenho a impressão de que os homens em sua atual lista de amantes já sabem que você não está dormindo com eles de forma exclusiva. (E, ainda assim, se todos eles soubessem disso, por que você faria a pergunta?) Na verdade, é melhor colocar a questão de maneira casual em breve. Não precisa entrar em detalhes ou dar um tom de seriedade e tipo "Bem… nós precisamos realmente conversar". Fale apenas: "Oi... (Bill ex-namorado novo parceiro de farra que surgiu desde que escrevi essa questão para Doçura), isso tem sido superdivertido e eu quero que você saiba que estou saindo com outras pessoas também."

Depois sorria. Só um pouquinho. E talvez deslize levemente sua mão ao longo do braço másculo e peludo e forte dele.

Tudo bem. Agora. Sobre sua pergunta sobre como navegar pelo "estranho e mágico mundo do namoro não monogâmico e casual". Acho que é maravilhoso você estar se divertindo ao dormir com pessoas que gosta mas não ama, que a estimulam tanto sexualmente quanto intelectualmente. E é ainda melhor que essa nova (e provavelmente temporária) etapa de sua vida sexual esteja ajudando você a descobrir um lado seu antes inexplorado. Portanto, tudo de bom, certo? O que não é tão bom nesse negócio é se sentir "totalmente surpresa com a perspectiva de manipular esses vários homens".

O legal de sua situação, Manipuladora de Homens, é que você não tem que manipular. Só porque você pode trepar com um homem diferente toda noite da semana não significa que você deva fazer isso. Um dos princípios básicos de toda forma de arte tem a ver não com o que está lá – a música, as palavras, o movimento, o diálogo, o quadro –, mas sim com o que não está. Nas artes visuais isso é chamado de "espaço negativo", as partes brancas ao redor e entre os objetos, que é obviamente tão essencial quanto os próprios objetos. O espaço negativo nos permite ver o espaço não negativo em toda a sua glória e melancolia, cor e mistério e luz. O que não está lá dá sentido ao que está lá. Imagine isso.

Sexo com três caras diferentes em três noites seguidas? É tinta demais. Não faça isso novamente. Não porque estou dizendo, mas porque *você me disse isso* quando escolheu as expressões "cabeça girar" e "colapso nervoso" para se referir à sequência dos três dias. Ouça a si mesma. E divirta-se.

Um abraço,
Doçura

PEQUENAS REVOLUÇÕES

Cara Doçura,

Sou uma mulher de cinquenta e poucos anos. Leio sua coluna regularmente e acho que a minha pergunta é banal, mas estou pedindo humildemente seu conselho e apoio de qualquer forma enquanto vivo o sofrimento disso tudo.

Depois de algumas décadas de casamento, meu marido e eu estamos nos separando. Estou em paz com isso, pois sinto que meu casamento tem estado basicamente morto há um bom tempo. Meu marido nunca fez demonstrações emocionais ou físicas. Passei muitos anos me sentindo terrivelmente sozinha. Apesar das tentativas de conseguir dele o que eu precisava, não tive sucesso. Demorei muito a finalmente acreditar que merecia mais e a dar um passo rumo a essa possibilidade.

Obviamente o futuro é assustador e excitante ao mesmo tempo. Quero criar mais relacionamentos afetivos em minha vida, tanto em amizade quanto no amor. Quero e preciso ser tocada amorosamente, ouvir palavras amorosas. E ao mesmo tempo tenho medo de nunca sentir o toque carinhoso de um homem. Ontem, quando uma amiga estava me contando sobre um momento maravilhoso de intimidade com seu parceiro, tive medo de nunca ter isso em minha vida.

Eu me preocupo com sexo. Há muito tempo não tenho contato com outro homem. O sexo em meu casamento era rotineiro e pouco inspirador. Certo dia eu disse a meu marido que queria fazer sexo mais vezes e ele fez uma piada com isso na noite seguinte. E tenho medo de não ser muito "boa" nisso. Eu tinha orgasmos regularmente com meu marido, então não é isso. Nós nos escondemos atrás do que funcionava até que ficou cansativo. Durante anos imaginei um sexo vigoroso e ousado, e ainda assim eu permitia que a rotina continuasse. Tenho medo de conhecer um homem por quem eu me interesse, fazer sexo com ele e eu não ser boa na cama.

Preciso de ajuda. Como se faz para mudar isso antes que seja tarde demais?

E depois tem a questão do meu corpo. De roupa eu sou apresentável. Sem roupa, meu corpo revela a história de um significativo ganho de peso e de uma sig-

nificativa perda de peso. A sensação de emagrecer é boa, mas nua meu corpo é flácido e fico envergonhada com isso. Tento imaginar como eu me sairia sexualmente com todas as inseguranças nesse departamento. A cirurgia é cara e fora das minhas possibilidades. Meu médico diz que sem ela minha pele não recuperará a mesma firmeza. Planejo maneiras de evitar ser vista, mas sei que provavelmente não funcionará e tenho medo de como meu amante em potencial reagirá. Não quero me esconder por trás do medo e apesar disso tenho muito receio de me expor. Sei que você não pode fazer isso por mim, Doçura, mas eu me sinto muito solitária neste lugar assustador.

Existem homens da minha idade que namoram mulheres da minha idade e que aceitarão meu corpo? Sei que você não tem a resposta, mas pergunto de qualquer forma. Emocionalmente, sou muito forte. Sexualmente, e por estar vulnerável com o meu corpo, não sou tão forte quanto gostaria de ser. E, obviamente, estou igualmente assustada por não ter a oportunidade de me expressar e de desafiar a mim mesma desta maneira. Por favor, me ajude.

Assinado
Necessitada

Cara Necessitada,

Quando minha filha tinha 5 anos ela me ouviu sem querer reclamando com o Sr. Doçura que estava uma monstra horrorosa e gorda que ficava terrível em qualquer roupa e imediatamente ela perguntou, surpresa: "Você é uma monstra horrorosa e gorda que fica terrível em qualquer roupa?"

"Não! Eu estava apenas brincando!", eu exclamei, em um tom falsamente animado. Depois continuei fingindo, para o bem da futura autoestima de minha filha, que não achava que eu era uma monstra horrorosa e gorda que ficava terrível em qualquer roupa.

Meu impulso é fazer o mesmo com você, Necessitada. Para protegê-la de uma realidade mais complicada, quero fingir que uma mulher de meia-idade com as carnes flácidas é perseguida com tesão por bandos de homens por sua beleza original e marcada pelo tempo. "A aparência não importa!", eu quero gritar eufórica, como se dissesse vai-nessa-menina. Não seria uma mentira. A aparência de fato não importa. Você sabe disso. Eu sei disso. Todas as fofinhas do mundo de Doçura se levantarão e concordarão com a declaração.

Ainda assim, todos nós sabemos que ela não é totalmente verdade.

A aparência importa para grande parte das pessoas. E lamentavelmente ela importa para as mulheres em um nível bastante depressivo – independentemente da idade, do peso ou do lugar na variedade de belezas entre o deslumbrante e o horrendo. Não preciso descrever os e-mails em minha caixa de entrada de mulheres com medos parecidos com os seus como prova. Preciso apenas fazer uma rápida contagem de quase toda mulher que conheço – uma infindável tropa formada pelas mulheres mais atraentes e que estão angustiadas ou porque estão gordas ou porque não têm peito ou porque o cabelo é crespo ou tem um formato estranho ou porque estão cheias de rugas ou porque o corpo está cheio de estrias ou por causa de alguma outra forma imperfeita, quando vistas através do olhar distorcido do implacável deus da beleza sabe-tudo aniquilador de mulheres.

Eu digo basta com isso. Chega disso.

Tenho escrito com frequência sobre como é ter que conseguir caminhar na direção da vida que queremos, mesmo que seja difícil fazer isso. Tenho aconselhado as pessoas a definir limites saudáveis e a se comunicar com cuidado e a correr riscos e trabalhar pesado no que de fato importa e a enfrentar as verdades contraditórias e a confiar na voz interior que fala com amor e a silenciar a voz interior que fala com ódio. Mas o que muitos de nós esquecemos é que esses valores e princípios não se aplicam somente a nossas vidas emocionais. Precisamos vivenciá-los também em nossos corpos.

O seu. O meu. Flácido e feio e gordo e magro e desfigurado e imprestável como eles são. Temos que ser destemidas sobre nossas barrigas da mesma forma que somos com nossos corações.

Não existe um atalho para isso. A resposta para a sua questão não é descobrir um jeito de seu futuro amante acreditar que você se parece com a Angelina Jolie. É aceitar o fato de que você não é e nunca será (gostaria de destacar que a própria Angelina Jolie também terá que aceitar o fato algum dia e provavelmente já está enfrentado isso agora).

Mudanças de verdade acontecem no nível do gesto. É uma pessoa fazendo uma coisa de maneira diferente do que ela ou ele fez antes. É o homem que opta por não convidar a mãe abusiva para seu casamento; a mulher que decide passar suas manhãs de sábado em um curso de pintura em vez de ficar limpando banheiros em casa; o escritor que não se permitirá ser devorado por sua inveja; o pai ou mãe que pensa duas vezes antes de atirar o prato. Sou eu e você ficando nuas em frente aos nossos amantes, mesmo que isso nos faça sentir meio desajeitadas no mau sentido quando o fazemos. O trabalho está lá. É nossa missão. Fazer isso nos dará força e clareza. E nos aproximará da pessoa que queremos ser.

Você não precisa ser jovem. Não precisa ser magra. Não precisa ser "gostosa" de um jeito que algum idiota de mentalidade obtusa construiu essa palavra. Você não precisa ter a carne dura ou o bumbum firme ou um par de peitos eternamente empinados.

Você precisa descobrir um jeito de habitar o seu corpo enquanto realiza seus desejos mais profundos. Você tem que ser corajosa o suficiente para construir a intimidade que merece. Você tem que tirar toda a roupa e dizer "Estou bem aqui".

Existem tantas pequenas revoluções em uma vida, um milhão de maneiras que inventamos de circular ao redor de nós mesmos para crescer e mudar e ficar bem. E talvez o corpo seja nossa última fronteira. É o único lugar que não podemos abandonar. Estamos lá até a hora de ir embora. A maior parte das mulheres e alguns homens passam a vida tentando modificá-lo, ou escondê-lo pelo que ele é. Mas e se não fizéssemos isso?

Essa é a pergunta que você precisa responder, Necessitada. É isso que vai trazer seus desejos mais secretos para a sua vida. Nada de: *Será que meus velhos e flácidos machos contemporâneos aceitarão amar uma coroa flácida como eu?* E sim: *O que está do outro lado da pequena grande revolução na qual eu paro de odiar para amar minha própria pele?* Que frutos essa liberação em especial produz?

Nós não sabemos – como uma cultura, como um gênero, como indivíduos, eu e você. O fato de que não sabemos é uma falha do feminismo. Nós reivindicamos a mediação, nós nos outorgamos a autoridade, nós reunimos as seguidoras, mas nunca paramos de nos preocupar sobre como nossos bumbuns ficam em nossos jeans. Existem muitas razões para isso, uma série de Grandes Coisas Sexistas Que Nós Temos Todo O Direito de Culpar. Mas em última instância, como qualquer coisa, a mudança só depende de nós.

A cultura não vai dar permissão para você fazer "sexo vigoroso e ousado" com seu corpo flácido e envelhecido, portanto você vai ter que ser forte suficiente para assumir você mesma. Isso vai exigir um pouco de coragem, Necessitada, mas coragem é a peça fundamental de qualquer vida bem vivida. Entendo por que você tem medo. Não tenho a intenção de minimizar a importância do que acabou recentemente e do que vai começar, mas pretendo dizer a você com bastante clareza que este não é o momento para se curvar às suas inseguranças. Você conquistou o direito de crescer. Você terá que carregar a água sozinha.

Portanto, vamos falar sobre os homens. Um bando deles vai desprezá-la como amante porque eles querem alguém mais jovem e em forma, mas nem todos. Alguns ficarão excitados em conhecer uma mulher exatamente como eles. As pessoas mais sensuais culturalmente-não-permitidas que conheço – as velhas, as gordas, as com habilidades diferentes, as que acabaram de dar à luz – têm um jeito maravilhoso de serem francas sobre quem são, então sugiro que você adote a abordagem delas. Em vez de tentar esconder os traços de seu corpo que a deixam desconfortável, que tal simplesmente exibi-los desde o começo – antes de entrar no quarto e tentar se passar despercebida embaixo dos lençóis enquanto tem um ataque de pânico? O que aconteceria se você dissesse ao Senhor Prestes-A-Me-Comer: *Tenho total consciência sobre como meu corpo é flácido e não tenho certeza se nem mesmo sei como se faz um sexo gostoso, já que estava congelada em um padrão entediante com o meu ex há muito anos.*

De acordo com a minha experiência, esses tipos de revelações ajudam. Elas destravam as defesas dos medos das pessoas. E impulsionam a intimidade para um local mais vulnerável. E são um jeito espetacular de revelar exatamente o tipo de pessoa com quem estamos indo para a cama. Ele sorri e diz que acha você adorável e, portanto, deixa pra lá ou ele limpa a garganta e oferece a você os telefones de contato do cirurgião plástico da ex-mulher? Ele confessa suas próprias inseguranças ou critica de maneira chocante as suas? Ele é um cara com quem você realmente quer compartilhar seu corpo ou é melhor sair fora enquanto está tudo bem?

Conheço mulheres que estão permanentemente sendo chamuscadas pelo incansável maçarico da beleza pornô de Hollywood, mas na minha vida real tenho percebido que homens com quem vale a pena ir para a cama são bem mais desprendidos sobre o corpo feminino em suas variadas formas do que em geral se admite. "Nua e sorrindo" é uma das únicas exigências de um amigo para uma amante. Talvez seja porque os homens são pessoas com corpos cheios de medos, inseguranças e defeitos. Descubra um deles. Um que faça você pensar, rir e gozar. Convide-o para a pequena revolução em seu lindo mundo novo.

Um abraço,
Doçura

NÃO É O SUFICIENTE

Cara Doçura,

Ano passado conheci um cara que é maravilhoso, embora eu reconheça que ele precisa amadurecer um bocado (ele tem 24 anos). Nós nos damos bem, temos um senso de humor parecido e o sexo é ótimo. Depois de nove meses, eu ainda sinto um frio na barriga quando o vejo. Nosso relacionamento começou por acaso, mas ao longo do tempo nós passamos a nos conhecer e ficamos à vontade na presença um do outro. Podemos cozinhar juntos, ficar de bobeira e procurar aventuras e ler um para o outro e fazer sexo no chão e depois fazer um bolo e comê-lo na cama. No começo, eu não tinha problema por não sermos monógamos, mas, assim que nosso relacionamento deixou de ser uma aventura, eu quis um compromisso. Nós conversamos e ele me disse que dormir apenas com uma pessoa pode se tornar chato, mas que ele nitidamente gostava de mim senão ele não perderia tempo comigo. Ele disse que tinha medo de que eu de alguma forma o modificasse – o transformasse em alguém que ele não é.

Eu não o entendi na época, e ainda não entendo. Será que sou densa? Ele gosta de mim, mas não o suficiente para dizer que gosta só de mim? Talvez seja simples assim.

Nós ainda nos vemos com bastante frequência, só que agora sem sexo. Eu me preocupo com ele, mas não sei se estou sendo tola por esperar para ver no que vai dar. Será que estou me torturando ao mantê-lo presente na minha vida?

Atenciosamente,
Em Busca de Orientação

Cara Em Busca de Orientação,

Recebo um monte de cartas como a sua. A maioria é minuciosa, descrevendo todos os tipos de situações enlouquecedoras e de comunicações em detalhes desconcertantes, mas em todas elas há no fundo a mesma pergunta: *Posso convencer a pessoa pela qual sou apaixonada a se apaixonar por mim?*

A resposta resumida é não.

A resposta completa é não.

A resposta triste, porém forte e verdadeira, é aquela que você já disse a si mesma: esse homem gosta de você, mas não do jeito que você gosta dele. O que significa não o suficiente.

Portanto, agora você precisa decidir o que quer fazer com isso. Você é capaz de virar só amiga – ou até mesmo amante eventual – desse homem que é menos apaixonado por você do que você por ele sem se sentir:

a) mal consigo mesma

b) ressentida com ele ou

c) como se estivesse sempre querendo mais?

Se a resposta não for sim nos três itens, sugiro que você dê um tempo na sua amizade, mesmo que seja apenas pelo tempo que levar para você esquecê-lo. Existem tantas coisas pelas quais se torturar, querida. Tantas coisas tortuosas nesta vida. Não deixe que um homem que não a ama seja uma delas.

Um abraço,
Doçura

O NÃO É DE OURO

Cara Doçura,

Estou escrevendo para você com metade da resposta pronta no meu coração. Sinto que devo dizer isso logo, já que a sabedoria tradicional diz que, não importa que conselho uma pessoa confusa receba, ela sempre acaba seguindo sua própria cabeça. Minha pergunta é sobre meu casamento que está por vir, que meu noivo e eu estamos planejando fazer na casa do pai dele na Europa. Como sou dos Estados Unidos, terei menos convidados do que ele, então preciso pensar bem sobre quem merece receber um convite.

Aos 30 anos eu sinto que cheguei a um ponto da vida em que estou fazendo todas as coisas necessárias para ir em frente sem esquecer o passado. Fiz terapia no ano passado, na tentativa de aceitar a infância repleta de todo tipo de cilada que leva a criança a se tornar um adulto amargo e ferido emocionalmente. Alcoolismo, uso de drogas, abuso físico e emocional – além de uma mãe que dependia de mim desde que eu tinha 5 anos para garantir a ela que meu pai não estava morto em um acidente de carro em alguma estrada escura por aí – tudo me levou a viver a maior parte dos meus 20 anos em uma faixa precária entre a vida responsável e a desastrosa queda livre.

Mas eu tive sorte. Afastei-me de minha família e morei em outro país. Encontrei o perdão em mim para restabelecer uma relação com minha mãe. Reuni coragem para conquistar o que chamo de "normalidade". As pessoas subestimam a importância da normalidade. A normalidade significa que ninguém está gritando, brigando ou insultando um ao outro. Normalidade significa que o Natal e as outras datas familiares são uma alegria. Normalidade significa, para algumas pessoas, casar.

E assim aqui estou, me casando com um homem sincero e sensível, com uma família perfeitamente normal que vai conhecer, pela primeira vez, meus parentes disfuncionais, complicados e ainda muito pouco conscientes-disso-tudo. Isso me deixa apavorada.

Mas o que mais me apavora é meu pai, que é a pessoa na origem de todo o sofrimento que passei quando criança. Estou dividida sobre se devo convidá-lo para o casamento.

Depois de anos sem nos falarmos, meu pai, apesar de ter muitas, muitas, muitas falhas, recentemente encontrou um jeito de voltar a fazer parte da minha vida. Ele é bastante importante na vida de meu irmão mais novo. E agora meu noivo quer incluí-lo em nosso casamento. A última vez que vi meu pai ele estava chapado, fora de si e bêbado. Era para ele ter levado a mim e meu irmão de carro até a estação de trem (e não levou).

Portanto, estou dividida. Não tenho a expectativa de que o dia do meu casamento seja perfeito. Parte de mim se sente assim e, apesar de todo o drama que possa acontecer, talvez esta seja a oportunidade de incluir meu pai em uma parte importante da minha vida e isso pode ser saudável para ele, até mesmo catártico de certa forma. Mas, depois, imagino a cara da minha mãe quando meu pai tiver bebido mais do que devia, e a família de meu noivo assistindo horrorizada (meu pai não é o tipo de bêbado amigável ou divertido).

Quero virar a famosa página, mas minha mão está congelada, incapaz de tomar a decisão. A coisa mais fácil a fazer seria simplesmente não convidá-lo, não correr o risco, então eu não teria que ficar nervosa em "nosso dia". Mas nunca escolho a coisa mais fácil. Por favor, me ajude!

Filha com Questões (Talvez) que Já Passaram do Prazo com o Pai

Cara Filha,

Toda vez que leio sua carta um terrível alarme estridente soa na minha cabeça. Por favor, não convide seu pai para o seu casamento. Não há uma única palavra em sua carta que revele que você queira ou deva fazer isso.

Vamos primeiro despachar com seu noivo, já que ele – não você – é quem gostaria de incluir seu pai no casamento. Presumo que ele tivesse boas intenções quando propôs isso – visões inspiradas em Hollywood de revelações profundas e reencontros emocionantes provocados pela mágica do dia, sem dúvida. Mas, quer saber? A opinião dele nesse tema não tem nenhuma influência. A decisão sobre convidar seu pai não é nem um pouquinho da alçada dele. A sugestão de seu noivo me diz que ele não tem nem uma compreensão nítida de seu histórico familiar nem a noção de seu pai totalmente disfuncional. Sugiro que você tenha uma longa conversa com ele sobre esses temas o mais rápido possível. Tipo *agora*.

Gostaria de elogiá-la pelo esforço em tentar chegar a um acordo com sua infância. Sei como é doloroso fazer isso, e sei como sua vida é mais interessante por ter feito isso. Mas, como você certamente está consciente, perdoar não significa permitir que tudo o que foi perdoado recaia novamente sobre você. Perdoar significa que você encontrou um jeito de seguir em frente, que reconhece o estrago feito e o sofrimento causado sem deixar que nem a raiva nem a dor dominem a sua vida ou definam seu relacionamento com aquele que lhe fez mal. Às vezes aqueles que perdoamos mudam seu comportamento de tal forma que podemos afinal ser tão próximos a eles quanto éramos antes (ou até mesmo mais próximos). Às vezes aqueles que perdoamos continuam os cretinos que sempre foram e nós os aceitamos, embora os mantenhamos a quilômetros de distância de nossas festas de casamento.

Na minha opinião, seu pai parece pertencer à segunda categoria.

O que significa que você precisa ser rígida. Se as palavras *amor, leveza, aceitação e perdão* estão escritas em um lado da moeda que você tirou ao criar uma vida linda para você na sequência de sua infância problemática, no outro lado da moeda está escrita a palavra *não*.

O *não* é de ouro. O não é o tipo de poder que as bruxas boas possuem. É a maneira que as pessoas emocionalmente maduras, plenas e saudáveis arranjam para se relacionar com cretinos em suas vidas.

Estou falando, é claro, de limites. Estou falando de levar a um nível de "o homem na origem de grande parte do sofrimento" e tomar uma decisão pensada sobre um acontecimento importante em sua vida no qual você se coloca e coloca as suas necessidades e seus desejos na frente e no centro. É realmente bem nítido quando você pensa a respeito, não é? Seu pai errou com você quando criança. Ele errou com você quando mulher. E ele muito provavelmente errará com você no dia de seu casamento se você lhe der a chance de fazer isso.

Isso não é porque ele não a ame. Mas o amor não transforma um bêbado miserável em um não bêbado miserável, assim como um narcisista não deixa de ser narcisista, muito menos um cretino deixa de ser um cretino. Em seu casamento, é bem provável que seu pai se comporte da maneira que ele tem se comportado durante todos esses anos em que você o conhece. Mesmo que ele não faça nada, qual é a melhor hipótese? Que você passe o dia de seu casamento preocupada se o seu pai vai fazer papel de bobo e humilhar você e enfurecer sua mãe e enlouquecer seus sogros, *mas ele não faz*? Isso parece divertido? É isso que você esperava? É isso que você quer?

Claro que não. Você quer que seu pai seja um príncipe. E, se ele não pode ser um, você pelo menos quer que ele seja um ser humano decente. Você quer que a importância de *seu grande dia* seja ainda maior do que qualquer barraco de merda horroroso onde ele morou por toda a sua vida. Eu sei disso. Eu entendo essa dor. Quando penso sobre o meu próprio pai por mais do que cinco segundos, ainda posso sentir todo o sofrimento dele percorrer todo o meu corpo até a pontinha dos dedos dos pés. Ah, menininha, seu pai não vai fazer nada que você queira que ele faça porque você quer que ele faça. Nem um maldito carinho. Você simplesmente não tem esse tipo de pai. Você tem o tipo que faz apenas o que ele pode.

Que você tenha ido até o barraco miserável dele e batido na porta é um ato de nobreza. A força e a fé que você invocou quando procurou reconstruir sua relação com seu pai vão brilhar ao longo de sua vida, independentemente do que acontecer entre vocês dois. Isso é uma coisa magnífica, Filha. Ela foi criada inteiramente por sua determinação e generosidade. Ela pertence a você. Deixe que seja o que a guia quando você falar com seu pai sobre a razão pela qual ele não foi convidado para o seu casamento. Você escreveu que não convidá-lo é a "coisa mais fácil de fazer", mas eu encorajo você a fazer disso a coisa mais difícil. Use sua decisão como uma oportunidade de ter uma conversa honesta com ele sobre como o comportamento dele afeta você e sua capacidade de realmente deixar que ele volte à sua vida.

Se o seu pai for um homem merecedor de seu afeto mais profundo, ele vai respeitar sua decisão mesmo que seus sentimentos fiquem feridos. Ele entenderá que sua exclusão não é uma punição, mas sim uma consequência de sua péssima atuação como pai ao longo da vida e também por seu mau comportamento. Ele vai lhe dizer que existem outras maneiras para comemorar seu casamento e que ele vai encontrar um jeito de fazer isso.

Se ele não for um homem merecedor de sua afeição mais profunda ele vai ter um ataque. Vai culpar você pelas falhas dele. Vai chamá-la de egoísta e mesquinha. Possivelmente, ele a expulsará da vida dele. Ou talvez não tenha nenhuma importância para ele que sua conduta seja tão deplorável que a filha tenha decidido excluí-lo de seu casamento. Talvez ele simplesmente deixe isso – como tantas outras coisas – pra lá.

Mas, quer saber? Não importa o que ele faça, uma coisa é certa: ele não vai estragar o dia de seu casamento. Que, de fato, deve ser perfeito. Ou o mais próximo da perfeição. E, por mais triste e difícil que seja, só depende de você fazer isso dessa maneira, da mesma forma que tem sido da sua conta tornar sua vida perfeita.

Eu sei que ele será, querida. Eu nem preciso de convite para saber.

Um abraço,
Doçura

O AMOR ROMÂNTICO NÃO É UM ESPORTE COMPETITIVO

Cara Doçura,

Sou uma mulher de 25 anos que começou a namorar um homem maravilhoso há dois meses. Ele é inteligente, bem-humorado, engraçado e, decididamente, ele me excita. Sinto-me extremamente feliz por tê-lo conhecido, e mais feliz ainda que ele goste de mim tanto quanto eu gosto dele. Nossa vida sexual é ótima, mas meu homem tem este mau hábito de mencionar suas experiências sexuais anteriores. Ele não entra em detalhes, e não acho que ele perceba que suas histórias me chateiam. Acho que ele realmente confia em mim, e simplesmente quer conversar sobre essas coisas.

Recentemente ele começou a me contar que participou de uma orgia. Eu o interrompi e falei: "Desculpe, mas não quero saber nada sobre isso." Ele não ficou chateado e respeitou meu pedido, mas agora essa imagem está flutuando em minha cabeça. Constantemente. Como uma assombração. Não paro de imaginar como deve ter sido, como ele estava, como eram as mulheres, e isso está me deixando doente: doente de ciúme. Cheia de insegurança. Morta de medo. Isso me intimida e me deixa maluca.

Não estou preocupada que ele vá me trair para ir a uma orgia, mas de fato me preocupo que talvez eu não seja suficiente para satisfazê-lo. Não sei o que fazer. Essa imagem ainda está na minha cabeça – como outras –, mas não sei se conversar com ele sobre isso (por exemplo, descobrir mais detalhes, com os quais a minha pequena mente imaginativa vai se refestelar em maneiras potencialmente terríveis) vai ajudar ou simplesmente piorar as coisas.

Será isso algo que, se deixado pra lá, eu vá eventualmente perceber que é uma parte natural de sua vida sexual saudável do passado ou preciso dizer a ele como isso me faz sentir, sob o risco de parecer uma mulher irracional, insegura e ciumenta que não confia nele, possivelmente afastando-o? E, se preciso conver-

sar com ele sobre isso, como faço para apagar o fogo maluco que já está queimando na minha cabeça?

Com amor,
Assombrada pelo Passado Sexual Dele

Cara Assombrada pelo Passado Sexual Dele,

Hummm, deixe-me ver. Seu namorado é
1 - Maravilhoso
2 - Muito inteligente
3 - Bem-humorado
4 - Engraçado
5 - Bom de cama
6 - Tão a fim de você quanto você dele
7 - Confiável
8 - Merecedor de sua confiança
9 - Respeitoso
10 - Interessado em ter uma conversa íntima com você sobre a vida dele

Vou ter que tirar minhas luvas de seda e estapeá-la com elas?

Você não está assombrada pelo passado sexual de seu namorado. Você está assombrada por seus próprios sentimentos irracionais e de insegurança e ciúme, e se continuar a se comportar desta maneira no fim vai afastar seu amor.

Não quero ser dura, querida. Sou direta porque quero sinceramente ajudar você e porque é nítido para mim que você é uma pessoa inacreditavelmente decente. Sei que é um saco ouvir que o problema é você, mas é também tremendamente fantástico. Você é, afinal de contas, a única pessoa que você pode mudar.

Portanto, vamos desmontar sua mania.

Você diz que conhecer as experiências sexuais do passado de seu amor a deixa com ciúmes, insegura e com medo de não "ser suficiente para satisfazê-lo". *Jura?* Uma coisa sobre o amor – principalmente sobre o amor livre, desimpedido e descompromissado como o tipo que você e seu homem estão vivendo – é que as pessoas fazem quase sempre o que querem fazer. Se você não fosse suficiente para satisfazê-lo você saberia porque ele não estaria com você. O fato de que ele está significa que ele gosta de você. Muito. E ele não quer estar com todas as outras mulheres com quem ele já transou. Ou, pelo menos, não com todas elas.

Ao contrário do que a franquia de televisão *Bachelor/Bachelorette* e todo o clima destruidor do Complexo Industrial de Hollywood gostariam que você acreditasse, o amor romântico não é um esporte competitivo. Algumas das mulheres com quem seu namorado costumava transar têm bumbuns mais bonitos do que o seu. Outras são mais inteligentes ou mais engraçadas ou mais gordas ou mais generosas ou mais confusas do que você. Isso faz parte. E não tem nenhuma influência sobre você. Você não está enfrentando essas mulheres. Está correndo a sua própria corrida. Não gostamos das pessoas baseados em um quadro comparativo de medidas corporais, realizações intelectuais e idiossincrasias de personalidade. Gostamos delas porque *gostamos*. Este cara – seu amor, meu pequeno pêssego ansioso? Ele *gosta de você*.

Não arruíne as coisas porque em algum momento ele gostou de outras mulheres também. Obviamente você vai sentir um aperto dentro de você quando pensar nessas mulheres se esfregando em seu homem. Entendo isso. Sei qual é a sensação. Não faz muito tempo que eu estava em meu porão e encontrei um envelope endereçado ao Sr. Doçura, e quando o segurei caíram cerca de 7 mil pedacinhos de papel brilhante que, se colocados juntos, formariam a fotografia da mulher que foi a última mulher com quem o Sr. Doçura fez sexo antes de mim. E esta mulher não era uma mulher qualquer, e sim uma bailarina moderna incrivelmente flexível, com um corpo tão firme, boa postura e voluptuosamente sexy que eu bem poderia ser a boneca esquisita e rechonchuda de um pacote de biscoito. E esses 7 mil pedacinhos não eram o resultado do meu homem ter picado as fotografias porque ele não queria ver a imagem da última mulher com quem fez sexo e que não era eu. Não. Isso foi um quebra-cabeça de amor que ela criou para ele – eu sei porque também li o cartão que estava junto, que basicamente dizia: *Venha me pegar, Tigrão*.

Portanto, obviamente fiquei lá entre teias de aranha e fiapos de roupa lavada e juntei os 7 mil pedaços até que ela surgiu – esculpida e deslumbrante – em toda a sua glória não-Doçura.

Parecia que alguém tinha me esfaqueado no estômago.

Mas isso foi tudo o que provocou. Quando finalmente reuni os 7 mil pedaços dela nas palmas das minhas mãos, essa sensação não passou de um soquinho de nada. Fiz uma caminhada com o Sr. Doçura mais tarde naquele dia e disse a ele o que havia encontrado e rimos um pouco disso, e mesmo apesar de eu já saber da história da mulher que estava em 7 mil pedaços, perguntei a ele mais uma vez sobre ela – o que o atraiu nela, o que eles faziam juntos e por que fez o que fez com ela – e quando terminamos eu não sentia mais nada em meu estômago. Apenas me senti mais próxima dele.

Eu me senti assim porque estávamos mais próximos. Não porque eu entendia mais profundamente a mulher que me faz parecer com o boneco do pacote de biscoito, e sim porque eu entendia mais profundamente o santuário interior do Sr. Doçura. O fogo do ciúme que está ardendo em você, Assombrada – aquele que se manifesta quando seu homem tenta compartilhar histórias de seu passado sexual com você –, está impedindo você de ficar mais próxima dele. As mulheres que seu amor conheceu e amou e com quem transou e com as quais fez orgias selvagens antes de você são pedaços da vida dele. Ele quer contar a você sobre elas porque quer aprofundar seu relacionamento com você, compartilhar coisas sobre ele que ele não compartilha com muitas outras pessoas.

Isso se chama intimidade. Isso se chama *um puta sim*. Quando as pessoas fazem isso conosco é uma honra. E quando as pessoas que fazem isso conosco também por acaso são as pessoas por quem estamos apaixonadas, isso nos leva a entrar em uma órbita na qual só existe lugar para dois.

Isso não é *legal*? Com certeza. Realmente é, querida. É gratidão que você deveria estar sentindo em vez de ciúme e insegurança e medo quando seu amor compartilha histórias da vida dele com você. Eu recomendo que você tente alcançar essa gratidão. Ela fica localizada justamente do outro lado do "fogo cruzado" que está fervendo na sua cabeça. Tenho certeza de que se você aplicar um pouco de esforço vai conseguir.

Por favor, leia em voz alta para seu namorado a carta que você escreveu para mim. Vai ser constrangedor, mas faça isso de qualquer forma. Diga a ele como você se sente sem responsabilizá-lo pelos seus sentimentos. Pergunte a ele o que o motiva a contar as histórias de seu passado sexual. Pergunte a ele se ele gostaria de ouvir as suas próprias experiências sexuais. Depois alterne com ele para contar um ao outro uma história que deixe cada um com a sensação de que foi esfaqueado no estômago.

Permita-se ser estripada. Deixe que isso a liberte. Comece aqui.

Um abraço,
Doçura

UMA VIDA INTERESSANTE

Cara Doçura,

Minha pergunta não é sobre amor ou sexo, e sim sobre identidade e esforço para ter a melhor qualidade de vida possível. Eu, como muitos outros americanos, enfrento dificuldades financeiras. Empréstimos estudantis estão sempre na cabeça e são a causa de quase todo estresse em minha vida.

Meus pais generosamente se corresponsabilizaram pelos meus empréstimos estudantis; entretanto, estou sendo forçada a assumir tudo para liberá-los dessa responsabilidade. Entendo que isso seja mais por necessidade do que por má vontade, ainda assim a situação causará um impacto muito forte na minha já combalida situação financeira, bem como no sonho de continuar meus estudos de pós-graduação. Estou muito chateada com meus pais por eles me colocarem nesta situação em vez de me apoiarem para que eu obtenha um diploma e consiga o emprego dos meus sonhos, e me sinto egoísta nesse aspecto.

Meu relacionamento com meus pais sempre foi difícil e acabei chegando à conclusão de que nunca terei nenhum apoio emocional por parte deles. Sou grata por eles terem podido me ajudar durante a faculdade. No entanto, nunca fui próxima deles e muitas vezes fico insegura sobre suas intenções. Nossas conversas por telefone são 100% a respeito dos empréstimos estudantis em vez da minha vida pessoal.

Eu me esforço para viver com os empréstimos estudantis que muitas vezes me limitam. Sei que meus estudos, os empréstimos estudantis e o emprego vão me limitar até certo ponto. No entanto, sou mais do que um trabalho e todas essas coisas juntas. Sou uma mulher de 25 anos que luta para ter a melhor qualidade de vida possível e para ser a melhor pessoa que puder ser. Porém, mais frequentemente do que gostaria, sou definida pela identidade do meu "empréstimo estudantil". Ele está na minha cabeça quando tomo uma cerveja, quando compro roupas novas e na minha vida de modo geral. Não gasto demais e sempre fui cuidadosa na administração do dinheiro. Apesar disso, essa situação vai além de qualquer administração cuidadosa do dinheiro.

Sempre busquei ter uma postura positiva na vida. Entrei num buraco negro e profundo há alguns anos e tenho me arrastado para fora dele aos poucos. Propositalmente mudei o que não gostava em minha vida. Não foi de jeito nenhum um processo simples, mas estou finalmente em uma situação onde posso respirar. Ainda assim os empréstimos estudantis provocam grandes estresses e estou tendo dificuldade em manter uma perspectiva positiva.

Doçura, adoraria ter seu ponto de vista sobre essa situação. Gostaria que meus pais me vissem como a mulher dinâmica que sou. Gostaria que eu pudesse me ver como a jovem e dinâmica mulher que me esforço para ser e gostaria de ser no futuro.

Atenciosamente,
Desgastada

Cara Desgastada,

Eu recebi zero financiamento dos meus pais para meus estudos universitários (ou de parentes de qualquer tipo, a quem interessar possa). Não era que minha mãe e meu padrasto não quisessem me ajudar financeiramente; era que eles não podiam. Nunca houve qualquer dúvida sobre se eu precisaria me sustentar assim que fosse capaz de fazer isso. Eu precisava. Então eu fiz.

Arranjei um emprego quando tinha 14 anos e sempre tive um ao longo do ensino médio. O dinheiro que eu ganhava ia para coisas como roupas, taxas para atividades escolares, um carro velho, combustível, seguro do carro, entradas de cinema, rímel e assim por diante. Meus pais eram pessoas incrivelmente generosas. Tudo o que tinham eles dividiam com meus irmãos e eu. Eles me deram casa, comida e se esforçaram muito para criar Natais fantásticos, mas, desde muito nova, quando eu queria algo eu geralmente precisava comprar por mim mesma. Meus pais eram duros. Na maior parte dos invernos havia alguns meses tão pobres que minha mãe precisava recorrer ao auxílio-alimentação do governo para comprar comida. Nos anos em que o programa estava ativo, minha família recebia pedaços de queijo e sacos de leite em pó do governo federal. Meu plano de saúde durante toda a infância foi o Medicaid, a assistência para crianças vivendo na pobreza.

Eu saí da casa dos meus pais um mês antes de completar 18 anos. Com uma combinação de salários, subvenções, bolsas de estudos e empréstimos estudantis eu financiei meu diploma universitário em Letras e Estudos Femininos que ainda estou pagando. Em valores de hoje, devo US$ 4.876. Ao longo dos anos eu me peguei dizendo, às vezes com surpresa, outras com raiva, mas quase sempre com uma sensação de falsa alegria resignada: "Vou pagar meus empréstimos estudantis até completar 43 anos."

Mas, quer saber? Estou acenando para você às vésperas de completar 43 anos e os meses estão se passando. Parece bem possível que eu ainda esteja pagando meus empréstimos estudantis quando fizer 44 anos.

Isso arruinou a minha vida? Me impediu de buscar a felicidade, a carreira como escritora, ou botas de caubói ridiculamente caras? Me obrigou a evitar gastos financeiramente insanos em jantares sofisticados, viagens, xampu "orgânico" e as melhores creches? Tornou impossível a adoção de gatos que imediatamente precisariam de milhares de dólares em cuidados veterinários ou me impediu de financiar dezenas de projetos artísticos de amigos no site Kickstarter ou de comprar garrafas de vinho de 20 dólares no meu cartão de crédito ou de ir ao pedicure eventualmente?

Não fez nada disso.

Tenho carregado o peso da dívida do meu empréstimo estudantil há pelo menos metade da minha vida, mas não fui "definida pela identidade do meu 'empréstimo estudantil'". Eu nem sei *o que é* a identidade de um empréstimo estudantil. Você sabe? O que é a identidade de um empréstimo estudantil?

Acho que é exatamente o que está te atrapalhando, se não conseguir ter um pouco de perspectiva nesse assunto, querida. É a desculpa esfarrapada que você criou ao seu redor, composta de meias verdades e autopiedade. E isso de nada lhe servirá.

Você precisa parar de sentir pena de si mesma. Não digo isso como uma acusação – preciso de lembretes regulares para parar de sentir pena de mim mesma também. Vou ser franca, mas é o tipo de sinceridade que surge da minha compaixão por você, não de meu julgamento. Ninguém vai fazer a sua vida por você. Você tem que fazê-la você mesma, seja rica ou pobre, sem dinheiro ou nadando nele, sendo a beneficiária de uma fortuna absurda ou de uma terrível injustiça. E você tem que fazer isso não importa qual seja a verdade. Não importa que seja difícil. Não importam as coisas injustas, tristes e ruins que tenham acontecido com você. A autopiedade é um beco sem saída. Você escolhe entrar nele. E só depende de você decidir ficar estacionada lá ou dar a volta e sair dali.

Você já teve que sair pelo menos uma vez, Desgastada. Você percebeu que estava em um "buraco fundo e escuro" há pouco tempo e então corajosamente saiu dele. Precisa fazer isso novamente. Seus empréstimos estudantis só vão atrapalhar se você deixar. Sim, você tem que descobrir como pagá-los. Sim, você pode fazer isso. Sim, é um pé no saco. Mas é o pé no saco que eu prometo vai dar mais a você do que o tamanho de sua dívida.

Você sabe qual é a melhor coisa sobre pagar suas próprias contas? Ninguém pode dizer a você o que fazer com o seu dinheiro. Você diz que seus pais não a apoiam emocionalmente. Você diz que está cansada de suas intenções. Você diz que eles não veem a mulher dinâmica que você é. Bem, no momento em que você assinar o papel que os libera da obrigação financeira com suas dívidas, você está livre. Você pode amá-los, você pode desprezá-los, você pode escolher ter seja lá que tipo de relacionamento que quiser ter com eles, mas não tem mais uma dívida de gratidão com eles nesse caso específico e importante. Você é responsável financeiramente por você. Se eles demonstrarem desprezo pelos empregos que você tem ou pela maneira como você gasta o dinheiro, você pode dizer sem rodeios que não é problema deles. Eles não têm nenhum poder sobre você nesse aspecto. Ninguém tem. Isso é uma coisa libertadora.

E é uma coisa difícil também. Eu sei, docinho de coco. Eu realmente, realmente, realmente sei.

Há muitos anos encontrei uma conhecida, que vou chamar de Kate, alguns dias depois de nossa formatura na faculdade (embora, no meu caso, eu esteja usando a palavra "formada" com certa liberalidade – veja em "O futuro tem um coração antigo"). Kate estava com seus pais, que não apenas pagaram por toda a sua educação, mas também pelo seu *junior year** na Espanha, por suas "oportunidades educacionais" no verão que incluíam estágios não remunerados em lugares como a revista *GQ*, imersões em língua estrangeira na França e fascinantes escavações arqueológicas em Deus sabe quantos lugares interessantes. Enquanto estávamos paradas conversando na calçada, soube que (a) os pais de Kate tinham lhe dado um carro novinho em folha como presente de formatura, e (b) Kate e a mãe tinham passado o dia no shopping comprando o novo guarda-roupa que Kate iria precisar para seu primeiro novo emprego.

Não que ela tivesse um, imagine. Ela estava se candidatando para empregos enquanto vivia à custa dos pais, é claro. Ela estava distribuindo seu glorioso currículo que incluía nomes de países estrangeiros e revistas desco-

* No sistema educacional universitário americano, o *junior year* é o terceiro ano da faculdade. (N. da T.)

ladas a lugares sem dúvida igualmente gloriosos e eu sabia que alguma coisa igualmente gloriosa iria aparecer.

Era tudo o que eu podia fazer para não socá-la no estômago.

Ao contrário de Kate, naquela época eu tinha um emprego. Na realidade, eu tinha tido 16 empregos, sem contar os anos em que trabalhei como babá antes de poder ser legalmente empregada por alguém. Foram de assistente do porteiro (humilhante, na minha escola de ensino médio), funcionária de lanchonete de fast-food, operária de um refúgio de vida selvagem, assistente administrativa de uma imobiliária, monitora de inglês como segunda língua, atendente da carrocinha de limonada, repórter do jornal local, arrecadadora de recursos para uma organização não governamental de esquerda, garçonete em um restaurante japonês, coordenadora voluntária de uma organização de direitos reprodutivos, apanhadora de frutas vermelhas em uma fazenda, garçonete em um restaurante vegetariano, "garota do café" em uma empresa de contabilidade, mediadora de conflitos entre estudantes na faculdade, assistente da professora de uma matéria do curso de estudos femininos, escriturária temporária em diversos lugares que nem de longe se pareciam com escritórios e nem me usavam em trabalhos que fossem remotamente "de escritório", mas que na realidade envolviam coisas como ficar de pé em um chão de concreto usando uma rede de cabelo, uma máscara de papel e um jaleco, óculos de proteção, luvas plásticas e colocar, com um par de pinças, dois limpadores de canos em uma caixa estéril que chegava a mim por uma esteira transportadora lenta durante oito horas excruciantes por dia.

Durante esses anos eu às vezes chorava de raiva. Meu sonho era ser uma escritora. Eu queria tanto isso que minhas entranhas doíam. E para ser uma escritora – eu tinha certeza – eu precisava ter uma vida interessante. O que, para mim, naquela época, significava experiências incríveis tais como as que Kate tinha. Eu precisava *viver a cultura* e *ver o mundo*. Eu precisava falar francês e conviver com pessoas que conhecessem pessoas que trabalhavam na *GQ*.

Em vez disso eu era forçada, por destino de nascimento, a pegar um trabalho atrás do outro na desesperada tentativa de pagar as contas. Era tão injusto. Por que Kate podia estudar na Espanha em seu *junior year*? Por que ela podia escrever a palavra "França" em seu currículo? Por que ela recebeu seu diploma de faculdade sem herdar dívidas e além de tudo isso um carro novo? Por que ela tinha pai e mãe que seriam seu apoio pelos próximos anos e depois – décadas adiante, que ainda não passaram – deixar para ela uma herança após suas mortes?

Eu não recebi uma herança! Minha mãe morreu três meses antes de eu me "formar" na faculdade e tudo que recebi foi seu velho Toyota, que rapidamente vendi para um cara chamado Guy por 500 dólares.

Droga. Que raiva!

Portanto, eis a versão curta e longa disso, Desgastada: não existe razão. Você não tem direito às cartas que acha que deveria receber. Você tem a obrigação de jogar o melhor possível com as que têm na mão. E, querida, você e eu recebemos uma mão bem generosa.

Seus pais a ajudaram a pagar pelos anos de faculdade enquanto você era estudante e, presumindo que você não se formou aos 25 anos (uma presunção que pode estar ou não certa), eles também pagaram sua prestação mensal durante os anos imediatamente após sua formatura. Eles se recusaram a continuar pagando não porque queriam punir você, mas sim porque fazer isso seria difícil para eles. Isso me soa como perfeitamente razoável e justo. Você é uma adulta educada e sensata, capaz fisicamente e com espírito forte, que não tem razão nenhuma para não ser autossuficiente financeiramente, mesmo que fazer isso exija que você ganhe dinheiro de maneiras desagradáveis para você.

Você diz que é grata a seus pais por ajudá-la a pagar sua educação na faculdade, mas não parece agradecida para mim. Quase toda palavra em sua carta me diz que você está zangada por estar sendo solicitada a assumir os pagamentos de seu empréstimo estudantil. Eu saliento isso porque acho importante você reconhecer sua raiva pelo que ela é. Ela não surge da gratidão. Ela surge do fato de que você acha que tem direito ao dinheiro de seus pais. Você vai ter que basicamente aceitar o fato de que não tem esse direito.

A incapacidade de seus pais de continuarem pagando seus empréstimos estudantis só vai impedir você de realizar seus "sonhos de fazer uma pós-graduação" se você permitir. Você não vai mesmo correr atrás de seu sonho porque agora tem mais uma conta que não tinha antes? Você é realmente tão intimidada pela dificuldade?

Você não mencionou o que gostaria de estudar, mas garanto a você que existem muitas maneiras de financiar uma pós-graduação. Conheço um monte de pessoas que não faliram para conseguir um diploma de pós-graduação. Existe financiamento para redução da taxa de pagamento do curso assim como bolsas, pesquisa remunerada e monitoria de ensino, e – sim – a oferta de mais empréstimos estudantis. Talvez o mais importante no seu caso é que existem diversas formas tanto de cancelar partes de seu financiamento quanto de adiar o pagamento. Dificuldades financeiras, desemprego, frequentar a faculdade pelo menos em meio turno (por exemplo, escola de pós-graduação), trabalhar em determinadas profissões e servir no Corpo de Paz ou em outros empregos comunitários são algumas formas que você tem para se candidatar a adiar o pagamento ou cancelá-lo. Recomendo que você analise as suas opções de modo a poder fazer um plano que lhe traga paz de espírito. Existem muitos sites que vão explicar o que resumi acima.

O que tenho certeza é de que angustiar-se a respeito de seu empréstimo estudantil é inútil. Você vai ficar bem. É só dinheiro. E foi um dinheiro bem gasto. Tirando as pessoas de que gosto, pouca coisa tem mais valor do que a minha educação. Assim que eu acabar de pagar minha dívida da faculdade, o Sr. Doçura e eu pretendemos começar a juntar dinheiro para a faculdade dos bebês Doçura. Meu sonho é que eles tenham experiências universitárias que se pareçam mais com as de Kate do que com as minhas. Quero que eles sejam capazes de se concentrar em seus estudos em vez de pressioná-los a se dividir entre empregos por aí. Quero que eles tenham um *junior year* no exterior seja lá onde quiserem. Quero que eles façam estágios legais que só poderiam fazer com apoio financeiro da família. Quero que eles façam intercâmbios culturais e escavações arqueológicas interessantes. Quero financiar todas as coisas que nunca pude fazer porque ninguém podia me financiar. Imagino tudo o que eles vão ganhar com isso.

Mas também posso imaginar o que eles não vão ganhar se o Sr. Doçura e eu conseguirmos dar a eles a experiência universitária dos meus sonhos.

Acabou que aprendi um bocado por não poder ir à França. Acabou que aqueles dias de pé no chão de concreto com rede no cabelo, máscara de papel, jaleco, óculos de segurança e colocando, com um par de pinças, dois limpadores de canos em uma caixa estéril que chegava a mim por uma esteira transportadora lenta durante oito horas excruciantes por dia me ensinaram algo importante que eu não podia ter aprendido de outra forma. Aquele emprego e os outros 15 que tive antes de me formar na faculdade foram as minhas próprias "oportunidades educacionais". Eles mudaram a minha vida para melhor, embora eu tenha levado um tempo para entender o seu valor.

Eles me proporcionaram acreditar na minha própria capacidade. Eles me ofereceram uma visão única de mundos que me eram tanto exóticos quanto familiares. Eles colocaram as coisas em perspectiva. Eles me deixaram irritada. Eles abriram a minha cabeça para realidades que eu não sabia que existiam. Eles me forçaram a ser determinada, a me sacrificar, a perceber como sabia pouco das coisas e também como sabia muito. Eles me colocaram em contato com as pessoas que podiam ter financiado a educação de dez milhões de crianças e também com pessoas que com todo o direito teriam rolado no chão de tanto rir se eu tivesse reclamado com elas sobre como era injusto que após me formar eu tivesse esse empréstimo estudantil para pagar até completar 43 anos.

Eles tornaram a minha vida interessante. Eles contribuíram para uma educação que o dinheiro não pode comprar.

Um abraço,
Doçura

O CONHECIDO DESCONHECE

Cara Doçura,

Namorei esta garota por um tempo apenas para chegar à conclusão de que ela era uma maluca egocêntrica. Ano passado ela e sua melhor amiga começaram uma briga e pararam de ser amigas. A amiga da minha ex me ligou uma noite e me convidou para ir à casa dela para nos divertirmos. Uma coisa levou a outra e acabei dormindo com ela. Alguns dias depois, essa ex-melhor amiga da minha ex me avisa que está noiva. Ela usa essa peruca curta esquisita enquanto rompe com nossa relação de amizade colorida. A questão é que eu me entendi melhor com ela em duas semanas que ficamos juntos do que durante os meses que fiquei com a minha ex. Por favor, me ajude e decidir se não devo mais falar com nenhuma das duas novamente. Não sou um cara inteligente, mas sei o que significa o amor.

Paspalho

Caro Paspalho,

Eu preferiria ser sodomizada por um flamingo plástico de jardim a votar em um republicano, mas à medida que analiso sua situação não consigo deixar de citar o ex-secretário de Defesa Donald Rumsfeld, que, com bastante sabedoria, disse: "Existe conhecimento que a gente conhece. Existem coisas que sabemos que conhecemos. Também sabemos que existem conhecimentos que desconhecemos. Isso é, sabemos que existem certas coisas que desconhecemos. Mas existem também desconhecimentos que desconhecemos, aqueles que não sabemos que desconhecemos."

Que tal começarmos com a declaração conhecida quando se trata de seu pequeno atoleiro triangular, Paspalho?

a) Você descobriu que sua ex-namorada é maluca e rompeu com ela.

b) Você transou com a ex-melhor amiga de sua ex-namorada por quinze dias e se sentiu "conectado".

c) Apesar de tamanha conexão, a ex-melhor amiga de sua ex-namorada colocou uma peruca e anunciou que não tinha interesse em continuar transando com você, alegando estar prestes a ter uma conexão permanente e (presumivelmente) monogâmica com outra pessoa.

O que nos leva ao conhecimento que desconhecemos:

a) Por que a peruca? E, se colocou a peruca, por que o cabelo irritantemente curto?

b) A ex-melhor amiga de sua ex-namorada está de fato noiva para se casar ou isso é apenas um grande golpe para afastar você do rabo desinteressado porém covarde dela?

c) Como podem existir tantas ex-namoradas malucas? O que acontece com essas mulheres? No fim das contas elas continuam dando à luz e cuidam de seus pais idosos e preparam frigideiras enormes de ovos mexidos nas manhãs de domingo para hordas de "sofá-maníacos" que mais tarde têm coragem de perguntar o que tem para jantar, ou se existe alguma rede corporativa de Casas de Repouso para Vacas Loucas em cidades de todo o país que eu não conheça e que acomode todas as mulheres que costumavam amar homens que depois alegaram que elas eram na realidade vacas loucas?

Por fim, existem desconhecimentos que a gente desconhece, coisas, Paspalho, que você não sabe que desconhece.

a) Você não sente nada por essas mulheres.

b) Essas mulheres não sentem nada por você.

c) E ainda assim.

d) *E ainda assim!*

e) Você é amado.

Um abraço,
Doçura

NA SUA ILHA

Cara Doçura,

Sou um transexual. Nascida mulher há 28 anos, eu sabia que tinha que ser homem desde que me entendo por gente. Tive a costumeira infância e adolescência sofridas em uma pequena cidade porque era diferente – alvo de chacota pelas outras crianças, malcompreendido pela minha (fora isso, amorosa) família.

Sete anos atrás eu disse à minha mãe e a meu pai que pretendia fazer uma mudança de sexo. Eles ficaram furiosos e incomodados com a notícia. Disseram as coisas mais horríveis que você possa imaginar alguém dizendo para outro ser humano, principalmente se esse ser humano é o seu filho. Como resposta eu cortei relações com eles e mudei para a cidade onde moro agora e fiz uma vida nova como homem. Tenho amigos e amor em minha vida. Adoro o meu trabalho. Sou feliz com a pessoa que me tornei e com a vida que criei. É como se eu tivesse criado uma ilha distante e segura em relação ao meu passado. Gosto dessa maneira.

Há algumas semanas, após anos sem contato algum, recebi um e-mail de meus pais que me espantou. Eles pediram desculpas pela maneira como reagiram quando contei a eles sobre meus planos de mudança de sexo. Disseram que lamentavam nunca ter entendido e que agora entendiam – ou pelo menos o bastante para que nos relacionássemos novamente. Disseram que sentiam saudades minhas e que me amavam.

Doçura, eles me querem de volta.

Chorei como doido e isso me surpreendeu. Sei que isso pode parecer estranho, mas achei que não amava mais os meus pais ou que no mínimo meu amor tinha se tornado abstrato, já que eles me rejeitaram e não tínhamos mais contato. Mas, quando recebi aquele e-mail, um monte de emoções que achei que estavam mortas voltaram à vida.

Isso me assusta. Consegui passar por isso porque sou durão. Sou órfão, estava me saindo bem sem meus pais. Devo ceder e perdoá-los e voltar a manter contato e até mesmo visitá-los já que eles me pediram para fazer isso? Ou devo enviar um e-mail agradecendo, mas deixar que voltem a fazer parte da minha vida está fora de questão, considerando nosso passado?

Órfão

Caro Órfão,

Por favor, perdoe seus pais. Não por eles. Por você. Você ganhou a próxima coisa que vai acontecer se você fizer isso. Você já se reinventou. Você e sua mãe e seu pai podem refazer isso também – a nova era na qual eles são capazes de amar o verdadeiro você. Permita que eles se aproximem. Retribua o amor deles. Veja qual é a sensação.

O que eles fizeram com você há sete anos é terrível. Eles agora sabem disso. Eles lamentam. Eles amadureceram e mudaram e passaram a entender coisas que os confundiam antes. Recusar aceitá-los pelas pessoas que se tornaram ao longo desses anos de seu estranhamento não é tão diferente de eles se recusando a aceitar você pelo que você é. É baseado no medo e na punição. É uma fraqueza em vez de ser uma coragem.

Você é corajoso. Você teve que fazer perguntas impossíveis, aguentar humilhações, sofrer conflitos internos e redefinir a sua vida de várias maneiras que a maioria das pessoas não imagina nem consegue imaginar. Mas, quer saber?

A mesma coisa acontece com seus pais. Eles tiveram uma menina que virou o que eles não esperavam. Eles foram cruéis e mesquinhos quando você mais precisou, mas apenas porque estavam se afogando em seu próprio medo e ignorância.

Eles não estão mais se afogando. Eles precisaram de sete anos, mas chegaram à praia. Eles finalmente chegaram à sua ilha.

Dê-lhes as boas-vindas.

Um abraço,
Doçura

PARTE QUATRO

VOCÊ NÃO PRECISA SE EXPOR TANTO

Se o amor fosse um animal, qual espécie ele seria e você poderia treiná-lo?
O amor poderia ser dois animais: o beija-flor e a cobra. Ambos não podem ser treinados.

Qual é a coisa mais estranha que aconteceu com você?
Uma vez eu estava subindo uma montanha no Novo México. Era março e a trilha ainda estava coberta de neve em alguns lugares. Por um longo tempo não tinha ninguém à volta, a não ser eu, até que encontrei duas pessoas – um homem e uma mulher – que tinham acabado de se encontrar. Éramos três estranhos que tinham se encontrado em uma montanha no Novo México. Começamos a conversar e depois de cinco minutos de conversa descobrimos que todos fazíamos aniversário no mesmo dia, e não apenas isso, que tínhamos nascido em três anos consecutivos. À medida que conversávamos, três penas voaram em nossa direção na neve. Nós as pegamos.

O que você faz quando não sabe o que fazer?
Converso com o Sr. Doçura e com meus amigos. Faço listas. Tento analisar a situação do ponto de vista do meu "melhor eu" – aquele que é generoso, compreensivo, clemente, amoroso, bondoso e grato. Me esforço para pensar no que gostaria de fazer daqui a um ano. Mapeio as consequências de diversos comportamentos que posso ter. Pergunto quais são as minhas motivações, os desejos e os medos, o que tenho a perder e o que tenho a ganhar. Ando em direção à luz, mesmo se for um caminho difícil para andar. Eu confio em mim mesma. Mantenho a fé. Às vezes eu estrago tudo.

Quais são as suas crenças espirituais?
Não acredito em Deus como a maior parte das pessoas o concebe, mas acredito na existência de um espírito divino em cada um de nós. Acredito

que existe algo maior do que nossos eus individuais que podemos acessar quando vivemos nossas vidas com integridade, compaixão e amor.

O que você gostaria de nos dizer a respeito de sexo?
Cobras. Beija-flores. Talvez um urso-polar.

A MAGIA DE QUERER SER

Cara Doçura,

Sou um homem de 64 anos que está solteiro há cinco anos. Meu último relacionamento romântico durou dez anos – oito dos quais foram maravilhosos. Minha ex tinha quatro filhos adultos e três netos. Eu gostava muito das crianças e amava seus netos. O ano seguinte ao fim do nosso relacionamento foi o mais sofrido da minha vida. (Apesar de ter perdido meu pai quando eu estava no ensino médio, passado um ano no Vietnã e acompanhado um outro amor morrer de câncer.)

Para sobreviver ao meu coração partido, comecei a fazer diversos trabalhos comunitários como voluntário. Nos últimos quatro anos, estive envolvido com asilos, trabalhei no conselho diretor de uma agência sem fins lucrativos que fornece serviços a sobreviventes de violência doméstica e sexual, tenho atuado como monitor de estudantes em uma escola de ensino médio e em uma linha direta para Aids. Neste período tenho saído com algumas mulheres que conheci através de serviços de namoro da internet e descobri uma boa amiga entre elas, mas nada de romance. Tive um encontro sexual desde que a minha ex e eu desmanchamos, pelo qual paguei. Não foi muito satisfatório. Sinto muita falta de sexo, mas também sinto falta de alguém com quem conversar durante a refeição ou o café.

Tem uma nova coordenadora voluntária no serviço telefônico de Aids, onde trabalho como voluntário, que é maravilhosa. Ela é tão excitante que eu superei os meus medos e a convidei para assistir a uma peça comigo. Ela disse que não podia ir porque tinha uma amiga de fora da cidade a visitando. Acreditei nisso. Eu sabia que devia convidá-la novamente já que parecia receptiva, mas um dos meus medos é que eu seja velho o suficiente para ser o pai dela. Não quero ser um velho sacana!

Minha conselheira disse para ir com calma no início – vá devagar e seja engraçado. Seja Cary Grant!, ela disse. Mas não sei se consigo fazer isso, Doçura.

Me doo para muitas pessoas, mas tenho necessidades emocionais também. Quero sexo, carinho e intimidade emocional. Quero que alguém se importe comigo. Conheço pessoas que já se importam comigo, mas quero alguém especial. Quero ser amado e quero receber amor; ter alguém para mim. Minha necessidade disso é tão grande que temo que seja demais esperar isso de alguém. Tenho medo de que, se a coordenadora voluntária de fato sair comigo, vá despejar tudo isso nela imediatamente, e embora ela possa estar apaixonada, pode se assustar ao perceber minha carência. Obviamente eu sei que mesmo que eu e a coordenadora voluntária comecemos a nos ver ela pode não ser a pessoa certa para mim, e eu posso não ser a pessoa certa para ela.

Mas quero correr o risco e ver. Não quero que meu medo me impeça. O que você acha, Doçura?

Medo de Pedir Demais

Caro Medo de Pedir Demais,

É claro que você quer alguém especial para amar você. A maioria das pessoas que escrevem para mim pergunta sobre como pode ter a mesma coisa. Algumas têm "25 anos e são sensuais e inteligentes", outras têm "42 anos e são um pouco gordinhas, mas muito engraçadas", outras ainda são "incríveis, porém confusas". Muitas são adolescentes e jovens de vinte e poucos anos cujos corações acabaram de ser magoados pela primeira vez e elas estão bastante convencidas de que nunca encontrarão o amor novamente. Algumas poucas são maduras, experientes, adultas como você cuja fé no pretendente está diminuindo de intensidade. Singular como cada carta é, a questão que todo escriba apresenta é a mesma: *Quero amor e tenho medo de nunca alcançá-lo.*

É difícil responder a essas cartas porque tenho uma coluna de aconselhamento, não sou uma vidente. Uso as palavras em vez de uma bola de cristal. Não posso dizer quando você conquistará o amor ou como o encontrará, ou mesmo prometer que irá encontrá-lo. Posso apenas dizer que você o merece e que nunca é demais pedir por ele e que não é maluquice temer nunca tê-lo novamente, apesar de seus medos estarem provavelmente errados. O amor é nosso nutriente básico. Sem ele, a vida tem pouco significado. É a melhor coisa que nós temos para dar e a coisa mais valiosa que recebemos. Ele vale todo o esforço.

A mim me parece que você está fazendo tudo certo, querido. Escolhi sua carta em uma enorme pilha de como-conquistar-o-amor porque fiquei surpresa pela integridade com a qual você descreve a sua situação. Você está procurando pelo amor, não deixando que isso o impeça de viver a vida. Considerando sua desilusão mais recente (e importante), você optou por não se entregar. Em vez disso, você se doou generosamente ao dedicar-se a um trabalho que é significativo para você e importante para sua comunidade. Não me surpreende que fosse ao longo desse trabalho que você conhecesse alguém que realmente chamasse a sua atenção.

Portanto, vamos falar dela. Da "excitante" coordenadora voluntária. Concordo com o fato de que você não deve deixar seus medos o impedirem de convidá-la para sair. Só não se permita achar que é pessoal se ela disser não. Posso pensar em duas razões para ela recusar seu convite. Uma é a significativa diferença de idade – muitas mulheres vão namorar fora de sua faixa etária, mas outras não o fazem. A outra é seu status como voluntário da agência que a emprega – ela pode se sentir constrangida pelas políticas do local de trabalho que a proíbem de namorar você, ou ela pode ter um impedimento pessoal sobre fazer isso (ela tem, afinal de contas, uma posição de autoridade profissional em relação a você).

Você não vai saber das duas até descobrir. Sugiro que você a convide para sair sem especificar o dia, o momento ou a situação, de modo que possa evitar a incerteza de outro cenário impossível-de-interpretar do tipo "Eu adoraria, mas...". Simplesmente diga a ela que você acha que ela é demais e que você gostaria de saber se ela sairia com você algum dia. Ela dirá sim ou não ou tudo bem, mas somente como amigos.

Concordo com sua conselheira de que ir com calma é o modo de começar – com ela e com qualquer mulher que você convide para sair –, mesmo que tenha que fingir por um tempo.

O que é exatamente o que Cary Grant fez. Ele não nasceu uma estrela de cinema agradável e deslumbrante. Ele nem mesmo nasceu Cary Grant. Ele foi uma criança solitária cuja mãe depressiva foi enviada para o hospício sem que ele soubesse quando tinha 9 ou 10 anos. Seu pai lhe disse que ela estava em férias longas. Ele não sabia o que tinha acontecido com a mãe até fazer 30 anos, quando descobriu que ela ainda estava internada, mas viva. Ele foi expulso da escola na Inglaterra aos 14 anos e quando fez 16 anos estava viajando por todo os Estados Unidos, se apresentando como perna de pau, acrobata e mímico. Um dia ele descobriu sua vocação como ator e mudou seu nome para aquele pelo qual o conhecemos – o nome que sua conselheira sugeriu porque era sinônimo de carisma masculino, charme e grandiosidade, mas ele sempre manteve aquele garoto internamente. Sobre si mesmo Grant disse: "Eu fingi ser alguém que eu queria ser e por fim me tornei essa pessoa. Ou ela se transformou em mim. Ou nós nos encontramos em algum momento."

Sugiro que você adote essa abordagem. Não se trata de se tornar uma celebridade. E sim da arte pé no chão de habitar um personagem que você aspira ser enquanto carrega sobre os ombros o homem inseguro e carente que você sabe que é. Seu desejo de amor é apenas parte de você. Eu sei que isso parece ser gigantesco quando você está sozinho escrevendo para mim, ou quando você se imagina saindo pela primeira vez com a mulher que deseja. Mas não deixe que sua necessidade seja a única coisa que você mostre. Isso vai assustar as pessoas. E provocar uma interpretação errada do que você tem a oferecer. Nós temos que ser pessoas plenas para encontrar amores plenos, mesmo se tivermos que fingir por um tempo.

Lembrei-me da versão jovem de mim mesma enquanto refletia sobre a sua carta, Medo de Pedir Demais. Lembrei de um tempo há 15 anos, quando eu estava sentada em um café com o Sr. Doçura. Nós só éramos namorados havia um mês, mas já estávamos no estágio profundo e intenso do domínio do você-me-conta-tudo-e-eu-vou-lhe-contar-tudo-porque-amo-você-tão-loucamente, e nessa tarde em especial eu estava contando a ele a história angustiante de como fiquei grávida de um viciado em heroína no ano anterior e como me senti tão zangada, triste e autodestrutiva sobre fazer um aborto a ponto de intencionalmente cortar uma linha fina no braço com uma faca, apesar de nunca ter feito nada parecido antes. Quando cheguei à parte sobre me cortar, o Sr. Doçura me interrompeu. Ele disse: "Não me leve a mal. Eu quero saber tudo sobre a sua vida. Mas quero que você saiba que não precisa me contar isso para me fazer amar você. Você não precisa se expor tanto."

Eu me lembro em detalhes daquele momento – onde ele estava sentado em relação a onde eu estava sentada, a expressão em seu rosto quando ele falou, o casaco que eu estava usando – porque quando ele disse o que disse foi como se ele tivesse tirado um pedaço das minhas entranhas e mostrado para mim na palma da sua mão. Não era uma sensação boa. Nunca tinha passado pela minha cabeça antes que eu achava que para fazer com que um homem me amasse eu tinha que me expor. Ainda assim, quando ele disse isso, eu percebi – imediatamente, humilhantemente – que era verdade. Verdade verdadeira. Tipo como-eu-podia-não-saber-isso-sobre-mim-antes. Tipo em-que-buraco-eu-posso-me-enfiar-agora-e-morrer. Porque ali estava um homem – um homem bom, forte, sexy, bondoso, incrível e surpreendente – finalmente pagando para ver o meu jogo.

Você não tem que se expor.

Eu não precisava me expor, mesmo que partes de mim estivessem se expondo. Eu podia ser cada pedaço de mim mesma e ele ainda assim me amaria. Meu apelo não dependia da minha fraqueza ou da minha necessidade. Ele dependia de tudo que eu era e queria ser.

O seu também depende, querido. Traga o seu eu carente quando sair em seu próximo encontro com uma namorada em potencial, mas traga os outros eus também. O forte. O generoso. O que ficou órfão de pai muito cedo e sobreviveu à guerra e perdeu um amor para o câncer e outro para os desafios de uma década juntos, mas apareça mais sábio e mais suave para isso. Traga o homem que você deseja ser, aquele que já tem o amor a que aspira. Finja cada parte de si mesmo e finja da melhor forma que puder até que não esteja mais fingindo.

Foi isso que Cary Grant fez. O garoto solitário que perdeu a mãe na névoa da mentira de seu pai se descobriu na mágica do querer ser. Seu nome era Archibald Leach.

Um abraço,
Doçura

UM MARAVILHOSO ALGO MAIS

Cara Doçura,

Meu irmão mais velho tem me aterrorizado desde que me entendo por gente. A pior violência física foi provavelmente a vez que ele me deu uma pancada quando eu não atendi a porta rápido o suficiente depois que ele tocou a campainha porque estava sem chave (eu tinha 8 anos, ele tinha 12). A pior violência mental foi provavelmente a vez que ele matou meu rato de estimação cortando seu pescoço e abrindo sua barriga, e colocou o rato no meu travesseiro (eu tinha 11 anos, ele tinha 14). Houve diversos tipos de minicrueldades no meio do caminho. Eu literalmente não tenho lembranças felizes com ele – tenho lembranças felizes da minha infância, mas nenhuma com ele. O mais próximo que senti de um amor entre irmão e irmã foi a vez que ele me chamou de vaca gorda por comer o último pedaço de queijo. Ou eu não tinha comido o queijo ou estava tentando me desviar de sua raiva porque protestei dizendo que não tinha sido eu, mas ele replicou que sabia que tinha sido eu porque eu era "a pessoa na casa que mais gostava de queijo". Lembro disso em detalhes porque fiquei chocada por ele saber isso sobre mim (eu de fato gostava de queijo, ainda gosto). Tão profundo era o desdém dele em relação a mim que a percepção de que eu sequer existia para ele quando ele não estava me batendo ou brigando comigo deixou minha cabecinha espantada.

Meus pais faziam o que podiam, castigando-o quando estavam por perto, mas aprendi rapidamente que contar era pior do que não contar. Se ele fosse castigado por eles, eu seria castigada por ele. Seu comportamento piorou conforme ele ficou mais velho e também se ampliou para além de mim. Ele teve seu primeiro problema com a polícia no começo da adolescência, se envolveu com drogas, abandonou a escola e tem entrado e saído da prisão, dos programas de recuperação e de instituições psiquiátricas. Quando eu estava com 18 anos, meu irmão já tinha sido preso diversas vezes. Ele tinha um filho e outro a caminho. Fui para uma faculdade do outro lado do país em parte para ficar longe da confusão que ele criou.

Agora estou com 29 anos. Há cerca de um ano – após dez anos morando longe de casa e sabendo que só porque meu irmão não me ama não significa que não mereço ser amada (algo que ele me falava com frequência, a propósito) – eu me mudei de volta para minha cidade natal. Morei em uma cidade grande, sem esperança de subir em uma carreira hipercompetitiva. Amo meus pais, minha sobrinha e meu sobrinho e sinto falta deles. Minha cidade natal tem um bom programa de mestrado, em uma área de meu interesse, no qual me inscrevi e tem sido ótimo. Sinto-me energizada morando novamente na cidade que amo.

Meu irmão não mudou, mas não tenho nenhum contato com ele a não ser que ele me ligue pedindo dinheiro ou precisando de ajuda com as crianças. Meus pais não são tão sortudos. Eles o apoiam de todas as formas possíveis. Ele tem um péssimo crédito, então meus pais compraram uma casa para que ele pudesse "alugá-la" (obviamente ele nunca paga). Ele não consegue arranjar um emprego com sua ficha corrida, então eles compram comida para ele e pagam a creche ou qualquer outra coisa de que as crianças precisem (suas mães são legais, mas não podem sustentar os filhos sozinhas). Meus pais chegaram até mesmo a comprar de volta os iPods que tinham dado à minha sobrinha e ao meu sobrinho no Natal do ano passado e que meu irmão tinha colocado no prego.

Obviamente ele trata meus pais da forma que você pode imaginar que um sociopata viciado em metadona e cocaína trata as pessoas. Ele rouba deles, xinga-os, faz ameaças de machucá-los fisicamente, mente para eles sobre toda e qualquer coisa. Meus pais ficam chateados, estabelecem limites, dizem que tudo é a gota d'água, mas sempre dão a ele uma segunda chance porque é seu filho. Sempre. Ele os manipula com carinho tão facilmente quanto os manipula através do terror, e quando ele faz isso as coisas ficam bem por uma semana, mas então ficam mal novamente.

Na semana passada chegou ao pior ponto possível. Minha mãe não queria lhe dar dinheiro – ela tinha acabado de dar US$ 100 dólares no dia anterior, e não tinha mais nada para dar –, então ele atirou uma garrafa de vinho nela, cuspiu no seu rosto, jogou pratos no chão, fez uma confusão na casa, jogou o gato deles na parede e destruiu os móveis. Ele foi embora quando minha mãe chamou a polícia, apesar de ter parado na geladeira para roubar as cervejas enquanto saía.

As coisas ficaram rigorosas por uns dias: meus pais não respondiam a suas ligações e não permitiam que entrasse na casa novamente, apenas interagindo com as mães de seus filhos em consideração às crianças. Mas, como sempre, ele conseguiu voltar sem pedir desculpas ou mesmo reconhecer o incidente.

Sem brincadeira, Doçura, é isso que não entendo! Essas coisas acontecem e ele liga para eles pedindo um favor no dia seguinte e como se nada tivesse acontecido. Meus pais há muito tempo tentam fazer com que ele consiga qualquer coisa que possa ajudá-lo a parar de agir como um louco, mas ele recusa. É o resto do mundo que tem problemas, não ele. Meus pais culpam as drogas porque não viram o pior dele quando criança, como eu. Acho que ele é simplesmente uma pessoa má.

Ainda assim eu perdoaria a maldade dele como irmão. Sim, era bem além de qualquer coisa parecida com normal, mas somos adultos agora e, se ele pedisse desculpas e tivesse parado com seu "bullying", para mim estaria bem. Eu teria recebido com prazer o relacionamento. Mas não posso perdoar o que ele tem feito com meus pais. Se qualquer outra pessoa os tratasse dessa maneira haveria uma ordem restritiva e julgamentos no tribunal.

Esta é uma longa história, Doçura, para uma pergunta simples sobre o Natal.

Quero meu irmão fora da minha vida. Penso no que ele tem feito a meus pais e sinto uma enorme raiva impotente. Enquanto estava escrevendo esta carta para você, tive que sair do computador em alguns momentos para me acalmar porque meus dedos estavam tremendo. Não quero me sentar do outro lado da mesa de uma pessoa que chamou minha mãe de filha da puta. Mas, enquanto meus pais o aceitarem, sinto que não poderei excluí-lo. Nós sempre tivemos um Natal em família, mas este ano quero bater o pé. Quero dizer que não estarei lá se ele estiver. Farei qualquer coisa que meus pais queiram porque os amo, mas não farei qualquer coisa que o envolva porque os amo. Não tolero que ninguém os magoe. Ele roubou a paz de espírito deles, a crença neles mesmos de serem pessoas boas e também suas identidades: literalmente – tendo cometido fraude através das contas bancárias e dos cartões de crédito deles; e porque eles se recusaram a prestar queixa, o crédito deles está destruído.

Eu me preocupo se a recusa em ver meu irmão no Natal pode ser considerada um gesto vazio e que cause apenas mais problemas e sofrimento à vida de meus pais. Eu sentiria falta de minha sobrinha e de meu sobrinho no Natal e quero oferecer um dia normal para eles (embora os veja o tempo todo, já que meus pais tomam conta deles 99 por cento do tempo quando meu irmão tem a guarda). Mas não sei mais o que posso fazer.

Sinto-me tão desamparada – da mesma forma que me sentia quando tinha 11 anos e morava com uma pessoa que semanalmente ameaçava me matar. Não posso fazer nada para ajudar meus pais e eles não farão nada para ajudar a si mesmos. Não posso conversar com amigos sobre isso porque eles não compre-

endem por que meus pais não o isolam. Meus pais foram alertados por advogados, policiais, terapeutas e amigos – e eu – de que estão dando poder a meu irmão e que deveriam cortar relações com ele, mas eles não fazem nada. Eu desisti de tentar mudar a abordagem deles. Quero apenas me sentir no controle de quem eu tenho em minha vida. Não acho que eu deveria fingir que amo alguém que magoa meus pais. Ainda assim sei que meus pais ficariam magoados se eu me recusasse a passar o Natal com eles e meu irmão. Encarariam isso como uma crítica a eles. Doçura, o que devo fazer?

Amor e lembranças,
C.

Cara C.,

Dane-se o Natal. Algo bem mais importante está em jogo. Isso seria o seu bem-estar emocional, bem como a dignidade, a generosidade e a integridade em sua vida. Isso é tão clichê, mas é a pura verdade: você precisa definir limites.

Pessoas fracassadas vão tentar dizer o contrário, mas limites não têm nada a ver com amar ou não alguém. Não são críticas, punições ou traições. Limites são uma coisa totalmente pacífica: os princípios básicos que você identifica sozinha e que delimitam comportamentos que você não vai aceitar dos outros, assim como as respostas que você terá diante desses comportamentos. Limites ensinam as pessoas a lidar com você, e ensinam você a respeitar a si mesma. Em um mundo perfeito, nossos pais criam limites pessoais saudáveis para nós. No seu mundo, você precisa criá-los para seus pais – para quem os limites nunca existiram ou foram seriamente distorcidos.

Pessoas emocionalmente saudáveis às vezes se comportam mal. Elas perdem a paciência, dizem coisas que ou não deviam ter dito ou poderiam ter dito de uma maneira menos ofensiva, e eventualmente permitem que sua mágoa, seu medo ou sua raiva as levem a agir de modo inadequado ou deselegante. Elas no fim admitem isso e fazem as pazes. Elas são imperfeitas, mas basicamente capazes de discernir quais comportamentos são destrutivos e irracionais, e tentam mudá-los mesmo que não consigam totalmente. Isso é ser humano.

A situação que você descreve é diferente, C. Trata-se de um sistema familiar profundamente integrado que está completamente desequilibrado. Sua história é como uma fábula sobre reféns, na qual seu irmão destrutivo e irracional está segurando a arma. Ele ensinou a você e seus pais como deve ser tratado e vocês todos lhe obedecem, mesmo quando é loucura fazer isso. Em qual planeta um homem bate em sua mãe, ataca seu gato e saqueia sua casa?

No seu. O que significa que você precisa se isolar disso ou irá sofrer para sempre. Você precisa criar o seu próprio mundo. Você pode dar os primeiros passos agora, mas a confusão interna que resulta de tanta disfunção familiar vai ser um processo de anos, sem dúvida. Eu recomendo que você procure aconselhamento.

Então, vamos falar do Natal.

Que terrível a situação em que você se encontra. Seu irmão é um sociopata e seus pais agem como bobos. Não há maneira de se libertar disso sem que você se liberte. Você quer cortar todos os laços com seu irmão, então faça isso. Lembra o que eu disse sobre limites não terem nada a ver com amar ou não alguém? Aqui é onde essa parte se encaixa. Seus pais são boas pessoas que se perderam em um pesadelo. Não concordo com o apoio contínuo a seu irmão, mas entendo o impulso deles para fazer isso. Seu irmão é filho deles, o garoto por quem eles teriam dado a vida provavelmente desde o momento em que nasceu. Mas eles não precisaram morrer por ele. Ele os está matando em vez disso.

Você não deve estar ao lado deles, ser um espectador voluntário. Não estou dizendo que você é. *Você está* me dizendo isso. Portanto, não fique ao lado deles. Diga a seus pais que os ama e então simplesmente *os ame*. Dê a eles todo o amor filial que você sente, mas não participe dessa autodestruição. Informe-os que você vai cortar todos os laços com seu irmão e crie um plano para vê-los no Natal e depois disso. Não deixe que eles tentem convencê-la a mudar de ideia, mesmo que sua decisão signifique que você vai passar o Natal sozinha. Deixe que este seja o primeiro passo de sua libertação da tirania de seu irmão.

Quanto à sua sobrinha e a seu sobrinho, espero que você continue a fazer parte da vida deles. Que tal se aproximar das mães deles para combinar de vê-los quando eles não estão sob os cuidados de seu irmão? (Você não pediu isso, mas estou muito preocupada com essas crianças. Você diz que as mães delas são "ok", mas você também diz que seu irmão – que não é ok – tem a guarda parcial das crianças. Mesmo que seus pais tomem conta delas em "99 por cento do tempo", não me parece que seu irmão deva ser o representante legal de ninguém neste momento, ainda que por pouco tempo. Acho que você devia analisar maneiras de proteger seus sobrinhos ao se unir às mães deles, e talvez a seus pais, para legalmente limitar o contato de seu irmão com eles.)

Seu medo sobre seus pais ficarem magoados com suas escolhas é válido. É provável que eles sofram um pouco quando você lhes contar seus planos. Sua cooperação no comportamento maluco de codependência sem dúvida tem sido um consolo para eles. Quando você define novos limites, sempre há conflito e sofrimento, mas sua vida mudará para melhor. E talvez – simplesmente talvez – o exemplo que você der vai motivar seus pais a fazer eles mesmos algumas mudanças.

Por fim, eu gostaria de enfatizar para você o seguinte: apesar de toda a complexidade de sua situação, é incrível que você não tenha hesitado quando percebeu o que deveria ser feito. Isso aconteceu porque você sabe qual é a coisa certa a fazer. Portanto, faça. Eu sei que é difícil. É uma das coisas mais difíceis que você terá que fazer na vida. E você vai se matar de chorar ao fazer isso, mas eu prometo a você que vai dar certo. Suas lágrimas nascerão da tristeza, mas igualmente do alívio. Você vai se sentir melhor. Elas a deixarão mais resistente, mais suave, mais limpa, mais suja. Livre.

Algo maravilhoso a aguarda.

Um abraço,
Doçura

UM TÚNEL QUE TIRA O SEU SONO

Cara Doçura,

Eu acho (e sei) que tenho um problema sério com o álcool. Isso me assusta; até tira o meu sono porque estou aterrorizado com esse túnel no qual continuo entrando. Nunca me disseram nada sobre isso porque sempre fui profissional, calmo, relaxado e mantive o controle. Não acho que esteja mais no controle e isso me assusta muito. Eu bebo antes de ir trabalhar, quando acordo, bebo durante o almoço e bebo logo que chego em casa para dormir, quando ninguém pode me ver fazendo isso.

Mas eu também bebo socialmente, com meus amigos, e é impossível NÃO beber perto deles. Eles na realidade preferem me ver "ligado", que é o único estado no qual eu pareço estar à vontade no momento. Não acho que posso abrir mão de beber socialmente porque sem meus amigos eu provavelmente acabaria bebendo mais sozinho em casa.

Sei que você não é psicóloga, mas gostaria de ter um conselho imparcial sobre isso. Tenho tentado falar com algumas pessoas sobre isso (inclusive terapia), mas tem sido inútil e um tanto constrangedor. Acho que estou torcendo para que você tenha uma solução mágica e fácil para isso, e suponho que provavelmente não exista uma.

Obrigado,
Bebedor

Caro Bebedor,

Meu conselho imparcial é que você sabe que é viciado em álcool e precisa de ajuda. Você está certo de que não existe uma "solução mágica e fácil" para isso, querido, mas existe uma solução. Que é parar de beber. Sozinho, socialmente, de manhã, na hora do almoço, à noite. E provavelmente para sempre.

Você fará isso quando estiver pronto para fazer. Para estar pronto você precisa apenas desejar mudar sua vida. Para serem bem-sucedidas, as pessoas, em sua grande maioria, precisam de uma comunidade de apoio. O Alcoólicos Anônimos é um bom lugar para começar. Lá você vai encontrar aqueles que estão lutando do mesmo jeito que você: pessoas que já disseram a elas próprias as mesmas mentiras sobre o que era "impossível".

O vício é um túnel que acorda você no meio da noite. Tudo o mais acontece aqui na luz.

Um abraço,
Doçura

COMO O TRABALHO DE VERDADE É FEITO

Cara Doçura,

Acabei de assinar uma união estável. Amo muito minha esposa (mulher?), apesar de nossos problemas. O que para mim parece ser nosso maior problema – aquele que me deixa acordada algumas noites – é que ela não arranja um emprego.

Somos um casal de vinte e poucos anos bem pobre, ambas ainda estudando. Estamos juntas há quatro anos e nesse período minha garota teve três empregos: num ela foi desligada porque a empresa fechou, noutro ela pediu demissão e no terceiro ela foi demitida. Todos esses empregos duraram menos de seis meses.

Ela fez tentativas tímidas de me acalmar no ano e meio em que esteve desempregada. Nós brigamos, ela chora, se fecha, mente e diz que tem tentado procurar emprego, embora eu saiba que ela não está tentando. Ela tem problemas de ansiedade social moderada e diz que não consegue trabalhar em nenhum emprego que envolva outras pessoas por causa disso. Ela nem apresenta desculpas por não se candidatar a nenhum dos inúmeros outros empregos que tenho sugerido (entregando jornais!, trabalhar-estudar em uma área de pouco movimento em sua escola!, vender seus adoráveis artesanatos na internet! e lavar pratos!). Em determinado momento, ela sugeriu que preferia doar sangue toda semana a ter um emprego.

Doçura, sou uma estudante em tempo integral com dois empregos. Nós mal nos aguentamos com o que ganho. Com frequência precisamos de nossos pais para ter algum dinheiro, e eles estão rapidamente perdendo sua capacidade de manter minhas necessidades financeiras além das deles. Eu me preocupo muito com isso. Eu me preocupo que minha parceira nunca tenha motivação suficiente para manter um emprego por muito tempo. Eu me preocupo que, apesar de ela acompanhar minha luta, ela nunca se sinta suficientemente culpada para conseguir engrenar as coisas.

O que eu posso fazer para que ela encare com seriedade a busca de um emprego? Ela é frágil emocionalmente, devido aos anos de ansiedade social e de abuso sexual e emocional que sofreu por parte do pai, além de um distúrbio alimentar recorrente. Não pretendo ameaçá-la dando um ultimato porque não quero isso e tenho medo de que isso faça mais mal do que bem. Minha garota é generosa, mas tem tanto medo de fracassar que ela deliberadamente ignora o quanto eu me sacrifico para pagar nosso aluguel. Eu a amo e ela me ama, ainda assim tenho a sensação de que estou sozinha nisso. Não sei mais o que fazer. Por favor me ajude.

Trabalhando por Duas

Cara Doçura,

Meu marido me faz rir todo dia, TODO dia, diversas vezes. Ele tem sido meu melhor amigo há anos e ainda é a minha pessoa preferida no mundo. Ele melhorou a minha vida de maneiras incontáveis, e me disse que eu retribuí essa melhora. Eu o amo. MUITO. E estou bem certa de que ele me ama também.

O problema é que ele está desempregado há mais de três anos. Ele tentou realmente arranjar um emprego por um tempo (e eu acredito que ele ainda tenta de vez em quando), mas agora eu acho que ele se sente desqualificado para qualquer coisa a não ser o trabalho que costumava odiar e também que ele não merece ser contratado para qualquer outra coisa. A inércia tomou conta dele. Ele quer escrever, mas não se sente merecedor, então não escreve. Ele é brilhante e divertido e erudito, mas não enxerga nada disso. Ele não pinta/esculpe/qualquer outra coisa que possa lhe dar realização ou faz qualquer coisa que o impulsione para a frente em sua vida. Eu ficaria feliz com o fato de ele fazer qualquer coisa (e eu verdadeiramente quero isso), ainda assim ele parece estar parado. Ele também é bipolar e se odeia e tudo o mais.

Por sorte meu emprego nos sustenta financeiramente, mas somente o básico. A casa está limpa, as roupas lavadas, o cachorro cuidado, mas nos últimos três anos ele não foi capaz de descobrir um jeito de contribuir financeiramente com a manutenção da casa. Ele está estressado com o fato de termos problemas para pagar as contas, mas não faz nada (realmente nada) para mudar isso. Se eu tivesse muito dinheiro, não me importaria com isso, mas não tenho. Tenho carregado esse peso sozinha por muito tempo. Tenho tentado repetidamente conversar com ele sobre isso, em vão.

Eu o amo muito e fico muito triste com isso. Acho que ficar com ele pode estar arruinando nossas vidas. Talvez meu apoio o esteja impedindo de realizar seus sonhos. O que você acha, Doçura?

A Responsável

Caras mulheres,

Como certamente vocês sabem, não há nada propriamente errado com um cônjuge que não ganha dinheiro. O cenário mais comum no qual faz sentido um cônjuge ter uma renda enquanto o outro não tem é quando o casal tem um filho, ou filhos, para cuidar, o que combina com uma vida doméstica que exige constante vigilância da limpeza, das compras, da preparação da comida, da lavagem de roupa, da arrumação e do tipo que leva-o-gato--no-veterinário-e-as-crianças-ao-dentista. Nessa situação e em outras como essa, a pessoa "que não trabalha fora" quase sempre trabalha mais, por hora, do que a "que trabalha fora". Embora no papel dê a impressão de que aquela que tem um emprego esteja fazendo uma contribuição financeira maior para a manutenção da casa do que a que "fica em casa", se você fizer as contas e somar o que custaria empregar alguém para fazer o trabalho da "que não trabalha fora", ficaria claro que é melhor você fechar a boca quando se trata de quem está contribuindo com o quê.

Existem outras razões, normalmente mais fugazes, para um parceiro não estar ganhando dinheiro em qualquer momento: se ele ou ela está desempregado ou seriamente doente ou frequentando um curso em horário integral ou tomando conta de um parente doente ou acamado ou trabalhando em uma área na qual o dinheiro vem apenas depois de um prolongado período do que pode ou não acabar sendo um trabalho não remunerado.

Nenhuma de vocês parece estar em qualquer uma dessas circunstâncias. Apesar de ser tecnicamente verdade que os parceiros de ambas estão desempregados, parece claro que algo mais complexo está em jogo aqui. Sua esposa, Trabalhando por Duas, tem um registro de emprego tão breve e irregular que o desemprego é seu estado costumeiro mais do que um estado temporário. Seu marido, A Responsável, aparentemente está vivendo um pânico pós-desemprego e desistiu de procurar um trabalho. Vocês se sentem sobrecarregadas e desapontadas. Estão desesperadas por mudança. Compartilharam seus sentimentos com seus parceiros e foram recebidas com uma implacável indiferença (por exemplo, *Sinto-me terrível, querida, mas não vou fazer nada a respeito*).

Que bagunça.

Espero que não seja novidade quando digo que vocês não podem obrigar seus parceiros a arranjar empregos. Ou pelo menos não podem obrigá--los a arranjar empregos fazendo o que vêm fazendo até agora – apelando para o que eles têm de melhor, considerando o que é justo e racional, implorando que ajam por consideração a vocês e a seus desejos, bem como ao bem-estar financeiro coletivo. Qualquer que seja a angústia depressiva que está fazendo com que seus parceiros se eximam de assumir a responsabilidade por suas vidas – depressão, ansiedade, perda de autoconfiança, medo baseado no desejo de manter a situação –, ela tem uma força maior sobre eles do que qualquer ataque irritado que vocês tenham proferido sobre serem as únicas a trazer algum dinheiro para casa.

É a verdade incontestável da transformação que, se quisermos que as coisas sejam diferentes, nós precisamos mudar a nós mesmos. Acho que vocês vão precisar levar isso de maneira pessoal, do jeito que qualquer um que mudou algo uma vez na vida fez: fazendo com que isso não seja apenas uma coisa bonita de se dizer, mas uma coisa difícil de *ser feita*. Seus parceiros podem ou não decidir conseguir empregos como reação a suas mudanças, mas sobre isso vocês não têm controle.

O modo como vejo isso tem dois caminhos para vocês pararem de sofrer. São eles:

a) Aceitar o fato de que seu(sua) parceiro(a) não vai arranjar um emprego (ou mesmo seriamente se aprofundar nas razões pelas quais ele/ela não procura por um), ou

b) Decidir que a recusa de seu(sua) parceiro(a) em contribuir financeiramente é inaceitável e encerrar o relacionamento (ou pelo menos dar um tempo até que as circunstâncias mudem).

Portanto, vamos dizer que vocês escolheram a opção a. Vocês demonstram amor e adoração por seus parceiros. Vocês não querem perdê-los. Como é possível aceitar seus queridos desocupados como eles são nessa fase de suas vidas? Isso é possível? O que eles dão compensa o peso que representam? Vocês estão dispostas a deixar de lado suas frustrações sobre os fracassos financeiros de seus parceiros por um tempo? Se estão dispostas, por quanto tempo? Vocês conseguem se imaginar à vontade sendo o único membro empregado de suas uniões daqui a um ano? Daqui a três anos? Dez anos? Vocês concordam em reduzir as despesas de modo que a única renda se torne viável? E se vocês repensarem tudo? E se, em vez de lamentar o fato de que seu(sua) parceiro(a) está desempregado(a), vocês aceitarem isso como uma escolha feita a dois? Recompondo isso como uma decisão a dois, na qual vocês são as provedoras e seus parceiros são os apoiadores significativos, assistentes sem-renda-própria, daria um sentido de função que está faltando agora.

Trabalhando por Duas, você não menciona se a sua parceira faz mais do que sua cota no cuidado da casa, mas, A Responsável, você declara que "sua casa é limpa, a roupa é lavada, o cachorro é cuidado". Isso é alguma coisa. Na realidade, é bastante. Não é dinheiro, mas seu marido está contribuindo positivamente para suas vidas ao enxergar essas coisas. Muitas pessoas com empregos ficariam profundamente agradecidas de voltar para uma casa limpa que não tem montanhas de roupas sujas e um cachorro esperando para dar uma voltinha. Muitas pessoas pagam para que façam essas coisas por elas ou chegam do trabalho para enfrentar outro trabalho, um turno doméstico. O trabalho não pago de seu marido beneficia você. Com isso em mente, que outras maneiras seus parceiros têm para diminuir o peso se eles se recusarem a contribuir financeiramente para isso? Você pode criar uma lista de suas necessidades individuais e da casa – financeiras, logísticas, domésticas e administrativas – e dividir as responsabilidades de uma maneira que pareça equilibrada, em termos da carga de trabalho geral, que leve seu emprego em conta?

Embora eu estimule vocês a considerar honestamente fazer as pazes com o eterno desemprego de seus parceiros, admito que estou apresentando esta opção com mais otimismo do que sinto. Uma coisa que percebi sobre ambas as cartas é que – apesar de o dinheiro ser a principal questão que incomoda – o que preocupa vocês mais profundamente não é o dinheiro. É como seus parceiros são apáticos, quão indiferentes eles são diante de suas ambições, sejam eles geradores de renda ou não. Seria uma coisa se seus parceiros fossem essas pessoas felizes e realizadas que basicamente acreditavam que sua melhor contribuição para o casal seria como donas de casa e assistentes pessoais, mas parece nítido que seus parceiros usaram a casa e a segurança de seus relacionamentos como um lugar para se isolar e sentir-se infeliz sem motivo real, de afundar em vez de se libertar de suas inseguranças e dúvidas.

Então, vamos falar sobre a opção b. Trabalhando por Duas, você diz que não vai dar à sua parceira um ultimato, mas encorajo você a repensar isso. Talvez isso ajude se você passar a ver o que eu vejo tão claramente agora: que você e A Responsável tenham sido aquelas que receberam ultimatos, pelo menos de um tipo passivo-agressivo e implícito.

Ultimatos têm conotações negativas para muitas pessoas porque muitas vezes são usados por valentões e agressores que tendem a estar confortavelmente empurrando seus parceiros contra a parede, exigindo que escolham isso ou aquilo, tudo ou nada. Mas, quando usados por pessoas emocionalmente saudáveis e com boas intenções, ultimatos oferecem uma saída respeitosa e carinhosa apesar do impasse que mais cedo ou mais tarde destruirá o relacionamento ao seu modo de qualquer forma. Além disso, vocês têm estado contra a parede há anos, forçadas por seus parceiros a serem os únicos provedores financeiros, mesmo quando repetidamente declaram que não podem ou não querem continuar a ser. Vocês continuaram. Seus parceiros arranjaram desculpas e permitiram que vocês fizessem o que disseram que não queriam fazer, apesar de saberem que isso as deixava profundamente infelizes.

O ultimato de vocês é simples. É justo. Ele declara suas próprias intenções, não o que vocês esperam que sejam as deles. É o seguinte: *Não viverei mais dessa forma. Não aguentarei encargos financeiros além dos meus desejos ou capacidades. Não permitirei a sua inércia. Não o farei apesar de amar você. Não o farei porque amo você. Porque fazer isso está nos destruindo.*

Você se sente mais leve ao ler essas linhas?

A parte difícil é, obviamente, o que fazer depois dessas palavras, mas vocês não têm que saber exatamente qual será a melhor maneira. Talvez isso seja o fim. Talvez seja a criação de um plano de ação que finalmente force seus parceiros a mudar. Seja lá o que for, aconselho vivamente que vocês procurem respostas às perguntas mais profundas que estão por trás dos conflitos com seus parceiros enquanto pensam nisso. Suas questões a dois e individuais são mais profundas do que alguém não ter um emprego.

Vocês podem fazer isso. Sei que podem. É como o verdadeiro trabalho é feito. Todos nós temos uma vida melhor se a criarmos.

Um abraço,
Doçura

O NAVIO FANTASMA QUE NÃO NOS LEVOU

Cara Doçura,

Para aqueles que não têm tanta sorte de "simplesmente saber", como é que uma pessoa decide se ele ou ela quer ter um filho? Sou um homem de 41 anos e tenho conseguido até agora adiar essa decisão enquanto coloco todas as outras peças da minha vida em ordem. Falando de modo geral, tenho me divertido como uma pessoa sem filhos. Sempre tive um palpite de que enquanto eu continuasse em meu caminho meus sentimentos sobre paternidade iriam crescer de um jeito ou de outro e eu o seguiria aonde ele me levasse. Bem, meu caminho me levou até aqui, no lugar onde todos os meus colegas estão tendo filhos e comentando todas as maravilhas (e, obviamente, desafios) de suas novas vidas, enquanto eu continuo desfrutando da mesma vida.

Adoro a minha vida. Adoro ter as coisas que sei que serão menos frequentes quando eu me tornar pai. Coisas como silêncio, tempo livre, viagens de última hora e a falta total de obrigações. Eu realmente valorizo tudo isso. Tenho certeza de que todo mundo valoriza, mas na grande variedade da condição humana sinto que me encontro num ponto oposto ao da maioria. Para ser franco, tenho medo de abrir mão disso. Medo de que, ao me tornar pai, vá perder a minha "vida antiga".

Como homem, sei que tenho um pouco de espaço de manobra em termos de relógio biológico, mas minha parceira, que está com 40 anos agora, não tem. Ela também está indecisa sobre ter um filho, e apesar de alguns pontos de nossas preocupações específicas sobre o assunto diferirem, estamos de modo geral lidando com as mesmas questões. A esta altura, estamos tentando separar o motivo da confusão: nós queremos um filho porque realmente queremos um filho ou estamos pensando em ter um porque estamos com medo de nos arrepender mais tarde por não ter tido? Nós dois agora aceitamos que o tempo de adiamento está chegando ao fim e que precisamos ir em frente e decidir.

Quando tento me imaginar como pai, com frequência me lembro dos dois gatos maravilhosos que tive desde os 22 anos e que enterrei no quintal há quase dois anos. Eles nasceram prematuros de uma mãe que estava doente demais para cuidar deles. Eu dei mamadeira para eles, acordei de madrugada para limpar suas bundas, estava presente em cada etapa de seu crescimento desde filhotes até virarem gatos adultos, e basicamente os amei por toda a vida. Eu os criei para serem criaturas leais e amorosas. E fiz isso de maneira consciente, até mesmo pensei na época que seria um ótimo treinamento para o dia em que tivesse um filho, caso isso parecesse ser a coisa certa. Eu realmente era o pai deles. E adorei isso. Ainda assim eu também adorava poder colocar uma tigela extra de comida e água no chão e sumir da cidade para um fim de semana de três dias.

Portanto, aqui estou agora analisando a ideia de me tornar pai. Analisando-a de maneira realista e profunda. Doçura, por favor, me ajude.

Assinado,
Indeciso

Caro Indeciso,

Tem um poema que eu adoro do Tomas Tranströmer, chamado *The Blue House* (A Casa Azul). Penso nele toda vez que reflito sobre questões como as suas em relação a escolhas definitivas que fazemos. O poema é narrado por um homem que está na floresta perto de casa. Quando ele olha para a casa de seu ponto de observação, percebe que é como se tivesse acabado de morrer e que estava agora "vendo a casa de um novo ângulo". É uma imagem formidável – aquele homem que acabou de morrer entre as árvores – e instrutiva também. Existe um poder transformador em ver o conhecido de uma perspectiva nova e mais distante. É nessa posição que o narrador de Tranströmer é capaz de ver sua vida pelo que ela é enquanto também reconhece as vidas que poderia ter tido. O poema me sensibiliza porque é verdadeiro de forma devastadora, triste e feliz. Toda vida, escreve Tranströmer, "tem um navio idêntico" que segue "uma outra rota" em vez daquela que nós acabamos fazendo. Nós queremos que as coisas aconteçam de maneira diversa, mas não é possível: as pessoas que nós poderíamos ter sido vivem uma vida fantasma diferente da vida das pessoas que somos.

E, portanto, a questão é quem você pretende ser. Conforme você declarou em sua carta, você acredita que poderia ser feliz em qualquer um dos cenários – tornando-se pai ou permanecendo sem filhos. Você me escreveu porque quer saber que caminho tomar, mas talvez você deva deixar isso para lá. Em vez disso, dê um passo simbólico na floresta como o homem do poema e simplesmente olhe por um tempo para a sua casa azul. Acho que, se você fizer isso, vai ver o que eu vejo: que é provável que não exista clareza, pelo menos no início; existirão apenas a escolha que você faz e a certeza de que qualquer uma implicará alguma perda.

Você e eu temos mais ou menos a mesma idade. Eu tenho dois filhos, que dei à luz em uma rápida sequência quando tinha trinta e tantos anos. Se uma fada mágica dos bebês tivesse aparecido para mim quando eu tinha 34 anos e nenhum filho e prometesse me dar mais dez anos de fertilidade, de modo que eu pudesse viver mais tempo a vida tranquila, voltada para os gatos e gloriosamente desimpedida que eu tinha, eu teria aceitado na hora. Eu também passei minha vida adulta achando que algum dia, quando viesse a me tornar mãe, eu "simplesmente saberia". Também me coloquei na posição de acabar sozinha-por-favor na "grande variedade da condição humana". Decidi ficar grávida quando fiquei porque eu estava quase chegando aos meus últimos anos de fertilidade e porque meu desejo de fazer essa coisa que as pessoas dizem que era tão profunda foi um pouco mais forte do que eram as minhas dúvidas sobre o tema.

Então eu engravidei. Com uma total falta de clareza. Sobre isso o Sr. Doçura e eu estávamos de acordo. Embora estivéssemos em geral felizes por estar tendo um bebê, também estávamos profundamente assustados. Nós gostávamos de fazer sexo e passear por países estrangeiros de maneiras decididamente não seguras para um bebê e passávamos horas lendo em silêncio em dois sofás que ficavam um de frente para o outro na sala de estar. Nós gostávamos de trabalhar durante dias sem parar em nossas respectivas formas artísticas, tirar cochilos não programados e passar semanas viajando de mochila por aí.

Nós não conversamos muito, durante a minha gravidez, sobre quão maravilhoso ia ser uma vez que o bebê nascesse e fazer essas coisas se tornaria ou incontestável ou quase impossível. Nós geralmente tínhamos conversas ambíguas, levemente enfadonhas, sobre como esperávamos não ter cometido um erro terrível. *E se nós amássemos o bebê, mas não tanto quanto todo mundo diz que nós amaríamos?*, eu perguntava a ele a cada duas semanas. *E se o bebê nos entediasse ou nos chateasse ou nos enjoasse? E se quiséssemos cruzar a Islândia de bicicleta ou fazer uma caminhada pela Mongólia? Merda.* Nós realmente *queremos cruzar a Islândia de bicicleta ou fazer uma caminhada pela Mongólia!*

A questão não é se você deve ter um bebê, Indeciso. É que você possivelmente espera sentir algo sobre querer ter um bebê que nunca acontecerá e, portanto, o desejo nítido por um bebê não é um cálculo exato para você quando você está tentando decidir se deve ou não ter um. Sei que parece doideira, mas é verdade.

Portanto, o que é um cálculo exato?

Você diz que você e sua parceira não querem decidir se tornar pais simplesmente porque estão com medo de "se arrependerem por não terem tido um mais tarde", mas eu recomendo que reavaliem isso. Pensar bastante sobre suas escolhas e ações do ponto de vista de seu futuro eu pode funcionar tanto como uma força corretiva quanto motivacional. Pode ajudar vocês a serem verdadeiros em relação a vocês mesmos bem como inspirá-los a potencializar seus desejos em relação a seus medos.

Não se arrepender depois é a razão pela qual eu fiz pelo menos três quartos das melhores coisas em minha vida. É a razão por que engravidei do meu primeiro filho, apesar de que teria ficado grata à fada mágica dos bebês por mais uma década, e é também a razão por que engravidei do meu segundo filho, embora já estivesse sobrecarregada com o primeiro. Como você está contente com a vida atual sem filhos, tentar definir do que você pode se arrepender depois me ocorre como a melhor maneira de você analisar significativamente se ter um filho é importante para você. Tanto que suspeito que se você vai se arrepender ou não mais tarde é a única pergunta que você precisa responder. É a única que vai lhe dizer o que fazer.

Você já sabe as respostas para tudo mais. Você sabe que está aberto a se tornar um pai e que também está aberto a permanecer sem filhos. Você sabe que sente prazer e satisfação em cuidar da vida dos outros (na forma de seus queridos gatos) e também que você extrai profunda satisfação da liberdade e da independência que uma vida sem crianças permite.

O que você não sabe? Faça uma lista. Escreva tudo o que você não sabe sobre sua vida futura – que é tudo, obviamente –, mas use sua imaginação. Quais são os pensamentos e as imagens que vêm à mente quando você se imagina com o dobro da idade que você tem agora? O que surge quando você imagina o seu eu aos 82 anos de idade que optou por "continuar aproveitando a mesma vida" e o que surge quando você se imagina com 82 anos ao lado de um filho ou filha de 39 anos? Escreva "mesma vida" e "filho ou filha" e debaixo de cada um faça outra lista de coisas que você acha que essas experiências proporcionariam ou tirariam de você e então reflita quais itens de sua lista podem ser substituídos por outros. A perda temporária de um pedaço considerável de sua liberdade pessoal na meia-idade seria neutralizada significativamente pela experiência de amar alguém com mais força do que você jamais amou? A incerteza dolorosa de nunca ter sido pai de ninguém seria neutralizada pela gloriosa realidade de que você tem que viver a sua vida relativamente sem ser cerceado pelas necessidades do outro?

O que é uma vida boa? Escreva "vida boa" e liste tudo que você associa com uma vida boa, depois classifique por ordem de importância. As coisas mais significativas de sua vida aconteceram sem esforço ou com esforço? O que o assusta em relação a fazer sacrifícios? O que o assusta em relação a não fazer sacrifícios?

Portanto, aí está você no chão com sua enorme folha de papel branco com coisas escritas em toda parte como a vela de um barco, e talvez você ainda não tenha clareza, talvez você não saiba o que fazer, mas você sente alguma coisa, não sente? Os rascunhos de sua vida de verdade e de sua segunda vida estão bem diante de você e você precisa decidir o que fazer. Uma é a vida que você terá; a outra é a vida que você não terá. Misture-as em sua cabeça e veja como se sente. O que afeta você em um nível visceral? O que não o afeta? O que é regido pelo medo? O que é regido pelo desejo? O que faz com que você queira fechar os olhos e pular e o que faz você querer se virar e correr?

Apesar dos meus medos eu não me arrependo de ter tido um bebê. O corpo do meu filho contra o meu foi a clareza que nunca tive. Nas primeiras semanas da vida dele eu me senti perturbada pela noção de como cheguei perto de optar por viver a minha vida sem ele. Ser sua mãe foi uma coisa intensa, contínua e imutável, minha vida terminando e começando ao mesmo tempo.

Se eu pudesse voltar no tempo eu faria a mesma escolha sem pestanejar. E ainda assim lá resiste a minha segunda vida. Todas as outras coisas que eu poderia ter feito em vez disso. Eu não saberia o que não teria como saber até que me tornasse mãe e, portanto, tenho certeza de que existem coisas que eu não sei porque não posso saber porque fiz. De quem eu teria cuidado se não tivesse cuidado de meus dois filhos ao longo desses últimos sete anos? Para qual tipo de força criativa e prática meu amor teria se voltado? O que deixei de escrever porque estava esperando meus filhos brincarem no escorrega, se equilibrarem no alto de muros baixinhos e se divertindo sem parar nos balanços? O que eu escrevi porque fiz isso? Eu seria mais feliz e mais inteligente e bonita se estivesse livre todo esse tempo para ler em silêncio em um sofá que ficava de frente para o sofá do Sr. Doçura? Eu reclamaria menos? A privação de sono e o consumo exorbitante de salgadinhos de queijo cheddar em formato de coelho teriam diminuído anos da minha vida ou acrescentado anos a ela? Quem eu teria encontrado se tivesse viajado de bicicleta pela Islândia e caminhado pela Mongólia e o que eu teria vivenciado e aonde isso teria me levado?

Nunca saberei, e nem você saberá da vida que não escolheu. Nós apenas saberemos que seja lá o que era essa segunda vida, ela foi importante e bonita, porém não era nossa. Foi o navio fantasma que não nos levou. Não há nada a fazer senão acenar da terra firme.

Um abraço,
Doçura

SEU EU INTERIOR INVISÍVEL E TERRÍVEL

Cara Doçura,

Tenho 29 anos e estou namorando um homem que eu adoro; estamos planejando morar juntos em breve. Tenho um emprego estável que odeio, mas espero que um dia encontre algo que eu goste. Tenho família, amigos, hobbies, interesses e amor. Muito amor. E estou desesperadamente temerosa de desenvolver um câncer.

Estou aterrorizada, achando que mais cedo ou mais tarde eu serei diagnosticada. Minha mãe teve câncer de mama quando eu estava na faculdade. Ela se curou, mas de certa forma não se curou. O câncer a marcou, Doçura. Meu pai morreu de câncer no fígado quando eu estava no ensino médio – ele não teve sorte suficiente para entrar na lista dos "sobreviventes". Minha avó teve um tumor no cérebro quando eu era bebê; ela não viveu para ver o meu primeiro aniversário. Por mais que eu tome cuidado com a minha saúde, por mais que tente ser cuidadosa, eu tenho essa pequena dúvida de que meus genes estão se preparando para falhar.

Sei que você não tem como dizer se eu terei ou não câncer, e sei que você não pode me dizer quando. Mas o que estou enfrentando – o que preciso de ajuda para entender – é como tomar decisões em minha vida enquanto mantenho essa possibilidade na cabeça. Você sabe a que decisões eu me refiro: as Grandes.

Como decido se me caso ou não? Como posso olhar no rosto desse homem que eu adoro e explicar a ele o que ele pode ter que enfrentar se eu for diagnosticada? E, pior, se eu não fizer isso? Já decidi não ter filhos. Como posso sobrecarregar uma criança com algo que eu nem acho que eu mesma posso enfrentar? Como planejo o futuro quando pode não haver futuro para ser planejado? Dizem para "viver sua vida da melhor forma possível porque pode não haver amanhã", mas quais são as consequências de "não haver amanhã" para as pessoas que você ama? Como eu as preparo para o que eu posso ter que enfrentar? Como eu me preparo?

Com Medo do Futuro

Cara Com Medo do Futuro,

Existe uma maluca vivendo na sua cabeça. Espero que sirva de consolo ouvir que você não está sozinha. A grande maioria das pessoas tem um eu interior invisível e terrível que diz todo tipo de coisa maluca sem compromisso com a realidade.

Às vezes, quando estou mergulhada em mim mesma e o meu lado maluco está jogando conversa fora, eu paro e imagino de onde tirou a informação. Peço que ele revele a sua fonte. Exijo alguma prova. Suas ideias vieram de fatos reais baseados na razão ou ele/eu desencavamos as ideias do buraco infernal que queima como um fogo eterno no fundo de minha pequena alma carente, egoísta e faminta?

Existe alguma prova digna de crédito de que meus amigos secretamente não gostam muito de mim ou estão eles todos simplesmente envolvidos em uma conversa quando eu entro na sala e eles levam um segundo para dizer oi? Foi o conhecido que disse "Com turmas tão grandes eu nunca colocaria meus filhos em uma escola pública" que na verdade estava dizendo que eu era uma mãe de segunda categoria, negligentemente destruindo meus filhos porque existem trinta crianças em suas turmas, ou ele estava simplesmente compartilhando suas decisões complexas sobre maternidade comigo? Quando recebo cartas de pessoas que discordam apaixonadamente de algum conselho específico que dei nesta coluna, é verdade que seria totalmente impossível para cada leitor concordar comigo em cada questão ou que sou uma idiota de merda que não sabe nada e que nunca deveria escrever novamente?

Se você me pedisse para desenhar um retrato de mim mesma eu desenharia dois. Um seria o retrato de uma mulher feliz, autoconfiante e com um visual normal, e o outro seria uma imagem aproximada de uma boca gigantesca escancarada que tem sede de amor. Muitos dias eu tenho que dizer silenciosamente para mim mesma: *Está tudo bem. Você é amada. Você é amada mesmo que algumas pessoas não gostem de você. Mesmo que algumas pessoas a odeiem. Você está bem mesmo quando às vezes se sente desprezada pelos amigos ou mesmo quando manda os filhos para a escola em um lugar que outra pessoa não mandaria ou mesmo quando escreve algo que irritou um monte de gente.*

Tenho que interromper o meu lado maluco rapidamente com bastante frequência. Ao longo dos anos, meu bem-estar emocional dependeu disso. Se eu deixar que ele fique em vantagem, minha vida será menor, mais idiota, mais imprestável e mais triste.

A sua também será se você permitir. Você tem minha simpatia mais profunda e minha compreensão mais sincera, mas você não está pensando com clareza sobre isso. Você está dando muito poder à maluca. Seu sofrimento e medo encobriram sua capacidade de ser racional em relação à sua própria mortalidade. E se você continuar nesse caminho, isso vai roubar a vida que você merece – aquela na qual seu eu interior invisível e terrível finalmente cala a boca.

Você não precisa olhar nos olhos de seu amor e "explicar a ele o que ele pode ter que enfrentar" caso você seja diagnosticada com câncer. Conte a ele sobre as experiências da sua família com o câncer e sobre como você enfrentou esses tempos difíceis. Divida seus medos com ele, e seu sofrimento. Mas não crie uma linha irracional das doenças reais de seus parentes até a que ainda não existe. Só uma velha maluca está suficientemente convencida de que você terá câncer e morrerá jovem. Todas as outras pessoas estão completamente no escuro. Sim, você precisa estar atenta aos riscos e monitorar sua saúde, mas faça isso enquanto lembra que na maioria dos casos o histórico genético de qualquer doença é apenas um indicador de sua própria chance de desenvolvê-la.

Qualquer um de nós pode morrer a qualquer momento de uma infinidade de causas. Você esperaria que seu parceiro explicasse o que você pode ter que enfrentar caso ele morra em um acidente de carro, em um ataque cardíaco ou por afogamento? Essas são coisas que também podem acontecer. Você é um ser humano mortal como qualquer outro, ou como qualquer besouro, qualquer urso ou salmão. Nós todos vamos morrer, mas apenas alguns vão morrer amanhã ou no próximo ano ou nos próximos cinquenta anos. E geralmente nós não sabemos quem será, quando e do quê.

Esse mistério não é a maldição de nossa existência: é a maravilha. É sobre o que as pessoas estão falando quando comentam sobre o círculo da vida do qual nós todos fazemos parte, concordando ou não – os vivos, os mortos, aqueles que estão nascendo neste momento e os que estão se apagando. Tentar se posicionar fora do círculo não vai protegê-la de nada. Não vai manter longe o seu sofrimento nem proteger quem você ama do sofrimento quando você tiver ido embora. Não vai prolongar sua vida ou encurtá-la. Seja lá o que for que o seu lado maluco tenha sussurrado em seu ouvido, estava errado.

Você está aqui. Portanto, fique aqui, querida. Você está bem conosco por enquanto.

Um abraço,
Doçura

ESPERANDO O TELEFONE TOCAR

Cara Doçura,

Nessa era de Facebook e de Twitter, o que se espera de nós para superar nossos antigos relacionamentos (de quem estamos tentando ficar amigos) enquanto somos soterrados por atualizações e tweets (ou, como gosto de chamá-las, pequenos 140 caracteres de sofrimento)?

Um abraço,
Constantemente Apertando Atualizar

Cara Constantemente Apertando Atualizar,

Não se espera de nós que superemos nossos ex acompanhando cada movimento deles no Facebook e no Twitter, queridinha. O Facebook e o Twitter são máquinas de tortura para corações magoados. No tempo da juventude de Doçura o maldito telefone já era tortura suficiente. Veja aqui como acontecia:

Será que vai tocar? Não tocava.

Devo ligar? Não devo ligar.

Mas você sempre ligava. Não dava para fazer outra coisa a não ser ligar porque seu coração estava arrasado e você achava que se colocasse tudo para fora *mais uma vez* a pessoa que magoou seu coração mudaria de ideia e deixaria de magoá-la.

Portanto, você se sentaria por um tempo com o telefone na mão e a sensação seria de que o aparelho estava literalmente pegando fogo com seu sofrimento e saudade, e por fim você discaria e ele tocaria e tocaria até que por fim a secretária eletrônica entraria, e lá estaria a voz dele/dela – tão animada! tão irreverente! tão aflitivamente fora do alcance – e o sinal soaria e você começaria a falar no silêncio, parecendo remotamente a pessoa calma, forte e razoavelmente descolada que você costumava ser antes de o querido proprietário da secretária eletrônica partir o seu coração, mas cerca de quatro segundos depois sua voz aumentaria e ficaria insegura e desesperada e você balbuciaria algo sobre como queria apenas ligar para dizer oi, porque estava com muita saudade dele/dela e porque, afinal de contas, ainda eram amigos e porque simplesmente queria conversar apesar de não haver realmente mais nada a dizer, e você finalmente ficaria calada e desligaria e um milésimo de segundo depois começaria a soluçar e a chorar.

Então você choraria e choraria e choraria tanto que não conseguiria ficar de pé e por fim ficaria quieta e sua cabeça pesaria 317 quilos e você se levantaria para ir até o banheiro para se olhar solenemente no espelho e você saberia com certeza que você estava morta. Viva, porém morta. E tudo porque essa pessoa não a amava mais, ou mesmo que ele/ela amasse você ele/ela não queria estar com você e que tipo de vida era essa? Isso não era vida. Não haveria mais vida. Haveria apenas um minuto insuportável atrás do outro e durante cada um desses minutos essa pessoa que você queria rejeitaria você e, portanto, você começaria a chorar novamente e se olharia chorando no espelho pateticamente até que não conseguiria mais chorar, então você pararia.

Você lavaria o rosto e pentearia o cabelo e aplicaria hidratante labial apesar de parecer agora um baiacu tropical, e se deslocaria até o carro vestindo o jeans que estava de repente dois tamanhos maior porque seu coração estava tão arrasado que você estava sem comer havia uma semana. (Sem problema – esse jeans logo estará dois tamanhos menor, uma vez que você atingir a fase descontrolada do abandono.) Você entraria no carro e começaria a dirigir e enquanto dirigia você pensaria "Não tenho a menor ideia de para onde estou indo!".

Mas obviamente você saberia. Você sempre soube. Você passaria de carro pela casa dele/dela *só para dar uma olhada*.

E lá estaria ele/ela, visível através da janela da frente; iluminado(a) pela luminária que você já ligou e desligou com uma calma casual e familiar. Você o(a) veria por um momento fugaz, mas essa imagem ficaria impressa em seu cérebro. Ele(ela) estaria rindo um pouco, nitidamente conversando com alguém enlouquecedoramente fora de visão. E você iria querer dar uma parada para investigar e observar, mas não poderia parar porque se ele(ela) olhasse para fora poderia ver você.

Portanto, você voltaria para casa e sentaria no escuro perto do telefone.

Você não acionaria a tecla atualizar. Você não leria que o homem/mulher que partiu seu coração é agora "amigo" de qualquer um que tem um nome inacreditavelmente sexy (Monique/Jack). Você não veria as fotos do seu ex bêbado e parado de modo perturbador ao lado de homens/mulheres bonitos em festas nem leria referências veladas a qualquer coisa que poderia ser um boquete. Não haveria exibição de declarações sobre que tipo de diversão aconteceu recentemente ou que vai acontecer, ou reclamações perturbadoras sobre a vida de solteiro. Não haveria KKKs ou TMIs (Too Much Information/Informação Demais) ou RNCDTRs (Rolando No Chão De Tanto Rir) ou símbolos atrevidos compostos de uma frase e ponto e vírgula de pessoas chamadas Jack ou Monique.

Não haveria nada. Haveria apenas você no escuro perto do telefone que nunca mais tocaria e o início do entendimento de que é preciso seguir em frente.

Para conseguir esquecer seu ex, você precisa seguir em frente, Constantemente Apertando Atualizar. E pelo menos por enquanto removê-lo(a) como amigo(a) e parar de segui-lo(a) ajudará você a ser bem-sucedida. Ficar amiga de alguém que já magoou você é legal e elegante, mas é quase sempre uma boa ideia dar um tempo entre uma coisa e outra. Eu recomendo que você resista à tentação de ler com avidez cada pensamento do seu ex, querida. Desligar essa fonte cibernética será um inferno nos primeiros dias, mas tenho certeza de que você logo perceberá como vai respirar melhor quando não estiver constantemente respirando no vácuo da vida de seu ex sem você.

Um abraço,
Doçura

POR DENTRO SOMOS TODOS SELVAGENS

Cara Doçura,

Sou invejosa. Tenho inveja das pessoas que são bem-sucedidas no que faço (escrever ficção literária). Tenho inveja delas mesmo que goste delas ou as respeite. Mesmo quando finjo estar feliz quando meus amigos escritores recebem boas notícias, a verdade é que me sinto como se tivesse engolido uma colher cheia de ácido sulfúrico. Por dias seguidos eu continuo me sentindo enjoada e triste, pensando "Por que não eu?".

Portanto, por que não, Doçura? Tenho 31 anos. Escrevi um romance que estou atualmente revisando enquanto busco um agente (que está sendo mais difícil do que eu imaginava). Tive uma educação de primeira, me formei em uma faculdade de prestígio e fiz mestrado em outra faculdade de prestígio. Diversas pessoas em meu círculo literário e social conseguiram o tipo de contrato literário de milhões que sonho em conseguir. Algumas dessas pessoas são idiotas, portanto não me sinto culpada por invejar sua sorte, mas outras são pessoas boas, de quem eu gosto e a quem respeito e, pior de tudo, uma delas é uma mulher que considero uma de minhas melhores amigas.

Fico chateada por não me sentir feliz por elas, principalmente quando se trata de minha querida amiga, mas é o que é. Quando penso no sucesso delas, apenas lembro do que não tenho. Quero o que elas têm, mas é mais do que isso: elas terem o que desejo me faz sofrer. Quando outros amigos escritores fracassam (rejeições de agentes ou de editoras, por exemplo), eu admito que sinto uma pequena alegria interior. A sensação é mais de alívio do que de júbilo – você conhece aquele velho ditado sobre o sofrimento gostar de companhia? Eu não desejo realmente o mal dos outros. Mas, honestamente, também não desejo nada de bom.

Sei que isso me torna uma pessoa terrível e superficial. Sei que deveria ser grata por ter um emprego decente que me proporciona tempo para escrever, bons amigos, pais maravilhosos que me apoiam tanto emocionalmente quanto financeiramente (eles pagaram meus cursos universitários e me ajudaram de outras infinitas maneiras) e uma boa vida em geral. Mas considero impossível focar nessas coisas quando ouço a notícia de que outro amigo ou conhecido ou ex-colega de faculdade vendeu um livro por uma determinada quantia de dinheiro.

Como lido com isso, Doçura? A inveja simplesmente faz parte da vida de uma escritora? Meus sentimentos são o que todo mundo sente, mesmo quando fingem outra coisa? É possível eliminar esses sentimentos negativos e sentir outras coisas positivas quando ouço ótimas notícias de outras pessoas? Converse comigo sobre inveja, por favor. Não quero que isso governe a minha vida, ou, pelo menos, se isso vai governar a minha vida, quero ter garantias de que esteja governando (secretamente) a vida de todo mundo também.

Assinado,
Pessoa Terrivelmente Invejosa

Cara Pessoa Terrivelmente Invejosa,

Todos nós somos selvagens internamente. Todos nós queremos ser escolhidos, amados, estimados. Não existe uma pessoa que esteja lendo isso que não teve essa voz "por que não eu?" aparecendo em algum momento na confusão interior quando alguma coisa boa aconteceu a outra pessoa. Mas isso não significa que você deva permitir que isso governe a sua vida. Isso significa que você tem trabalho a fazer.

Antes de entrar nisso, quero falar sobre o que estamos abordando. Não estamos falando sobre livros. Estamos falando sobre contratos para lançar livros. Você sabe que eles não são a mesma coisa, certo? Um é a arte de criar através da escrita como um cretino por um longo tempo. O outro é o que o mercado decide fazer com a sua criação. Um escritor consegue um contrato literário quando ele ou ela escreve um livro (a) que o editor gosta e (b) que um editor acredita que as pessoas vão comprar. O número de cópias que um editor acredita que as pessoas vão comprar varia muito. Podem ser 10 milhões, 700 ou 12 cópias. Este número não tem nada a ver com a qualidade do livro, ele é ditado pelo estilo literário, tema abordado e gênero. Este número tem tudo a ver com o valor do seu contrato literário, que também tem a ver com os recursos disponíveis na editora que quer publicar o seu livro. As grandes editoras podem dar adiantamentos de milhões a seus autores por livros que elas acreditam que vão vender grandes tiragens. As pequenas não podem fazer isso. Mais uma vez, isso não tem qualquer relação com a qualidade dos livros que elas publicam.

Eu me sinto obrigada a destacar esses fatos logo de cara porque minha sensação sobre a sua carta é que você confundiu o livro com o contrato literário. São duas coisas separadas. A parte pela qual você é responsável é o livro. A que acontece baseada em forças que em grande parte estão fora do seu controle é o contrato literário. Você pode escrever o livro de poesia mais deslumbrante e arrasador do mundo e ninguém lhe dar US$ 200 mil para publicá-lo. Você pode escrever o romance mais deslumbrante e arrasador do mundo e talvez consiga isso. Ou não.

Minha opinião é que a primeira coisa que você precisa fazer é se superar, Pessoa Terrivelmente Invejosa. Se você é uma escritora, o que você escreve é o que importa, e nenhuma quantidade de ácido sulfúrico em seu estômago provocado pelo sucesso que outras pessoas conseguiram pelos livros que escreveram vai ajudá-la em sua causa. Sua causa é escrever um ótimo livro e então escrever outro ótimo livro e continuar escrevendo livros por quanto mais tempo puder. Essa é a sua única causa. Não conseguir um contrato literário de milhões. Estou falando da diferença entre arte e dinheiro; criação e comércio. É uma coisa linda e importante ser pago para fazer arte. Os editores que preparam nossos livros para os leitores são uma parte fundamental do que fazemos. Mas o que fazemos – eu e você – é escrever livros. Coisa que pode obter contratos de milhões pelas razões que resumi acima. Ou não.

Sabe o que eu faço quando sinto inveja? Digo a mim mesma para não ser invejosa. Bloqueio a voz do "Por que não eu?" e a substituo por uma que diz "Não seja boba". É simples assim. Você na realidade para de ser uma pessoa terrivelmente invejosa parando de ser uma pessoa terrivelmente invejosa. Quando você se sente péssima porque alguém conseguiu algo que você quer, você se força a lembrar-se do quanto recebeu. Você se lembra de que existe bastante para todos nós. Você se lembra de que o sucesso de alguma outra pessoa não tem absolutamente nenhuma relação com o seu. Você se lembra de que uma coisa maravilhosa aconteceu com um de seus colegas de literatura e que talvez, se continuar trabalhando e tiver sorte, algo maravilhoso também pode acontecer com você algum dia.

E se você não tiver forças para fazer isso, simplesmente pare. De verdade. Não se permita pensar nisso. Não há nada para comer lá embaixo no buraco de sua amargura a não ser o seu próprio coração desesperado. Se você permitir, sua inveja vai devorar você. Sua carta é uma prova de que isso já começou a acontecer. A inveja exauriu a sua felicidade, desviou você de seu verdadeiro trabalho e a transformou em uma péssima amiga.

Sabe essa mulher que você citou que conseguiu o contrato recentemente – aquela que você descreveu como uma de suas melhores amigas? Ela sabe que você não está realmente feliz por ela. Ela sabe disso mesmo que tenha se convencido de que ela não sabe disso; mesmo que ela tenha tentado explicar a estranha energia que você emitiu quando fingiu estar feliz por ela com as boas notícias. Ela sabe porque não se pode fingir amor e generosidade. Ou bem eles existem ou não existem. O fato de você fingir alegria quando uma pessoa de quem diz gostar muito compartilhou uma coisa ótima que aconteceu com ela é bem pior do que você não ter conseguido o contrato literário milionário que você tem tanta certeza que merece. E se você quer ter uma vida de verdade, real, intensa, autêntica, satisfatória, ótima e honrada eu aconselho que você primeiro resolva esse problema.

Eu sei que não é fácil ser uma artista. Eu sei que o abismo entre a criação e o comércio é tão gigantescamente imenso que às vezes é impossível não se sentir anulada por ele. Muitos artistas desistem porque é simplesmente difícil demais seguir em frente criando em uma cultura que em geral não apoia seus artistas. Mas as pessoas que não desistem são aquelas que encontram um jeito de acreditar na abundância e não na escassez. Elas incorporaram em seus corações a ideia de que existe bastante para todo mundo, que o sucesso se manifestará por si mesmo de maneiras diferentes para tipos diferentes de artistas, que manter a fé é mais importante do que descontar o cheque, que se sentir verdadeiramente feliz por alguém que conseguiu algo que você espera conseguir a torna verdadeiramente feliz também.

A maior parte dessas pessoas não chega a essa conclusão naturalmente. E, portanto, Pessoa Terrivelmente Invejosa, existe esperança para você. Você também pode ser uma pessoa que não desistiu. A maior parte das pessoas que não desistiram percebeu que para serem bem-sucedidas elas precisavam demolir o desagradável deus da inveja em suas mentes de modo que pudessem em vez disso oferecer algo melhor: seu próprio trabalho. Para algumas delas isso significou simplesmente bloquear a voz "por que não eu?" e seguir em frente. Para outras, isso significou aprofundar-se e explorar por que exatamente é tão incômodo para elas que outra pessoa tivesse boas notícias.

Odeio lhe dizer isso, mas meu palpite é que você está no segundo grupo. Uma parte importante de sua inveja nasce de seu desproporcional senso de merecimento. O privilégio ferra a nossa cabeça tanto quanto a falta dele. Existem muitas pessoas que nunca sonharam em ser escritoras, muito menos em chegar lá aos 31 anos, com um contrato literário milionário. Você não é uma delas. E você não é uma delas possivelmente porque recebeu uma enorme quantidade de coisas que não conquistou ou mereceu, mas que recebeu pela simples razão de que calhou de nascer em uma família que tinha dinheiro e os recursos para financiar sua educação em duas faculdades, às quais você se sentiu compelida a anexar a palavra "prestigiosa".

O que é uma faculdade prestigiosa? Por que estudar em uma faculdade desse tipo permitiu que você acreditasse em você? Quais premissas você tem sobre as faculdades que você não descreveria como prestigiosas? Que tipos de pessoas vão a faculdades prestigiosas e a faculdades não prestigiosas? Você acha que você tinha o direito a uma educação gratuita de "primeira classe"? O que você faz com as pessoas que tiveram educações que você não caracterizaria como de primeira classe? Essas não são perguntas retóricas. Eu realmente quero que você pegue um pedaço de papel e escreva essas perguntas e depois as respostas. Acho que suas respostas vão informar com profundidade sua atual luta com a inveja. Não estou fazendo essas perguntas a você para condená-la ou julgá-la. Eu faria uma série de perguntas parecidas a qualquer um que tivesse qualquer tipo de histórico porque acho que nossas primeiras experiências e crenças sobre nosso lugar no mundo mostram quem nós pensamos que somos e o que merecemos e por quais meios isso deveria nos ser dado.

É uma maneira de voltar às raízes do problema, como elas eram. E eu imagino que você sabe que sou uma grande fã de raízes.

Você pode, por exemplo, estar interessada em saber que a palavra "prestigiosa" é derivada do latim *praestigiae*, que significa "truques de ilusionista". Não é interessante? Esta palavra que nós usamos para significar honorável e estimado tem sua origem na palavra que tem tudo a ver com ilusão, fraude e truque. Isso significa algo para você, Pessoa Terrivelmente Invejosa? Porque, quando eu descobri isso, todo o diapasão dentro de mim fez *hum*. Seria possível que a razão pela qual você se sente como se tivesse engolido uma colher de ácido sulfúrico sempre que alguém consegue o que você deseja é porque há muito tempo – lá atrás, em seu próprio início – você acreditou em um monte de mentiras sobre a relação entre dinheiro e sucesso, fama e autenticidade, legitimidade e adulação?

Eu acho que vale a pena investigar. Fazer isso vai torná-la uma pessoa mais feliz e também uma escritora melhor, não tenho dúvida.

Boa sorte com a venda de seu romance. Eu espero sinceramente que você consiga um contrato milionário por ele. Quando conseguir, me escreva para contar a maravilhosa notícia. Prometo ficar exultante por você.

Um abraço,
Doçura

A MOÇA SENSUAL

Cara Doçura,

Sou uma mulher exuberante e ativa de 47 anos. Nos últimos três anos estive totalmente apaixonada por uma mulher. O momento de nosso encontro foi cruel. O pai dela estava morrendo, ela tinha sido rebaixada e nós duas estávamos curtindo separações recentes. Mas, uma vez que ela citou o poeta John Donne sobre os meus genitais depois que fizemos amor, eu estava entregue. Ela me afastou diversas vezes e depois começou a me convidar mais regularmente a frequentar o seu coração.

Nós temos brigado desde então. Sua libido desapareceu (fizemos de tudo – médicos, terapeutas, cartomantes). Ela não consegue se entregar completamente e é consumida pelo medo (ela é o tipo clássico que foge do amor).

Ao seu lado eu encontro a mais alta euforia e a depressão mais profunda. Nós terminamos e nos reconciliamos mais vezes do que posso contar, e no momento estamos há trinta dias em total restrição uma em relação à outra, o que nunca tínhamos conseguido. Nós nos CONHECEMOS profundamente, de um jeito espiritual e sagrado que eu nunca tinha experimentado antes. Viciante, é verdade. Daí a interrupção.

Devo dizer que ela me ama muito e de certa forma quando eu pedi para darmos um tempo ela sofreu mais do que eu.

Acredito, como lésbica do Meio-Oeste que sou, que nunca encontrarei um relacionamento como esse novamente e que por isso eu continuo e aceito as "regras" dela, sua angústia e sua anorexia sexual, apesar de ser uma mulher sensual. Sim, eu tentei ter amantes. Isso simplesmente não funciona para mim. Embora nosso sexo seja raro (quatro ou cinco vezes por ano), quando fazemos amor tem sido transcendental.

Sou uma mulher complexa, estranha e incomum, e é difícil encontrar uma parceira. O que é isso? O que VOCÊ acha?

Assinada,
Devo Ficar ou Devo Ir Embora Agora?

Cara Devo Ficar ou Devo Ir Embora Agora?,

O que é isso, de fato. Isso parece muito maluco para mim. Desmanchar e voltar a ficar junto mais vezes do que você pode contar? Anorexia sexual e "regras"? O uso que você deu para a palavra "vício"? Todas essas coisas me incomodaram. Mas você sabe o que mais me incomoda? Essa história sobre o seu amor ser a única que "CONHECEU você de um jeito espiritual e sagrado", junto com sua convicção de que você fica porque "nunca encontrará um relacionamento como esse novamente".

Encontrar o quê, por favor diga? Um amor sexualmente e emocionalmente travado que tem horror a se entregar e a ter um relacionamento íntimo? Se eu e você estivéssemos sentadas na mesa da sua cozinha criando seu anúncio para mulhersensualprocurandoamor.com, é isso que você estaria procurando?

Não deveria. Eu encorajo você a refletir sobre por que você está aceitando isso agora. Este relacionamento não está satisfazendo as suas necessidades; isso está pressionando você. Em outras palavras, o grande botton que diz *Sou uma lésbica de 47 anos do Meio-Oeste, portanto é melhor ficar com o que dá para pegar.* Você escreve sobre o medo de sua amante, mas é o seu próprio medo que está complicando a sua cabeça. Eu sei que é difícil ficar sozinha, querida. Suas ansiedades sobre encontrar outra parceira são compreensíveis, mas elas não podem ser a razão para ficar. O desespero é insustentável. Ele pode ter feito você aguentar até agora, mas você está velha demais e maravilhosa para continuar fingindo.

Isso não significa necessariamente que você e sua amante estão condenadas. Casais bacanas às vezes escapam de inícios horrorosos. Talvez vocês consigam superar isso, mas você não vai conseguir se continuar como está. Sei que sua ligação parece ser poderosa, rara e incendiária. Sei que parece que esta mulher é o seu messias pessoal e íntimo. Mas você está enganada. A verdadeira intimidade não é um psicodrama. Não é "a mais alta euforia e a depressão mais profunda". Não é John Donne sussurrado sobre seus genitais depois de meses de celibato, não-exatamente-de-comum-acordo. É um pouquinho dessas coisas de vez em quando com um bocado de muitas outras coisas no meio. É comunhão e afinidade madura. É amizade e respeito mútuo. É não ter que dizer que precisamos ter "total restrição uma em relação à outra" durante trinta dias.

Isso não é amor, Mulher Sensual. Isso é ordem restritiva. Você não é íntima dessa mulher. Você tem intensidade e escassez. Você tem confusão emocional e um senso de exaustão do que vocês duas significam.

Acho que você sabe disso. Eu consigo colocar a maior parte das cartas que recebo em duas pilhas: aquelas das pessoas que têm medo de fazer o que elas sabem subconscientemente que precisam fazer e aquelas das pessoas que realmente se perderam. Eu colocaria sua carta na primeira pilha. Acho que você me escreveu porque percebeu que precisa mudar, mas está com medo do que essa mudança vai significar. Eu entendo. Nenhuma de nós pode saber quanto tempo vai levar até que você encontre novamente o amor. Mas nós sabemos que, enquanto você ficar em um relacionamento que não está satisfazendo suas necessidades, você está em um relacionamento que não está satisfazendo as suas necessidades. Isso a deixa infeliz e também a fecha para outros relacionamentos românticos potencialmente mais satisfatórios.

Não sou uma pessoa religiosa. Não medito, recito salmos ou rezo. Mas trechos de poemas de que gosto passam pela minha cabeça e eles de certa forma parecem sagrados para mim. Existe um poema de Adrienne Rich que li pela primeira vez há vinte anos chamado *Splittings* (Separações) do qual me lembrei quando li sua carta. Os dois últimos versos do poema são: "Eu escolho amar desta vez para sempre/ com toda a minha inteligência." Esse pensamento parecia ser muito radical quando li pela primeira vez esses versos aos 22 anos – aquele amor poderia surgir de nossas intenções mais profundas e equilibradas em vez de nossas dúvidas mais fortes e sombrias. O número de vezes em que *Eu escolho amar desta vez para sempre com toda a minha inteligência* passou pela minha cabeça nos últimos vinte anos é incontável. Não houve um dia em que esses versos não estivessem presentes para mim de maneiras tanto conscientes quanto inconscientes. Posso dizer que sou fiel a eles, mesmo nos momentos em que fracassei profundamente no cumprimento de suas aspirações.

Sugiro que você também seja fiel a eles. A questão não é se você deve ficar ou ir embora. A questão é: como sua vida se transformaria se você decidisse amar desta vez para sempre com toda a sua inteligência?

Não estou me referindo à sua virilha, irmã. Estou olhando você nos olhos.

Um abraço,
Doçura

AS COISAS RUINS QUE VOCÊ FEZ

Cara Doçura,

Por muitos anos, em vários níveis, eu roubei compulsivamente. Em grande parte dos anos em que roubei, eu estava tomando um "coquetel" de drogas psicotrópicas para depressão, ansiedade e insônia. Em retrospecto, acho que as drogas me deixaram incapaz de enfrentar a compulsão de pegar coisas. Um impulso surgiria em minha cabeça – digamos, de pegar esse jeans de minha amiga, esse livro dessa amiga ou os vasos de flores abandonados que ficavam na varanda de uma casa vazia. Cheguei uma vez a pegar dinheiro da carteira de minha futura sogra. Quando surgiam as ideias de pegar o que quer que fosse, eu tentava me convencer a não fazer, mas no fim não resistia.

Não faço mais isso. Estou sem os remédios há cerca de seis anos e sou capaz de controlar o impulso, que, na realidade, raramente sinto agora. Não posso culpar totalmente os remédios porque antes de tomá-los eu também tinha o impulso de roubar e de vez em quando sucumbia a ele. Eu culpo a mim mesma. Acho que por causa de minha psicologia complicada – minha infância abusiva (minha mãe gritando comigo, desde os tempos imemoriais, que eu era uma mentirosa, trapaceira e ladra) – eu estava não apenas tentando fazer com que as pessoas me odiassem e me rejeitassem por roubá-las, por ser uma mentirosa e uma ladra. Também tenho contado compulsivamente mentiras colossais, histórias absurdas. Elas parecem simplesmente brotar.

Eu me odeio por esses atos. Não sei como esquecer o passado. Tenho medo de que meus amigos e pessoas queridas que eu enganei e roubei – seja pegando algum bem material ou inventando histórias – descubram o que fiz. Não sou mais essa pessoa e não tenho sido por anos. Meu maior desejo é ser capaz de me perdoar; de parar de me odiar por essas traições. Tenho tentado me perdoar há muito tempo, mas estou descobrindo que não consigo acabar com isso. Li bastante sobre esse tema e voltei à terapia depois de anos fora, mas ainda me odeio pelo que fiz.

Sei que não vou mais roubar de ninguém novamente de jeito nenhum. Isso basta? Preciso admitir às pessoas que roubei, o que fiz? Ou posso me perdoar sem admitir às pessoas que as enganei? Sei que elas me rejeitariam se eu fosse admitir o que tinha feito, mesmo que não tenha mais mentido ou roubado há muitos anos. Lamento o que fiz e daria qualquer coisa para não ter feito o que fiz. Por favor, me ajude, Doçura. Sou uma pessoa atormentada.

Assinado,
Desesperada

Cara Desesperada,

Há 15 anos eu fiz uma venda no quintal. Eu tinha acabado de me mudar para a cidade onde moro agora e estava literalmente sem um único centavo, então coloquei quase tudo o que possuía no gramado – meus vestidos comprados em bazares de roupas usadas, meus livros, minhas pulseiras e acessórios, meus pratos e meus sapatos.

Clientes apareceram durante todo o dia, mas minha principal companhia foi um grupo de meninos pré-adolescentes da vizinhança que entravam e saíam olhando as minhas coisas, perguntando sobre quanto custava isso e aquilo, embora eles não tivessem o dinheiro para comprar nem o interesse em possuir os itens nada masculinos que eu tinha para vender. No fim da tarde um dos garotos me disse que outro menino tinha roubado algo de mim – um antigo estojo de couro vazio de máquina fotográfica que eu um dia usei como uma bolsa. Era uma coisa pequena, um item não-vale-a-pena-se-preocupar e que eu teria vendido por cerca de cinco dólares, mas ainda assim eu perguntei ao garoto acusado se ele tinha pegado o estojo.

– Não – ele gritou e saiu correndo.

No dia seguinte ele voltou vestido com um agasalho cinza com capuz tamanho grande. Ele se esgueirou perto da mesa onde eu tinha colocado as minhas coisas para vender e, quando achou que eu não estava olhando, tirou o estojo de dentro do agasalho e o colocou onde estava no dia anterior.

– Seu negócio está de volta – ele me disse com indiferença um pouco depois, apontando para o estojo da máquina como se ele não tivesse nada a ver com seu reaparecimento.

– Bom – eu disse. – Por que você o roubou? – eu perguntei, mas novamente ele negou ter feito.

Era um dia ensolarado de outono. Alguns poucos garotos sentaram comigo nos degraus da varanda, me contando pedaços de suas vidas. O garoto que tinha roubado o meu estojo da máquina puxou a manga do agasalho e flexionou o braço de modo a me mostrar seu bíceps. Ele insistiu em um tom mais agressivo do que o de qualquer um dos outros garotos que a penca de cordões brilhantes que ele usava no pescoço era realmente de ouro.

"Por que você roubou o meu estojo da máquina?", insisti mais uma vez depois de um tempo, mas ele novamente negou ter roubado, embora tenha mudado sua história desta vez para explicar que ele tinha apenas pegado temporariamente porque estava indo até sua casa pegar o dinheiro e então ele optou por não comprá-lo no final das contas.

Conversamos um pouco mais sobre outras coisas e logo estávamos só nós dois. Ele me contou sobre a mãe que raramente via e sobre seus irmãos bem mais velhos; sobre que tipo de carro esportivo ele ia comprar assim que fizesse 16 anos.

"Por que você roubou o meu estojo de máquina?", perguntei mais uma vez e desta vez ele não negou.

Em vez disso, ele olhou para o chão e disse bem baixinho, porém com bastante clareza: "Porque eu estava sozinho."

Poucas vezes alguém foi tão consciente e se desnudou com tanta honestidade quanto aquele garoto naquele momento. Quando ele disse o que disse eu quase caí dos degraus.

Tenho pensado nesse menino muitas vezes nesses últimos 15 anos, talvez porque quando ele me disse o que disse sobre si mesmo ele me disse algo sobre mim mesma também. Eu costumava roubar coisas como você, Desesperada. Eu tinha uma necessidade inexplicável de pegar o que não me pertencia. Eu simplesmente não conseguia resistir. Peguei uma sombra azul para os olhos da minha tia-avó na Filadélfia, um suéter lindo de uma amiga da escola, sabonetes com embalagens enfeitadas de banheiros de pessoas quase desconhecidas e uma estatueta de um cachorro branco com a cabeça torta, entre outras coisas.

Na época em que conheci o garoto solitário em minha venda do quintal, eu não roubava havia anos, mas como você as coisas que eu tinha pegado me assombravam. Eu não tinha a intenção de prejudicar ninguém, mas tinha a terrível sensação de que tinha prejudicado as pessoas. E o pior ainda é que a necessidade eventual de roubar não tinha desaparecido completamente, embora conseguisse me controlar desde que tinha feito 18 anos. Eu não sabia por que roubava coisas e ainda não sei realmente, embora "porque eu era solitária" pareça ser a coisa mais certa que já ouvi.

Acho que você também é solitária, querida. E a solidão não é um crime. Talvez o que aconteceu nesses anos em que você esteve roubando e mentindo foi que você tinha um enorme buraco interior para preencher e assim você enfiou um monte de coisas que não lhe pertenciam dentro dele e disse um monte de coisas que não eram verdade porque em algum nível subconsciente você achou que fazendo aquilo o buraco desapareceria. Mas ele não desapareceu. Você acabou entendendo isso. Você descobriu um jeito de começar a se curar.

Você precisa melhorar a sua cura. O perdão é o próximo passo, como você bem sabe. Não acho que o seu caminho para a plenitude seja refazer a trilha. As pessoas de quem você roubou não precisam que você confesse. Elas precisam que você pare de se atormentar em relação às coisas que você pegou que já não têm tanta importância. Não tenho certeza do motivo pelo qual você não foi capaz de fazer isso até agora, mas imagino que tem a ver com a história que você contou a si mesma sobre você.

As narrativas que criamos para justificar nossas ações e escolhas tornam-se, de muitas maneiras, quem nós somos. Elas são as coisas que dizemos a nós mesmos para explicar nossas vidas complicadas. Talvez a razão pela qual você ainda não conseguiu se perdoar seja porque você ainda está na fase autodestrutiva. Talvez sua incapacidade de se perdoar seja o outro lado de seu ciclo *roube-isso-agora*. Você seria uma pessoa melhor ou pior se perdoasse a si mesma pelas coisas ruins que fez? Se você se condenar para sempre por mentir e roubar, isso a faz sentir-se melhor?

Eu também não gosto da parte ladra de minha narrativa. Lutei muito sobre se devia ou não escrever sobre isso aqui – é a primeira vez que escrevo sobre isso. Tenho escrito sobre todos os tipos de "coisas ruins" que fiz – sexo promíscuo, drogas –, mas isso parece pior porque, ao contrário daquelas outras coisas, contar a você que eu costumava roubar coisas não combina com a pessoa que eu quero que você perceba em mim.

Mas é a pessoa que eu sou. E eu me perdoei por isso.

Anos depois de ter parado de roubar coisas, eu estava sentada sozinha na beira de um rio. Enquanto eu olhava para a água, percebi que estava pensando sobre todas as coisas que tinha pegado e que não me pertenciam, e antes que me desse conta do que estava fazendo eu comecei a arrancar uma folha de grama para cada coisa e depois as jogava na água. "Eu estou perdoada", pensei enquanto soltava a grama que representava a sombra azul para os olhos. "Eu estou perdoada", pensei para cada um dos sabonetes enfeitados. "Eu estou perdoada", pela estatueta de cachorro e para o lindo suéter, e assim foi até que deixei que todas as coisas ruins que eu tinha feito flutuassem rio abaixo e disse "Eu estou perdoada" tantas vezes que me senti como se de fato tivesse sido.

Isso não significa que nunca enfrentei essa sensação novamente. O perdão não fica simplesmente lá sentado como um garoto lindo em um bar. O perdão é o cara gordo e velho que você tem que empurrar ladeira acima. Você tem que dizer "Eu estou perdoada" repetidas vezes até que isso faça parte da história em que você acredita sobre você mesma. Cada um de nós tem a capacidade de fazer isso, você inclusive, Desesperada. Espero que você faça.

Não sei o que aconteceu com aquele garoto solitário de minha venda no quintal. Espero que ele tenha consertado seja lá o que for que estivesse errado dentro dele. Aquele estojo de máquina fotográfica que ele roubou de mim ainda estava na mesa quando encerrei a minha venda. "Você quer isso?", eu perguntei, oferecendo-o a ele.

Ele pegou o estojo e sorriu.

Um abraço,
Doçura

FLEXIBILIDADE

Cara Doçura,

Estou com o mesmo homem, entre idas e vindas, há 21 anos – somos casados há 11 anos. Eu o considero minha alma gêmea e o amor da minha vida, sem dúvida. Há cerca de um ano eu conheci um homem da vizinhança e começamos um flerte on-line que ficou fora de controle. Por quê? Por diversas razões:

1 - Eu estava passando por uma crise de meia-idade (olá, 40 anos!), e a atenção desse homem em especial – que é atraente, sexy, bem-sucedido, brilhante etc. – foi lisonjeira.

2 - Meu marido recentemente se envolveu em um flerte on-line que descobri por acaso e estou magoada.

3 - Sou uma mãe que não trabalha fora e estou entediada.

Não estou e nunca estive muito interessada em minha paixonite on-line. Foi um afago no ego e uma diversão. Cortei completamente o contato com esse homem e sinceramente não quero nada com ele no futuro, mas recentemente estive fazendo um trabalho espiritual e fui aconselhada a contar a meu marido a verdade porque "o que você esconde consome você".

Eu realmente acho que eu e meu marido podemos resolver isso se eu contar a ele a verdade, já que não tive um caso de fato com esse homem, nem me apaixonei por ele etc. Ao mesmo tempo, sei que isso magoaria meu marido profundamente, e como não tive a intenção ou o desejo de deixá-lo, não vejo por que contar.

Como muitos dizem, "o amor é complicado", mas o meu por meu marido é simples. Eu o amo e quero ficar com ele para sempre. Por favor, me aconselhe.

Assinado,
É Possível Guardar Um Segredo E Ainda Assim Se Sentir Verdadeira Em Relação Ao Seu Amor?

Cara EPGUSEAASSVERASA,

Não acho que você deva contar a seu marido sobre seu louco flerte on-line. O amor não é a única coisa que às vezes é complicada e às vezes é simples. A verdade também é assim às vezes.

A verdade é simples na terra da fantasia, onde a maior parte das pessoas cultiva o primeiro amor. "É claro que nós nunca mentimos um para o outro!", nós orgulhosamente acreditamos no início da relação. Mas de vez em quando o amor fica mais complicado no emaranhado da vida real do que uma interpretação simplória da verdade poderia permitir.

Acredito que eu tenha deixado claro que não sou fã da fraude. A honestidade é um valor essencial em qualquer relacionamento bem-sucedido. Omitir dos nossos parceiros detalhes de nossas vidas quase sempre leva a uma perigosa confusão. Mas existem algumas poucas situações nas quais a verdade é mais destrutiva do que a confissão.

Se você tivesse feito sexo com esse cara; se os casos emocionais fossem um padrão para você ou até mesmo se você tivesse feito isso mais de uma vez; se essa experiência tivesse feito com que você percebesse que não está mais apaixonada por seu marido; se você estivesse prosseguindo com o relacionamento que você sabe ser ilusório e destrutivo; se o seu instinto dissesse a você que você deveria revelar este segredo; se você acreditasse que manter isso para você mesma seria mais destrutivo para você e para o seu relacionamento do que compartilhá-lo – em cada uma dessas situações eu recomendaria que você contasse a seu marido o que aconteceu.

Mas não me parece que é isso que está se passando com você. Às vezes a maior verdade não está na confissão, e sim na lição aprendida. O que você revelou para si mesma ao longo da experiência com o outro homem provavelmente vai fortalecer o seu casamento.

O amor não é incrível desse jeito? A maneira como ele se curva conosco ao longo dos anos? Ele tem que se curvar. Para não quebrar.

Um abraço,
Doçura

O LUGAR DESTRUÍDO

Cara Doçura,

1 - Demorei muitas semanas para escrever esta carta e mesmo assim não consigo fazer isso direito. A única maneira pela qual eu consigo botar para fora é fazer uma lista em vez de escrever uma carta. Este é um tema difícil e a lista me ajuda a compreendê-lo. Você pode transformá-la em uma carta normal se quiser, caso decida publicá-la.

2 - Não tenho uma pergunta definida para você. Sou um homem triste e zangado cujo filho morreu. Eu o quero de volta. Isso é tudo o que peço e não é uma pergunta.

3 - Vou começar desde o início. Sou um homem de 58 anos de idade. Há quase quatro anos, um motorista bêbado matou meu filho. O homem estava tão entorpecido que avançou um sinal vermelho e bateu no meu filho em alta velocidade. O garoto querido que eu amava mais do que a própria vida morreu antes que os paramédicos o socorressem. Ele tinha 22 anos, meu único filho.

4 - Sou pai apesar de não ser pai. Na maioria dos dias parece que a minha dor vai me matar, ou talvez ela já o tenha feito. Sou um pai morto-vivo.

5 - Sua coluna tem me ajudado a ir em frente. Tenho fé na minha versão de Deus e rezo todos os dias, e a maneira como me sinto quando estou rezando profundamente é a maneira como me sinto quando leio suas palavras.

6 - Vou regularmente a um psicólogo e não estou clinicamente deprimido ou tomando remédios.

7 - A ideia de suicídio já me ocorreu (isso é o que inicialmente me levou a procurar um psicólogo). Dadas as circunstâncias, acabar com a minha vida é um pensamento aceitável, mas não posso fazer isso porque seria uma traição aos meus valores e também aos valores que ensinei a meu filho.

8 - Tenho bons amigos que me apoiam, meu irmão e minha cunhada e duas sobrinhas são uma família amorosa e atenciosa comigo, e até mesmo minha ex-mulher e eu nos tornamos bons amigos novamente desde a morte de nosso filho – nós estávamos afastados um do outro desde o nosso divórcio, quando nosso filho tinha 15 anos.

9 - Além do mais, tenho um emprego gratificante, saúde boa e uma namorada a quem amo e respeito.

10 - Resumindo, estou seguindo em frente com as coisas de um jeito que faz com que pareça que estou me adaptando à vida sem o meu filho, mas o fato é que estou vivendo um inferno particular. Às vezes a dor é tão grande que eu simplesmente deito em minha cama e choro.

11 - Não consigo parar de pensar no meu filho. Nas coisas que ele estaria fazendo agora se estivesse vivo e também nas coisas que eu fiz com ele quando ele era mais novo, minhas boas lembranças dele, meu desejo de voltar no tempo e reviver tanto as lembranças felizes quanto mudar as que não são tão felizes.

12 - Uma coisa que eu mudaria é quando aos 17 anos meu filho me disse que era gay. Eu não acreditei nele exatamente ou não o entendi, portanto perguntei num tom negativo: mas como você pode não gostar de garotas? Eu rapidamente o aceitei como ele era, mas lamento minha reação inicial à sua homossexualidade e por nunca ter pedido desculpas a ele por isso. Acho que ele sabia que eu o amava. Acho que ele sabia que eu queria que ele fosse feliz, não importando a qual caminho sua felicidade o levasse. Mas, Doçura, por essas e outras coisas eu me sinto atormentado de qualquer jeito.

13 - Odeio o homem que matou meu filho. Ele ficou preso 18 meses por seu crime, e depois foi solto. Ele me escreveu uma carta pedindo desculpas, mas eu a rasguei em pedaços e a joguei no lixo depois de mal dar uma olhada.

14 - O ex-namorado de meu filho tem mantido contato com minha ex-mulher e comigo e nós nos preocupamos bastante com ele. Recentemente, ele nos convidou para uma festa, onde nos contou que conheceríamos seu novo namorado – o primeiro sério desde nosso filho. Nós dois mentimos e dissemos que tínhamos outros compromissos, mas a verdadeira razão pela qual recusamos é que nenhum de nós aguentaria conhecer seu novo parceiro.

15 - Receio que você decida não responder à minha carta porque não passou pela perda de um filho.

16 - Receio que caso você decida responder à minha carta as pessoas façam comentários críticos a seu respeito, dizendo que você não tem o direito de falar sobre esse tema porque nunca perdeu um filho.

17 - Rezo para que você nunca perca um filho.

18 - Vou entender se você decidir não responder à minha carta. A maior parte das pessoas, por mais gentis que sejam, não sabe o que dizer para mim, portanto por que você deveria saber? Eu certamente não sabia o que dizer às pessoas como eu antes de meu filho morrer, então não culpo os outros pelo seu desconforto.

19 - Estou escrevendo para você porque a maneira como você tem escrito sobre seu sofrimento a respeito da morte de sua mãe ainda tão jovem foi muito significativa para mim. Estou convencido de que se alguém pode iluminar meu inferno sombrio esse alguém será você.

20 - O que você pode me dizer?

21 - Como sigo em frente?

22 - Como volto a ser humano?

Assinado,
Pai Morto-Vivo

Caro Pai Morto-Vivo,

1 - Não sei como você segue em frente sem o seu filho. Sei apenas que você precisa seguir. E que tem que seguir. E que você irá.

2 - Sua carta de uma tristeza suave e perturbadora é a prova disso.

3 - Você não precisa que eu diga a você como voltar a ser humano. Você está lá, em toda a sua humanidade, brilhando incontestavelmente diante de cada pessoa lendo essas palavras neste momento.

4 - Lamento muito a sua perda. *Lamento muito a sua perda.* Lamentomuitoasuaperda.

5 - Você pode costurar uma colcha de retalhos com todas as vezes que isso tem sido e será dito a você. Você pode fazer um rio de palavras de consolo. Mas elas não trarão seu filho de volta. Elas não impedirão aquele homem de entrar em seu carro e descontroladamente avançar um sinal vermelho no exato momento em que seu filho estava no caminho dele.

6 - Você nunca vai conseguir isso.

7 - Espero que você se lembre de que, quando descarregar sua raiva e esquecer as insensatas ideias de suicídio e todas as coisas que imaginou que seu filho seria e não foi, mais o homem que pegou o carro e dirigiu quando não deveria e também o homem que seu filho amou e que agora está apaixonado, e todos os bons momentos que você teve e todas as coisas que você gostaria de ter feito diferente, no centro disso tudo está o seu amor puro de pai que é mais forte do que tudo.

8 - Ninguém pode tocar esse amor ou mudá-lo ou tirá-lo de você. Seu amor por seu filho pertence somente a você. Ele viverá em você até o dia da sua morte.

9 - Pequenas coisas como essa me salvaram: o quanto amo minha mãe – mesmo depois de todos esses anos. A intensidade com que a trago dentro de mim. Meu pesar é enorme, mas meu amor é maior. O seu também é. Você não está sofrendo pela morte de seu filho porque sua morte foi violenta e injusta. Você está sofrendo porque o amava de verdade. A beleza disso é maior do que a amargura de sua morte.

10 - Permitir que pequenas coisas como essas entrem em sua consciência não vai impedir que você sofra, mas vai ajudá-lo a sobreviver ao dia seguinte.

11 - Não paro de imaginar você deitado na cama chorando. Não paro de pensar que, por mais difícil que seja fazer isso, é tempo de ficar quieto e levantar a cabeça da cama para ouvir o que existe depois do choro.

12 - É a sua vida. Aquela que você precisa criar no lugar obliterado que agora é o seu mundo, onde tudo que costumava ser está ao mesmo tempo apagado e onipresente, onde você é para todo o sempre um pai morto-vivo.

13 - Seu garoto está morto, mas ele vai continuar a viver dentro de você. Seu amor e sofrimento serão infindáveis, mas eles também vão mudar de forma. Existem coisas sobre a vida de seu filho e sobre sua própria vida que você não pode entender agora. Existem coisas que você irá entender daqui a um ano, e em dez anos, e em vinte anos.

14 - A palavra "obliterar" vem do latim *obliterare. Ob* significa "contra"; *literare* significa "letra" ou "roteiro". Uma tradução literal é "ser contra as letras". Foi impossível para você me escrever uma carta, portanto você criou uma lista no lugar. É impossível para você continuar como era antes, então você precisa continuar como nunca o fez.

15 - É errado que isso seja exigido de você. É errado que seu filho tenha morrido. Isso sempre será errado.

16 - O lugar obliterado é tanto destruição quanto criação. O lugar obliterado é preto retinto e branco luminoso. É água e terra ressecada. É lama e é maná. O verdadeiro trabalho do sofrimento intenso é criar um lar nele.

17 - Você tem o poder de resistir a esse sofrimento. Todos nós temos, embora aleguemos não ter esse poder. Nós dizemos "Não dá para seguir em frente", em vez de dizer que esperamos não ter que seguir em frente. É isso

que você está dizendo em sua carta para mim, Pai Morto-Vivo. Você fez isso por tanto tempo sem o seu garoto querido e agora não aguenta mais. Mas você aguenta. Precisa aguentar.

18 - Mais lhe será revelado. Seu filho ainda não lhe ensinou tudo o que ele tem para ensinar. Ele o ensinou a amar como nunca amou antes. Ele o ensinou a sofrer como nunca sofreu antes. Talvez a próxima coisa que ele tenha a lhe ensinar seja a aceitar. E o que vem depois disso, que é perdoar.

19 - O perdão grita dentro de você. Há dúvidas, perigos, caricaturas insondáveis. Há histórias que você vai aprender se for forte o suficiente para viajar até lá. Uma delas pode curar você.

20 - Quando meu filho tinha 6 anos ele disse: "Nós não sabemos quantos anos temos para viver. As pessoas morrem em todas as idades." Ele disse isso sem angústia ou remorso, sem medo ou desejo. Isso tem me ajudado a aceitar de um jeito bem simples que a vida de minha mãe foi de 45 anos, e que não havia nada além disso. Havia apenas a minha expectativa de que haveria – minha mãe aos 89 anos, minha mãe aos 63 anos, minha mãe aos 46 anos. Essas coisas não existem. Nunca existiram.

21 - Pense: *A vida de meu filho teve a duração de 22 anos*. Inspire.

22 - Pense: *A vida de meu filho teve a duração de 22 anos*. Expire.

23 - Não existe o 23.

24 - Você continua fazendo o melhor que pode. Você continua sendo generoso. Você continua sendo verdadeiro. Você continua oferecendo conforto aos outros que não podem continuar. Você continua permitindo que os dias insuportáveis passem e permitindo o prazer em outros dias. Você continua descobrindo um canal para o seu amor e outro para a sua raiva.

25 - Deixar a expectativa pra lá quando se trata de filhos é quase impossível. A verdadeira premissa de nosso amor por eles tem a ver com criar, cuidar e alimentar as pessoas que vão sobreviver a nós. Para nós, eles não são tanto quem são agora, mas quem se tornarão.

26 - A verdadeira premissa de sua cura exige que você deixe pra lá a expectativa. Você precisa chegar a um acordo e aceitar que seu filho sempre será somente o homem que ele de fato era: o garoto de 22 anos que chegou até aquele sinal vermelho. Aquele que o amou profundamente. Aquele que há muito tempo o perdoou por perguntar por que ele não gostava de garotas. Aquele que gostaria que você desse as boas-vindas ao novo namorado de seu ex-namorado e o acolhesse em sua vida. Aquele que gostaria que você encontrasse alegria e paz. Aquele que gostaria que você fosse o homem que ele não conseguiu ser.

27 - Ser qualquer outra coisa o desonraria.

28 - A coisa mais gentil e significativa que alguém já me disse é: sua mãe estaria orgulhosa de você. Encontrar um caminho em minha dor para me tornar a mulher que minha mãe me criou para ser é a maneira mais importante que eu tenho de honrá-la. Tem sido o maior bálsamo para o meu sofrimento. A verdade estranha e dolorosa é que sou uma pessoa melhor porque perdi a minha mãe jovem. Quando você diz que sentiu a minha escrita como sagrada, o que você está tocando é o lugar divino dentro de mim que é a minha mãe. Doçura é o templo que construí em meu lugar obliterado. Eu devolveria isso tudo em um segundo, mas o fato é que meu sofrimento me ensinou coisas. Ele me mostrou nuances e tons que de outra forma eu não conseguiria ver. Ele me exigiu sofrimento. Ele me forçou a tentar alcançar.

29 - Seu sofrimento também o ensinou, Pai Morto-Vivo. Seu filho foi o maior presente de sua vida e ele é o maior presente em sua morte também. Receba-o. Deixe que seu menino morto seja sua mais profunda revelação. Crie algo dele.

30 - Faça com que seja algo lindo.

Um abraço,
Doçura

PARTE CINCO

COLOQUE ISSO EM UMA CAIXA E ESPERE

Você dá um monte de conselhos sobre o que fazer. Você tem algum conselho sobre o que não fazer?

Não faça o que sabe de maneira instintiva ser a coisa errada a fazer. Não fique quando sabe que deve ir embora ou vá embora quando sabe que deve ficar. Não resista quando deve se manter firme nem se mantenha firme quando deve lutar. Não foque na diversão de curto prazo e sim na consequência de longo prazo. Não abra mão de toda a sua alegria por uma ideia que costumava ter sobre si mesma e que não é mais verdade. Não busque a alegria acima de tudo. Sei que é difícil saber o que fazer quando se tem um conjunto contraditório de emoções e desejos, mas não é tão difícil quanto fingimos que é. Dizer que é difícil é, em última instância, uma justificativa para fazer seja lá o que pareça ser a coisa mais fácil a se fazer – ter um caso, ficar em um emprego horrível, terminar uma amizade por causa de uma bobagem, continuar amando alguém que a trata mal. Não acho que exista uma única coisa estúpida que eu tenha feito em minha vida adulta que eu não soubesse que era uma coisa estúpida de fazer enquanto eu a executava. Mesmo quando justifiquei o que fiz para mim mesma – como fiz cada maldita vez –, a parte mais verdadeira de mim sabia que estava cometendo um erro. Sempre. À medida que o tempo passa eu estou aprendendo como confiar melhor em meu instinto e não fazer a coisa errada, mas quase sempre recebo um lembrete desagradável de que ainda tenho trabalho a fazer.

Você acha que o conselho que você dá em sua coluna é sempre certo?

Eu acredito no conselho que dou. Não retiro nada. Mas não diria que o que tenho a dizer a qualquer pessoa seja o "certo". Em grande parte porque não penso no conselho que dou como fazendo parte necessariamente da sequência certo-errado. Às vezes eu declaro que acredito piamente que a pessoa deve fazer uma coisa ou outra, porém mais frequentemente eu tento ajudar aqueles que me escrevem a enxergar uma terceira via. Em minhas colunas, não estou dizendo às pessoas o que fazer, mas sim tentando apresentar uma visão que pode ser difícil para quem me escreve ver por conta própria ou discutir mais complexamente esta ou aquela/ou as opções que o autor da carta apresentou. Penso que a resposta para a maior parte dos problemas está quase sempre fora do binômio certo/errado no qual tendemos a nos apoiar quando estamos zangados ou amedrontados ou sofrendo. Somos pessoas complicadas. Nossas vidas não se resumem a certezas. Quero que a minha coluna reflita isso, mas é sempre apenas a minha opinião. Também existem outras.

UM POUCO DE AMARGO EM SEU DOCE

Cara Doçura,

Sou uma mulher de 29 anos que está noiva para se casar. Sou muito próxima de minha irmã. Ela é muito mais velha do que eu (53 anos) e é tecnicamente minha "meia" irmã (nós temos um pai que teve um casamento quando muito jovem e depois outro bem mais velho). Minha irmã e eu sempre fomos próximas, mas por causa de nossa diferença de idade ela tem sido mais como uma tia para mim, apesar de nos últimos anos nossa relação ter mudado e nós termos ficado mais próximas. Recentemente, viajamos juntas em um fim de semana, só nós duas, e soube de coisas da vida dela que me deixaram... eu nem sei qual é a palavra, Doçura. Triste? Desconfortável? Zangada? Desapontada? Uma mistura das quatro. Essa é a razão por que estou escrevendo para você.

Minha irmã está casada há 25 anos. Eu gosto de meu cunhado tanto quanto gosto de minha irmã. Sempre os considerei o meu "casal modelo". Eles ainda estão apaixonados depois de todos esses anos e ainda são grandes amigos. Todo mundo que os conhece, inclusive eu, acha que eles são o casal perfeito. Para mim, eles são a prova de que casamentos perfeitos são possíveis. Ou pelo menos eram.

Veja você, o que aconteceu é que enquanto eu estava fora com minha irmã eu perguntei a ela qual era o "segredo do casamento" e, durante nossa conversa sobre isso, ela revelou coisas que me surpreenderam e chatearam. Ela disse que, apesar de ser verdade que ela e meu cunhado são felizes por estarem casados um com o outro, houve diversos momentos ao longo dos anos em que ela duvidou que eles conseguiriam manter o casamento. Ela confidenciou que tanto ela quanto meu cunhado tinham traído. Vários anos atrás, meu cunhado teve um caso sério que durou alguns meses e em outro momento minha irmã teve um rápido "flerte não consumado" que ela optou por não contar ao marido (ela se perguntou por que magoá-lo se ela tinha "aprendido a lição" e não iria acabar com o seu casamento por causa disso). Juntos, eles no final se acertaram, mas não foi fácil.

Eu sei que eles também têm sido felizes. Eles criaram dois filhos juntos, viajaram e compartilharam muitos interesses. Não é como se tudo o que vi deles fosse uma farsa. Entendo isso, mas não consigo admitir que a imagem que tenho deles mudou e estou tendo dificuldade em aceitar isso, já que planejo tê-los entrando comigo na igreja em meu casamento. Sei que isso pode soar ingênuo e crítico, mas estou abalada e desapontada e agora não sei se pessoas que traíram devem ter um papel importante em meu casamento.

Sei que casais precisam investir em seus relacionamentos, mas a minha posição sobre a infidelidade é que se trata de algo fatal. Meu noivo e eu concordamos que, se um de nós dois algum dia trair o outro, tudo estará automaticamente acabado entre nós, sem necessidade de conversa. Quando contei isso a minha irmã ela na realidade riu e disse que estávamos sendo "muito preto no branco", mas, Doçura, não quero pensar que daqui a 25 anos estarei dizendo que houve vezes em que achei que eu e meu marido não conseguiríamos nos acertar. Quero um amor saudável.

Por ler a sua coluna eu sei que você é casada e tenho curiosidade de saber o que você pensa. A mim parece que você e o Sr. Doçura também são um casal perfeito. Qual é o segredo de um bom casamento? Houve algum momento em que você achou que seu relacionamento não daria certo? A infidelidade não é fatal para o relacionamento? A minha irmã e meu cunhado ainda podem ser o meu casal modelo agora que sei que eles falharam em manter seus votos ao menos em alguns momentos ao longo do caminho? Eles devem entrar comigo na igreja? Por que me sinto tão desapontada? Meu coração está pesado de medo de que o casamento não possa dar certo para ninguém já que não deu certo para eles. O casamento é essa coisa tão complicada para a qual estou mal preparada? Estou sendo idiota de perguntar a razão de duas pessoas não poderem simplesmente amar uma à outra?

Assinada,
Feliz para Sempre

Cara Feliz para Sempre,

Um dia, cerca de um ano depois que o Sr. Doçura e eu fomos morar juntos, uma mulher ligou para nossa casa e pediu para falar com o Sr. Doçura. Ele não estava em casa, eu disse a ela. Quer que eu anote algum recado? Ela hesitou de um jeito que fez meu coração bater mais rápido do que ele podia. Quando ela finalmente deu o seu nome, eu sabia quem ela era, embora nunca a tivesse encontrado. Ela morava em uma cidade distante muitos quilômetros, aonde o Sr. Doçura eventualmente ia a trabalho. Eles não eram exatamente amigos, ele me disse quando perguntei sobre ela algumas semanas antes, depois de encontrar um cartão-postal dela para ele na caixa de correio. "Conhecida" era a palavra mais adequada, ele disse. Tudo bem, eu respondi.

E ainda assim, enquanto segurava o telefone, fui dominada por uma sensação estranha apesar das broncas internas de que não tinha razão para me sentir estranha. Era óbvio, tanto para mim quanto para todo mundo que nos conhecia, que o Sr. Doçura era apaixonado por mim e eu era igualmente apaixonada por ele. Nós éramos um "casal perfeito". Tão feliz. Tão destinados a ficar juntos. Tão completamente apaixonados. Duas pessoas que surgiram do mesmo lago para milagrosamente nadar em rios paralelos. Eu era a única mulher que ele um dia chamou de *especial*. E quem era ela? Apenas uma mulher que enviou um cartão-postal para ele.

Portanto, eu me surpreendi quando naquela tarde, enquanto eu segurava o telefone, perguntei na voz mais gentil, o mais neutra possível, enquanto tudo dentro de mim chacoalhava, se ela sabia quem eu era.

– Sim – ela respondeu. – Você é a Doçura. A namorada do Sr. Doçura.

– Certo – eu disse. – E isso vai parecer estranho, mas estou curiosa sobre uma coisa. Você dormiu com o Sr. Doçura?

– Sim – ela disse de bate-pronto.

Ele tinha ido ao apartamento dela no mês anterior, quando estivera na cidade, ela me informou. Eles tinham uma "grande atração sexual", ela disse com um suspiro de prazer. Ela lamentava se isso me magoava.

– Obrigada – respondi, e eu estava falando a verdade.

Quando desliguei o telefone, lembro-me nitidamente de ter cambaleado pela sala como se alguém tivesse atingido o meu coração com uma flecha que estaria para sempre cravada no meu peito.

O Sr. Doçura e eu não tínhamos muita coisa na época. Em nossa sala de estar não havia nada além de dois sofás de segunda mão, caindo aos pedaços, que havíamos ganhado e que ficavam encostados em paredes opostas. Nós nos referíamos a eles como os *sofás duelistas* porque eles ficavam em um eterno confronto direto, as únicas peças da sala. Uma das coisas que mais gostávamos de fazer era reclinar nos sofás duelistas – ele em um, eu no outro – por horas a fio. Às vezes líamos silenciosamente, mas mais frequentemente líamos em voz alta um para o outro livros inteiros cujos títulos ainda fazem meu coração derreter, tal a força com que eles me lembram da intensidade do carinho entre nós nesses primeiros anos do nosso amor: *Charlotte's Web* (A Teia de Charlotte), *Cathedral and Other Stories* (Catedral e Outras Histórias) e *The Selected Poetry* (Poemas Selecionados) de Rainer Maria Rilke.

Tudo aquilo era um monte de merda agora, eu percebi à medida que despencava sobre um dos sofás duelistas. Ao viajar e transar com a mulher que lhe enviou um cartão-postal e depois não me contar sobre isso, o Sr. Doçura havia destruído tudo. Minha confiança. Nossa inocência. A minha sensação mágica de mim mesma como a única mulher que ele poderia desejar. A natureza pura e inalcançável de nossa parceria perfeita. Eu estava abalada e furiosa, mas acima de tudo eu estava chocada. Como ele podia ter feito isso?

Quando ele entrou pela porta uma hora depois e eu disse a ele o que sabia, ele se dobrou sobre o sofá duelista oposto a mim e tivemos o duelo de nossas vidas.

Não achei que sobreviveríamos àquilo. Eu tinha quase certeza de que seria, de certa forma, exaustivo. Eu não era o tipo de pessoa que engolia mentiras dos homens e não ia começar a fazer isso logo agora. Eu amava o Sr. Doçura, mas ele podia, sinceramente, ir para o inferno. Eu havia sido sincera e fiel a ele e, em troca, ele havia quebrado o acordo. O acordo tinha acabado. Até mesmo estar na mesma sala que ele era humilhante para mim.

Mas lá estava eu, apesar de tudo, chorando e gritando enquanto ele chorava e pedia desculpas. Eu disse a ele que estava tudo acabado. Ele me pediu para ficar. Eu disse que ele era um cretino egoísta e mentiroso. Ele concordou que era exatamente o que ele era. Nós conversamos e conversamos e conversamos e depois de pouco mais de uma hora minha raiva e sofrimento diminuíram o suficiente para que eu ficasse quieta e ouvisse enquanto ele me contava tudo: exatamente como acontecera com a mulher que lhe enviara o cartão-postal; o que eu significava para ele e o que a mulher com quem ele dormira significava; como e por que ele me amava; como ele nunca tinha sido fiel a nenhuma outra mulher em toda a sua vida, mas como ele queria ser fiel a mim, apesar de ter falhado nisso; como ele sabia que seus problemas com sexo e decepção e intimidade e confiança eram maiores do que essa única transgressão e estavam ligados ao seu passado; como ele faria tudo o que pudesse para entender seus problemas a ponto de mudar e amadurecer e se tornar o parceiro que ele queria ser; como me conhecer tinha feito com que ele acreditasse que era capaz disso, de me amar melhor, se eu pudesse lhe dar outra chance.

Enquanto eu o ouvia falar, eu alternava entre tentar entender e ter vontade de socá-lo na boca. Ele era um idiota, mas eu o amava muito. A verdade era que eu me identificava com o que ele dissera. Entendi suas explicações, por mais irritantes que fossem. Eu também fora uma idiota, dada a falhas que ainda não tinham se manifestado neste relacionamento. Quando ele disse que tinha feito sexo com a mulher que lhe enviara o cartão-postal porque tinha ficado meio bêbado e queria fazer sexo e isso não tinha nada a ver comigo, mesmo que em última instância tivesse muito a ver, eu sabia o que ele queria dizer. Eu também tinha feito esse tipo de sexo. Quando ele me olhou nos olhos e me disse que lamentava mais do que era possível uma pessoa lamentar e que me amava tanto que nem sabia como dizer isso, eu sabia que ele estava contando uma verdade mais verdadeira que ele jamais havia dito a alguém.

Vou imaginar, Feliz para Sempre, que esse é mais ou menos o tipo de encruzilhada em que o seu modelo de casal perfeito esteve algumas vezes em seu incrivelmente bem-sucedido e amoroso relacionamento de décadas-de-duração-porém-ainda-firme. E vou imaginar que, se você conseguir ser feliz para sempre com seu amor, também vai chegar lá algumas vezes, seja a fidelidade um possível problema ou não.

Não existe vida impecável. Tem muita coisa à sua frente, meu docinho imaculado. E não existe outra maneira de dizer isso: casamento é realmente essa coisa terrivelmente complexa para a qual você parece estar totalmente mal preparada e sobre a qual parece ser absolutamente ingênua.

Tudo bem. Muitas pessoas são. Você pode aprender ao longo do caminho.

Um bom lugar para começar seria deixar cair por terra suas ideias sobre "casais perfeitos". É de fato impossível perceber a honestidade nos outros ou estar à altura quando os outros acreditam que a temos. Isso não faz nada além de classificar algumas pessoas como honestas ou não, e isso, em última instância, faz com que quase todo mundo se sinta um fracasso. Um casal perfeito é uma coisa totalmente particular. Ninguém, a não ser as duas pessoas dentro do relacionamento perfeito, sabe com certeza se está vivendo um. Sua única qualidade definidora é que ele é composto de duas pessoas que se sentem totalmente à vontade sobre compartilhar suas vidas uma com a outra, mesmo durante os tempos difíceis.

Acho que é isso que sua irmã estava conseguindo alcançar quando revelou seus problemas de relacionamento em resposta à sua pergunta sobre o "segredo do casamento". Ela não estava tentando desapontá-la. Na realidade, ela estava tentando contar a você o segredo. Ao permitir que você desse uma olhada mais íntima em seu casamento tão-elogiado-porém-cheio-de-

-falhas, sua irmã estava tentando mostrar como se parece um casal perfeito de verdade: feliz, humano e às vezes todo complicado.

Não consigo imaginar pessoas mais adequadas para acompanhá-la na igreja no dia do seu casamento do que sua irmã e o marido, duas pessoas que conservaram vivos seu amor e sua amizade por mais de 25 anos. Que você esteja duvidando disso depois de saber que nem todos esses anos foram fáceis revela que existe algo mais profundo agindo aqui que não tem nada a ver com o casamento deles e que tem tudo a ver com suas próprias inseguranças e medos.

Você parece estar focada na infidelidade como o "elemento fatal" que você acredita que a levaria a romper "automaticamente" o seu próprio futuro casamento, e isso é compreensível. Eu entendo o lugar desagradável dentro de você onde esse impulso mora. Provavelmente não existe nada mais prejudicial e ameaçador do que um parceiro descumprindo a promessa de monogamia feita de comum acordo. Um ultimato preventivo contra isso permite ao menos uma percepção de controle. Mas trata-se de uma falsa percepção.

Por mais doloroso que seja não existe nada mais comum em relacionamentos de longa duração do que a infidelidade em suas diversas versões (traída, muito traída, um pouquinho traída mas isso provavelmente não importa, chegou perto de trair, querendo trair, imaginando como seria trair, perguntando-se se flertar por e-mail é tecnicamente trair etc.). As cartas em minha caixa de entrada, as histórias de muitos amigos meus e a minha própria vida são testemunho disso. Obviamente, não estou sugerindo que todo mundo trai, e talvez você e seu marido nunca precisem enfrentar esta questão. Mas se você quer de fato viver feliz para sempre, se quer honestamente saber qual é o segredo de conservar um "amor saudável" por toda a vida, seria uma boa ideia enfrentar abertamente o desafio mais comum dos relacionamentos, em vez de fingir que tem o poder de escondê-lo ao antecipar ameaças de ir embora, "sem necessidade de conversar", no momento em que a transgressão acontecer.

Isso vai exigir repensar suas próprias habilidades negativas, assim como as de seu futuro marido e dos membros de vários casais que você admira. A maior parte das pessoas não trai porque são traiçoeiras. Elas traem porque são pessoas. Elas são movidas pelo desejo ou pela experiência de alguém ter desejo mais uma vez por elas. Elas se descobrem em amizades que fazem mudanças não intencionais ou procuram porque estão com tesão ou porque estão bêbadas ou porque estão feridas por todas as coisas que não receberam quando eram crianças. Existe amor. Existe desejo sexual. Existe oportunidade. Existe álcool. E juventude. Existe solidão e tédio e sofrimento e fraqueza e autodestruição e idiotice e arrogância e romance e ego e nostalgia e poder e necessidade. Existe a tentação compulsiva de intimidades com outra pessoa além da pessoa com quem você é mais íntima.

O que é uma maneira complicada de dizer, a vida é bem longa, Feliz para Sempre. E as pessoas se metem em confusão de vez em quando. Mesmo as pessoas com quem casamos. Mesmo nós. Você ainda não sabe em qual confusão vai se meter, mas, se tiver sorte, e se você e seu noivo forem de fato feitos um para o outro e se construírem um casamento que dure a vida inteira, você provavelmente vai se meter em confusão algumas vezes ao longo do tempo.

Isso é assustador, mas você ficará bem. Às vezes a coisa que você mais teme em seu relacionamento acaba sendo a coisa que leva você e seu parceiro a um entendimento e intimidade mais profundos.

Foi o que aconteceu com o Sr. Doçura e eu há alguns anos depois de estarmos juntos, quando eu soube da infidelidade dele e disse que se danasse e então o aceitei de volta. Minha decisão de ficar e fazer dar certo a minha relação com ele na sequência daquela traição está bem no alto da lista de melhores decisões que tomei na vida. E não sou apenas grata por ter decidido ficar. Sou grata por ter passado pela experiência. Levei anos para admitir isso, mas é a verdade. Que o Sr. Doçura ter sido infiel a mim nos fez um casal melhor. Isso ampliou a conversa sobre sexo e desejo e comprometimento que ainda estamos tendo. E isso nos proporcionou recursos que nos beneficiaram quando enfrentamos outros desafios mais tarde. A verdade é, por toda a doce pureza de nosso amor, que não estávamos prontos um para o outro naquela fase em que nos amávamos da maneira mais romântica. A mulher que enviou a ele o cartão-postal nos forçou a trilhar um caminho que nos deixou prontos, não para ser um casal perfeito, e sim para ser um casal que sabe duelar quando o duelo é necessário.

Espero que você também perceba isso, Feliz para Sempre. Um pouco de amargo em seu doce. Não a perfeição, mas o amor de verdade. Não o que você imagina, mas o que você nunca sonhou.

Um abraço,
Doçura

ESTAMOS AQUI PARA CONSTRUIR A CASA

Cara Doçura,

Sou uma jovem de uma cidade americana. Estarei desempregada em algumas semanas. Estou no processo de fazer um acordo com um homem: nós vamos nos encontrar uma ou duas vezes por semana e ele me pagará uma "mesada" de mil dólares por mês. Sobre isso eu tenho muitos pensamentos contraditórios. Existem as questões práticas: O que estou fazendo é ilegal? O que estou recebendo é dedutível de imposto de renda? Se for, como declaro isso? Estou sendo paga adequadamente?

Mas também, o mais importante: O que estou fazendo é imoral? O homem é casado. Ele me disse que ama sua mulher, que vai tomar conta dela para sempre, mas ela já não quer fazer sexo como costumava fazer; ela não é do tipo ciumento e ele lhe contaria, embora não queira esfregar isso na cara dela. Para mim, isso parece covarde. Sou uma pessoa que não acredita em monogamia; acredito em pessoas fazendo as escolhas que são melhores para elas. Mas também acredito em comunicação, respeito e integridade. Estou sendo cúmplice de algo horroroso?

E a minha última pergunta, Doçura. Isso é algo que posso fazer? Isso é algo que eu devia estar fazendo? Teoricamente sou pró-sexo, mas nunca realmente o desfrutei. Tenho todo tipo de complicações nessa área – sei que todo mundo tem – e não sei se isso vai me fazer bem ou mal. Estou tentando abordar a situação como um todo de maneira objetiva, como uma exploração da ideologia feminista, mas toda vez que penso nele me tocando eu quero chorar. E ainda assim sou muito pobre e logo estarei desempregada. O quanto posso – e devo – levar em consideração o meu desespero?

Acho que vou em frente com isso, portanto não sei qual é realmente a minha pergunta. Acho que só quero saber como as pessoas negociam tudo isso e como posso ficar bem. Obrigada.

LTL

Cara LTL,

Eu disse sim para este trabalho imediatamente. Em menos de uma hora eu percebi que tinha cometido um erro. Eu estava ocupada demais para ser Doçura. O emprego não paga nada. Ganho a vida como escritora. O Sr. Doçura também ganha a vida como artista. Não existe um emprego estável, fundo patrimonial, caderneta de poupança, plano de aposentadoria, família disposta a pagar qualquer parte da mensalidade da pré-escola, babá de graça, cartão de crédito sem limite, política de seguro-saúde pago pela empresa, direito a dia de folga pago por conta de doença ou mesmo uma infância classe média entre nós. Entre nós existem somente duas crianças lindas e montanhas de dívidas.

Não posso trabalhar de graça. *Não posso trabalhar de graça.* Obviamente, não posso trabalhar de graça.

Esse era o mantra que gritava em minha cabeça depois de concordar em ser Doçura. Portanto, uma hora após concordar, eu redigi um e-mail dizendo que tinha mudado de ideia. O e-mail não enviado ficou na tela do meu computador enquanto eu andava de um lado para o outro na minha sala de estar pensando em todos os motivos que tornavam totalmente compreensível para mim escrever uma coluna de aconselhamento de graça. Todo motivo era pontuado por um ponto de exclamação. Eu tinha outro texto para fazer! Escrever pelo que estava sendo paga! Texto que teria que ficar de lado semanalmente de modo que eu pudesse produzir uma coluna. E o que era uma coluna de qualquer forma? Eu não escrevo colunas! Não sabia nada sobre dar conselhos! Além do mais, tinha os meus filhos! Eu já estava sobrecarregada, e meu momento de não escritora era consumido pelos cuidados com eles! Toda a ideia da Doçura era ridícula desde o início!

Ainda assim eu não conseguia enviar aquele e-mail. Eu queria ser a Doçura. Eu estava curiosa. Entusiasmada. Alguma coisa poderosa sobrepujou todos os pontos de exclamação em minha cabeça: minha intuição. Eu decidi confiar nela. E dei uma chance a Doçura.

Pensei nisso quando li sua carta, querida. Ela me fez pensar sobre o que está em jogo quando refletimos sobre um trabalho. Sobre o significado do trabalho. Sobre o sutil equilíbrio entre o dinheiro, a razão, o instinto e as ideias que temos sobre nós mesmas quando achamos que podemos ser "objetivas" sobre nossos corpos e nossas vidas e sobre como vivemos. Sobre o que está em jogo quando tentamos nos convencer a fazer coisas que não queremos fazer e a não fazer coisas que precisamos fazer. Quando achamos que o benefício vem do dinheiro recebido e um preço é cobrado por fazer as coisas de graça. Sobre o que é a moralidade. E quem define isso. Qual é a relação disso com ganhar dinheiro. E qual relação isso tem com o desespero.

Sua carta me desconcertou. Tem o marido que explicitamente planeja enganar a esposa com se fosse uma decisão caridosa. Tem sua ingenuidade sobre a logística da prostituição – que é o termo correto para o ato de oferecer sexo em troca de dinheiro. Mesmo que você se refira a isso como um encontro. Mas acima de tudo tem você, querido insondável pássaro da verdade, me dizendo que sabe exatamente o que precisa fazer. E então se afastando disso.

Você não precisa de mim para dizer a você se deve aceitar essa proposta. Você precisa de mim apenas para mostrar você para você mesma. "Sou teoricamente pró-sexo, mas nunca realmente desfrutei dele", você escreve. "Sempre que penso nele me tocando quero chorar", você diz. Está ouvindo isso? É o seu corpo falando com você. Faça o que ele lhe diz para fazer. Seja obediente. Não importa o que sua cabeça está tramando – os mil dólares mensais, a incerteza do desemprego, a ginástica objetiva/feminista. Apostar nessa coisa pode pagar seu aluguel, mas nunca vai construir a sua casa.

Nós estamos aqui para construir a casa.

É nossa missão, nosso *emprego,* o trabalho mais importante de todos: construir um lugar que nos pertence, uma estrutura formada pelo nosso próprio código moral. Não o código que apenas ecoa valores culturais impostos, mas um que nos revele em um nível visceral o que fazer. Você sabe o que é certo e o que é errado para você. E esse conhecimento não tem nada a ver com dinheiro ou feminismo ou monogamia ou seja lá o que for que você diga para você mesma quando os silenciosos pontos de exclamação surgem em sua cabeça. É certo participar de uma farsa e de uma infidelidade? É certo trocar sexo por dinheiro? Essas são perguntas valiosas. Elas são importantes. Mas as respostas para elas não nos relevam como viver de maneira correta a nossa vida. O corpo revela.

Deve haver mulheres aí fora que trepam com homens em troca de dinheiro e estão ótimas, mas você não é uma delas. Você mesma me disse. Você simplesmente não foi feita para o serviço. Quando se trata de sexo você diz que tem "todos os tipos de complicações" e que você "sabe que todo mundo tem", mas você está enganada. Nem todo mundo tem. Você tem. Eu já tive. Nem todo mundo tem. Ao generalizar seus problemas em relação a sexo e à sexualidade, você está fugindo de si mesma. Você está cobrindo suas feridas com a velha história "é-normal-fazer-besteira-porque--todo-mundo-faz-besteira". Isso é uma mentira que você contou para si mesma que tem minimizado todo o sofrimento.

Mas o que machuca permanece. Alguma coisa dentro de você que tem a ver com sexo e homens precisa ser resolvida. E até que você resolva isso, vai ter que abrir, remendar, cobrir e negar essa ferida repetidamente. Essa proposta de trabalho é uma oportunidade, mas não do tipo que você pensa que é. É um convite para fazer um trabalho de verdade. O tipo que não paga um centavo, mas garante a você um refúgio resistente no final.

Portanto, faça isso. Esqueça o homem. Esqueça o dinheiro. É com seu querido eu que você precisa se encontrar.

Um abraço,
Doçura

A TIGELA VAZIA

Cara Doçura,

Eu podia ser pior. *Essa é uma das frases prediletas de meu pai. Sempre que ouvíamos a história sobre o homem batendo em seus filhos, assassinando a família, mantendo-a confinada:* Eu podia ser pior. *Era como se a mera existência da mesquinhez e da perversão pudesse eximi-lo de qualquer malfeito.*

Ele nunca bateu em minha mãe ou em mim. Ele não me estuprou ou ameaçou. Essas são as primeiras coisas que vêm à mente quando pensamos em violência contra a criança. Mas como minha mãe o teria deixado se ele levantasse a mão contra mim, palavras – palavras horríveis e dolorosas – eram permitidas. Em vez de machucados e arranhões, eu sofria uma dor interior. Meu pai é um narcisista: controlador, vaidoso, temperamental e charmoso. Se eu não estivesse alegre o suficiente ele não olhava para mim e eu ficava trancada em meu quarto durante dias; se eu contasse uma piada ele gritaria e me xingaria por ser insensível. Meu quarto era o meu santuário; meus livros, meus melhores amigos. Eu nunca era perfeita o suficiente e ainda assim eu me esforçava muito para deixá-lo orgulhoso, para chamar sua atenção. Ele era o meu pai, afinal de contas.

Nunca tive ninguém com quem pudesse conversar. Não podia confiar totalmente em meus amigos e minha mãe estava ocupada demais acalmando meu pai para perceber o quanto aquilo me magoava. Minha mãe e eu éramos as únicas autorizadas a ver esse lado dele. Terapia estava fora de questão e o restante da família raramente nos visitava.

Ele me repudiou duas vezes. Sempre por causa de coisas sem importância, desentendimentos bobos que o levavam a me censurar como sua filha. Quando ele decidia que tudo estava bem novamente, de mim era esperado que aceitasse sua mudança de humor – sem desculpas (a não ser que fosse da minha parte) e sem outras menções ao incidente. Toda vez eu deixava que minha mãe me convencesse a dar mais uma chance a ele.

Mas há três meses ele foi longe demais. Ele traiu minha mãe e, ao tentar apoiá-la, fui alvo de uma bronca violenta. Eu era uma cretina por descobrir sobre sua infidelidade. Eu não tinha o direito de invadir a privacidade dele.

Dessa vez eu o repudiei. Mudei-me (aos 20 anos, estava em casa para o verão). Cortei relações. E embora minha mãe agora compreenda melhor a minha posição, ela ainda tenta recuperar esse relacionamento magoado. Apesar de saber que poderia viver feliz sem meu pai, e que sou mais forte do que jamais fui desde que ele saiu da minha vida, nunca consegui escapar completamente dele. Minha mãe sempre fala dele e de como ele mudou. Ela quer saber quando estarei pronta para vê-lo novamente. É difícil explicar que eu realmente não sinto mais nada.

Apesar dos pedidos de minha mãe, meu pai ainda está tentando me controlar, ainda tão absorvido por sua imagem que despreza meus sentimentos. Ele descobriu que minha terapeuta – uma conselheira compreensiva, gentil e solidária – era uma mulher que trabalhava com ele e insistiu para que eu parasse de vê-la. Outra tentativa ainda de me manter isolada e distante de qualquer apoio externo. Ainda assim minha mãe está me pressionando (às vezes inconscientemente) para consertar as coisas. Mas eu não confio mais nele, nem no meu discernimento quando se trata de meu pai.

Nós nunca teremos um bom relacionamento, mas é correto da minha parte interromper totalmente qualquer contato, Doçura? Tanta gente insiste que a família é muito importante, que é minha obrigação perdoar o homem que me deu vida. Ele é o único pai que tenho. Mas vale a pena o sofrimento, a insegurança, a depressão?

Podia Ser Pior

Cara Podia Ser Pior,

Não, manter um relacionamento com seu pai abusivo não vale o sofrimento, a insegurança e a depressão. Ao cortar os laços com ele você agiu corretamente. É verdade que ele é o único pai que você terá, mas isso não dá a ele o direito de maltratar você. O padrão que você deve aplicar ao decidir ter ou não um relacionamento ativo com ele é o mesmo que você deve aplicar a todos os relacionamentos de sua vida: não ser maltratada, desrespeitada ou manipulada.

Seu pai não atende a esse padrão atualmente.

Lamento que seu pai seja um narcisista abusivo. Lamento que sua mãe tenha optado por aplacar a loucura dele à sua custa. São duas coisas muito difíceis. Mais difícil ainda seria passar a vida permitindo que a maltratassem. Sei que se libertar da tirania de seu pai não é fácil ou simples, mas é a coisa certa. E é também a única maneira que poderia – *talvez* – algum dia levar a um relacionamento saudável entre vocês dois. Ao insistir que seu pai a trate com respeito você está cumprindo sua missão mais importante, não apenas como filha, mas também como ser humano. Que você tenha parado de interagir com um agressor tão poderoso quanto seu pai é a prova de sua coragem e força. Você tem a minha admiração.

Eu não tive pais na vida adulta. Tenho vivido tanto tempo sem eles e ainda assim os trago comigo todos os dias. Eles são como duas tigelas vazias que tenho que encher repetidamente por conta própria.

Suponho que seu pai terá o mesmo efeito em você. De certa forma você está certa: você provavelmente nunca "escapará completamente" de seu pai. Ele será a tigela vazia que você terá que encher e encher e encher novamente. O que colocará dentro? Nossos pais são nossa fonte primária. Nós construímos nossas próprias vidas, mas nossas histórias originais pertencem a eles. Eles voltam conosco ao começo dos tempos. Não tem jeito de evitar. Ao cortar os laços com seu pai você promoveu uma revolução em sua vida. Como vai viver agora?

Eu disse que você era forte e corajosa por parar de falar com seu pai porque você fez uma coisa que muitas pessoas podem nunca conseguir fazer. Você estabeleceu um limite. Você decidiu que não será maltratada e agiu nessa direção. Essa escolha nasceu da raiva e do sofrimento. O território além disso surge a partir da cura, da transformação e da paz – pelo menos é assim se você quiser ter uma vida deslumbrantemente maravilhosa.

O que quero dizer é que você deixou seu pai, mas seu relacionamento com ele não acabou. Você vai levar anos para se entender plenamente com ele (e, pelo visto, também com sua mãe). Grande parte do trabalho a ser feito tem a ver com perdão e raiva, com aceitação e com "deixar para lá", com mágoa e até mesmo com uma alegria complexa. Essas coisas não se movimentam em uma trajetória reta. Elas se entrelaçam para dentro e para fora uma da outra e acabam voltando para te dar uma palmada. Elas vão golpeá-la no rosto e fazê-la chorar e rir. Você diz que nunca terá um bom relacionamento com seu pai, mas nunca se sabe. Você vai mudar. Talvez ele mude também. Alguns acontecimentos de sua infância vão permanecer imutáveis, mas outros não. Você pode nunca entender a crueldade de seu pai, mas com esforço e concentração, com compreensão e amor, você vai entendê-lo.

Espero que você tenha coragem de fazer isso.

Depois que minha mãe morreu quando eu tinha 22 anos, escrevi uma carta para meu pai. Na época eu o odiava, mas havia uma nítida fresta em meu ódio que tinha sido aberta pelo amor de minha mãe, e na qual meu pai poderia ter se infiltrado se tivesse mudado. Na carta eu lhe disse que mamãe tinha morrido de repente e também que eu sempre tive a esperança de que um dia nós pudéssemos ter um relacionamento. Eu disse que, para que eu fizesse isso, ele tinha que primeiro explicar por que tinha feito as coisas que fez quando estávamos juntos.

Às vezes imagino meu pai abrindo a carta. Isso foi há vinte anos e, apesar de quase tudo em minha vida ter mudado nesses vinte anos, a imagem que fiz de meu pai abrindo a carta com a notícia da morte de minha mãe não mudou. Em minha mente ele chora baixinho com a notícia. Ele percebe que seus três filhos são agora órfãos e que ali está a sua chance de consertar as coisas. Ali está a sua chance de ser nosso pai. Não é tarde demais. Nós precisamos dele agora.

Mas ele não entende dessa forma. Em vez disso, fica bêbado e liga para dizer que eu era uma vadia mentirosa e que nossa mãe envenenou nossas mentes e colocou meus irmãos e a mim contra ele. Desliguei o telefone sem me despedir.

Dezessete anos se passaram.

Então um dia o telefone tocou e lá estava: o nome de meu pai na pequena tela do telefone. "Ele está morto" foi meu primeiro pensamento. Achei que sua terceira mulher estava ligando para me dizer isso. Não atendi o telefone. Fiquei apenas olhando ele tocar. Escutei a mensagem alguns minutos depois.

Não era a terceira mulher de meu pai. Era ele. "Aqui é seu pai", ele disse, e na sequência disse seu primeiro e último nomes, caso eu não soubesse quem era meu pai. Ele me deu seu número de telefone e pediu que ligasse para ele.

Demorei uma semana para fazer isso. Para mim, tudo estava acabado com ele. Eu tinha enchido a tigela vazia dele repetidas vezes. Eu tinha andado descalça sobre um monte de merda carregando-a em minhas mãos. Não deixei que nenhum líquido transbordasse. Eu não o amava mais. Apenas lembrava que um dia o amara. Havia muito tempo.

Disquei seu número.

– Alô – disse ele, a voz tão familiar depois de tanto tempo.

– Aqui é a sua filha – eu disse, seguido por meu primeiro e último nomes, caso ele não soubesse que filha era.

– Você assiste à Rachel Ray? – ele perguntou.

– Rachel Ray? – eu sussurrei, mal conseguindo falar, com o coração disparado.

– Você conhece a Rachel Ray. A autora de livros de culinária. Ela tem um programa de TV.

– Ah, sim – eu disse.

E assim foi a conversa mais surpreendente que jamais tive. Meu pai conversou comigo como se conversássemos toda semana, como se nada do que aconteceu tivesse acontecido, como se toda a minha infância não existisse. Nós falamos sobre receitas com pouca gordura e cachorros poodles, sobre catarata e a importância de protetor solar. Após 15 minutos, desliguei o telefone totalmente desconcertada. Ele não estava delirante ou doente ou sucumbindo à demência senil. Era o meu pai. O homem que ele sempre foi. E ele estava conversando comigo como se eu fosse sua filha. Como se ele tivesse o direito.

Mas ele não tinha. Logo depois ele me enviou por e-mail uma notificação de bate-papo. Quando respondi, repeti o que tinha dito na carta que lhe escrevi anos antes – que eu consideraria ter um relacionamento com ele apenas depois que ele falasse abertamente sobre nosso passado em comum. Ele respondeu perguntando o que era que eu "queria saber".

Eu tinha amadurecido tanto naquela altura. Tinha aceitado os fatos da vida. Estava feliz. Tinha dois filhos e um parceiro que amava. Não estava mais zangada com meu pai. Não queria magoá-lo. Mas não consegui fingir ter um relacionamento com ele se ele se recusasse a reconhecer a nossa vida. Eu estava preparada para ouvir. Eu queria a versão dele, saber o que ele pensava e também ver se por alguma maravilhosa virada dos acontecimentos ele tinha se tornado um homem diferente – um que pudesse ao menos ser meu pai.

Escrevi a carta mais generosa, amorosa, verdadeira, ousada, sofrida, madura e indulgente que consegui fazer. Então a copiei para o e-mail e apertei Enviar.

A resposta de meu pai chegou tão rápido que parecia impossível que ele tivesse lido a carta inteira. Com palavras raivosas ele escreveu que eu nunca deveria entrar em contato com ele novamente e que ele estava feliz por finalmente ter se livrado de mim.

Não chorei. Amarrei o cadarço de meu tênis e saí pela porta da frente e caminhei pelo meu bairro até um parque no alto de uma grande colina. Não parei de caminhar até chegar ao topo e então me sentei em um banco que tinha uma vista da cidade. Faltava uma semana para meu aniversário de 39 anos. Sempre penso nos meus pais no meu aniversário, você não pensa? E imagino isso da mesma forma que imagino meu pai recebendo a carta que escrevi depois que minha mãe morreu – isso não muda, não importa o que aconteceu depois. Posso invocar minha mãe e meu pai com nitidez no dia em que nasci. E como devem ter me amado de verdade. Como devem ter me segurado em seus braços e pensado que eu era um milagre. Eles devem ter achado que podiam ser pessoas melhores do que eram antes. Eles seriam. Eles sabiam que seriam. Tinham que ser. Porque agora eu existia.

Portanto, foi especialmente forte sentar naquele banco para absorver o que tinha acabado de acontecer. Fiquei com aquela sensação de – não existe uma palavra para esse sentimento – quando se está ao mesmo tempo feliz e triste e zangada e grata e tolerante e chocada e qualquer outra emoção possível, todas misturadas e amplificadas. Por que não existe uma palavra para este sentimento?

Talvez porque a palavra seja "curar" e nós não queremos acreditar nisso. Queremos acreditar que a cura é mais pura e mais perfeita, como um bebê em seu nascimento. Como se estivéssemos segurando-o com as nossas mãos. Como se fôssemos pessoas melhores do que éramos antes. Como tínhamos que ser.

Foi por conta desse sentimento que eu sobrevivi. E ele será a sua salvação também, minha querida. Quando você chega ao ponto em que reconhece totalmente que você não vai ser bem-sucedida apesar de suas perdas e mágoas, mas por causa delas. Que você não teria escolhido as coisas que aconteceram em sua vida, mas que é grata por elas. Que você tem duas tigelas vazias eternamente em suas mãos, mas que também tem a capacidade de preenchê-las.

Foi isso que fiz na semana antes de completar 39 anos. Eu enchi a tigela vazia do meu pai uma última vez. Fiquei sentada tanto tempo naquele banco olhando o céu e a terra e as árvores e os prédios e as ruas, pensando: Meu pai – *meu pai!* – está finalmente, finalmente, finalmente, livre de mim.

Um abraço,
Doçura

TRANSCENDER

Cara Doçura,

Estou dividido. Sinto-me como se precisasse decidir entre as duas coisas que mais amo. Minha esposa e eu temos uma filha de 18 meses. Nosso casamento tem sido sólido por anos. Minha esposa é viciada em heroína e teve uma recaída (pós-bebê), depois de sete anos de recuperação. Ela estava amamentando e cheirando opiáceos até a noite em que a flagrei.

Venho de três gerações de viciados dos dois lados da família. Consegui me conter e ficar sóbrio por conta própria quando era adolescente e dei uma virada em minha vida enquanto morava em um lar para garotos, que considero em parte minha casa. Atualmente trabalho como conselheiro para drogas neste mesmo lugar. Eu me tornei um exemplo vivo para os garotos das ruas de Los Angeles com os quais eu trabalho, que são muito parecidos comigo. Este trabalho é a minha missão. Ele até mesmo me inspirou a escrever um romance, que se tornou o livro mais roubado do lar para garotos onde trabalho.

Aqui é onde a ruptura em minha alma começa. Minha esposa é de uma pequena cidade do Sul. Eu a conheci lá. Minha mãe morreu quando eu estava morando lá e minha esposa me apoiou nesse momento. Aquela cidade me curou. Recentemente minha esposa conseguiu uma oportunidade de trabalho nessa cidade, onde vive toda a sua família e onde ela tem todo o apoio de que precisa. Ela acabou de fazer sua segunda entrevista e é provável que vá receber a proposta deste ótimo trabalho.

Estou confuso sobre o que fazer. As coisas estão progredindo para mim em termos profissionais. Estou no meio do meu mestrado em serviço social e estão surgindo condições favoráveis em minha vida. Um pouco antes de minha esposa receber esta oferta de trabalho ela confessou estar usando metadona (prescrita por seu médico) nos últimos três meses para se curar do vício. Ela optou por não me contar apesar de eu ter dado o meu apoio e pedido maior proximidade desde que ela teve a recaída. Pode não fazer sentido, mas sinto-me mais traído por isso do que por sua recaída. Só quero que nós estejamos conectados.

Se ela conseguir o trabalho eu não sei se consigo me comprometer a ir com ela por causa de minha falta de confiança nela e da direção positiva de minha vida aqui em Los Angeles. Quero que minha esposa seja feliz e fique próxima de sua família (não tenho família para oferecer a ela como apoio), mas não consigo suportar o pensamento de ficar distante de minha filha. Não quero ser como meu pai.

Estou dividido e confuso. Devo ficar com minha filha e minha esposa ou continuar o caminho de minha missão com o lar para garotos entre as crianças de rua de Los Angeles que eu adoro?

Por favor, ajude-me a refletir sobre isso, Doçura.

Assinado,
Dividido e Confuso

Caro Dividido e Confuso,

Ensino a escrever biografias de vez em quando. Sempre peço que meus alunos respondam a duas perguntas sobre o trabalho que eles e seus colegas escreveram: "O que aconteceu nesta história?" e "Do que se trata esta história?". É uma maneira prática de entender o que está lá. Diversas vezes não é muita coisa. Ou melhor, é um monte de acontecimentos que acabam sendo absolutamente nada. Não se ganham pontos por viver, eu digo a meus alunos. Não é suficiente ter tido uma vida interessante ou hilária ou trágica. Arte não é uma piada. É a consciência que trazemos para nos relacionarmos em nossas vidas. Para que o que aconteceu na história transcenda os limites do pessoal é preciso que ele seja impulsionado pelo mecanismo do que a história significa.

Isso também é verdade na vida. Ou pelo menos é verdade quando a pessoa deseja viver uma vida sempre em evolução, tal como você e eu fazemos, querido. O que isso exige da gente é que não nos deixemos enredar no cotidiano, mesmo quando nós realmente sentimos que estamos enredados. Isso exige que mantenhamos o foco não apenas no que está acontecendo em nossas histórias, mas também sobre o que são nossas histórias.

Existe uma frase em sua carta que é mais importante do que todas as outras : "Não quero ser como meu pai." É estranho que isso seja importante já que não sei exatamente o que você quer dizer com isso – em nenhum lugar de sua carta você me conta como é seu pai. E ainda assim obviamente eu entendo. "Não quero ser como meu pai" é uma história que eu conheço. É um código para um pai que fracassou. É do que se trata a sua história.

Se você não quer ser como seu pai, não seja como ele. Existe a sua intenção, caro homem. Existe o seu propósito neste planeta. Sua filha é a pessoa mais importante em sua vida e você é uma das duas pessoas mais importantes da vida dela. Isso é mais do que um fato. É uma verdade. E, como todas as verdades, essa tem a sua própria integridade. Ela é de uma clareza brilhante e decidida. Se é para você ser bem-sucedido em cumprir sua intenção, qualquer coisa que aconteça em sua vida precisa fluir dessa verdade.

Portanto, vamos conversar sobre tudo que está acontecendo.

Sua principal obrigação como pai é proteger sua filha. Permitir que sua menina se mude para o outro lado do país, levando em consideração o fato de que a mãe dela é uma viciada em drogas que está lutando bravamente para se recuperar, é uma ideia ruim independentemente de quantas avós e tios e primos vivam na cidade. Até que sua esposa esteja limpa e forte em sua recuperação ela não deveria ser a principal responsável por sua filha. Não duvido do profundo amor que sua esposa sem dúvida sente por sua filha. Mas eu conheço viciados e você conhece viciados e nós dois sabemos que não importa quão maravilhosa e amorosa sua esposa seja, quando ela está no vício não pensa direito. Por causa disso sua filha vai sofrer e tem sofrido. É seu dever protegê-la disso da melhor forma possível.

A luta em que sua esposa está envolvida neste momento é essencial e monumental. Tudo está em jogo para ela. A capacidade de ficar e permanecer limpa está diretamente conectada com a capacidade dela de tomar conta de sua filha e permanecer sua parceira. Seu vício não pode ser curado por um trabalho ou por uma nova cidade, embora essas coisas possam em última instância ter um papel em sua recuperação. Ela só pode ser curada pelo desejo de permanecer limpa e de analisar as questões subjacentes que a levaram a se tornar uma viciada.

Eu recomendo fortemente que vocês dois recuem do entusiasmo desgastado de uma possível oportunidade de trabalho em uma distante e adorada cidade e que foquem em vez disso no monstro que está sentado no meio da sua sala. De que apoio e recursos sua esposa precisa? Qual papel você pode e vai ter na recuperação dela? Seu casamento tem salvação? Se tem, como vocês como casal vão restabelecer a confiança e a conexão? Em qual cidade você gostaria de construir sua vida juntos e o que essa decisão significa para cada um de vocês, profissionalmente e pessoalmente? Se o seu casamento não tem salvação, como você poderia agir carinhosamente na direção do divórcio? Como você vai negociar a guarda de sua filha?

Essas são perguntas que você precisa fazer neste momento. Não se sua esposa e filha devem se mudar para o outro lado do país sem você no meio desse já tumultuado momento. Existem outros empregos para sua esposa. Existem outros empregos para você (por mais que você goste do seu, existem garotos por todo o país que se beneficiariam de sua liderança e sabedoria). Existem outros momentos em que um de vocês ou os dois podem decidir voltar à cidade natal dela ou permanecer em Los Angeles.

Escolher não fazer essas perguntas agora não significa que você não as fará mais tarde. Está apenas apertando o botão de pausa no que está acontecendo em sua história de modo que possa decidir o que isso significa. Está optando por transcender – *elevar-se* ou *ir além dos limites* – em vez de viver dentro da mesma velha história.

Sei que você sabe o que significa transcender. Você fez isso com a sua própria vida quando criou um novo homem a partir daquele garoto destruído que você foi um dia. Mas a questão sobre se elevar é que nós precisamos continuar subindo; a questão sobre ir além dos limites é que precisamos seguir em frente.

Você tem apenas que começar a perguntar o que significa não ser como seu pai. Continue tentando compreender. Não fracasse com você mesmo nesse sentido. Não importa o que aconteça quando se trata de seu casamento, de sua vida profissional ou de sua localização geográfica, não existe essa de ficar dividido quando se trata de sua filha a não ser que você escolha romper com a estrutura. Ela vence sempre.

Um abraço,
Doçura

UMA FATIA LUMINOSA DE SEU MISTERIOSO DESTINO

Cara Doçura,

Vou me casar em poucos meses. Por que me sinto totalmente agressiva e irritada? Como é possível sobreviver a esse evento?

Agressiva

Cara Agressiva,

Meu palpite é que você é a noiva e que se sente agressiva e zangada porque está no meio de um planejamento matrimonial infernal e envolvida com todas as expectativas, todos os contos de fadas antiquados, os produtos exageradamente caros e a crença absurda de que é possível planejar da maneira impecável os comportamentos, as conversas, as bebidas preferidas e as roupas de um grande grupo de parentes seus e do noivo, de amigos, de estranhos e de colegas de trabalho e, ao mesmo tempo, compartilhar uma experiência significativa e íntima com seu amor na frente de todos. Não é.

Ou pelo menos não é possível exatamente da maneira que você está imaginando agora. Tenho quase certeza de que seja lá o que foi que você planejou para esses dias – as cores de seus guardanapos, o convite que deve ou não ser enviado à mãe de seu primo Ray – importa pouco e seja lá o que de fato acontecer nesse dia vai surpreendê-la.

Seu casamento será uma alegria, docinho, mas somente após você aceitar que não é algo para "superar". Talvez ajude parar de pensar nele como o "evento" perfeito e sim como um dia confuso, lindo e gloriosamente inesperado em sua vida maravilhosa.

Meu próprio casamento foi um barato, embora por um bom tempo a sensação fosse de que tudo tinha dado errado. Quando nossos pouco mais de cem convidados chegaram estava chovendo e nós não tínhamos feito nenhum plano de contingência para a chuva em nosso casamento ao ar livre. O Sr. Doçura percebeu que tinha esquecido suas calças na cidade em que morávamos, a 96 quilômetros de distância, e eu percebi que tinha esquecido a certidão de casamento. Minha sogra chegou vestida como uma pastora dos tempos bíblicos, se pastoras dos tempos bíblicos usassem azul--petróleo, e uma de minhas velhas amigas me chamou no canto para me perguntar por que eu não a tinha escolhido para ser a madrinha. Não consegui achar os grampos que eu tinha trazido para prender meu véu no cabelo e então, assim que outros grampos foram comprados, em um esforço insano de substituição relâmpago que envolveu duas farmácias, eu e minhas sete amigas não conseguimos fazer com que o maldito véu ficasse preso na minha cabeça.

Muitas dessas coisas pareciam trágicas naquele momento, mas agora elas estão entre as lembranças mais gostosas daquele dia. Se elas não tivessem acontecido, eu nunca teria descido a rua na chuva segurando a mão do Sr. Doçura, rindo e chorando ao mesmo tempo porque estava indo me casar com ele no porão sujo de uma biblioteca em vez de na beira de um lindo rio. Eu nunca tinha me sentido do jeito que me senti quando todo mundo que eu conhecia se ofereceu para dirigir em uma velocidade acima da permitida para buscar as calças e um pedaço de papel. Eu nunca teria sabido como se pareceria uma pastora dos tempos bíblicos de azul-petróleo, nem teria aquela importante informação sobre minha velha amiga. E não teria ficado tão atrapalhada para colocar aqueles grampos em meu cabelo a ponto de não perceber que a chuva tinha parado e o Sr. Doçura tinha discretamente convocado nossos convidados para carregar cem cadeiras de madeira branca por 400 metros, desde o horroroso porão da biblioteca até o gramado na beira do lindo rio onde eu tinha planejado casar com ele à luz do sol, e assim o fizemos.

Todo mundo se perde nos detalhes, mas não desperdice esse dia. Faça uma lista de tudo que precisa ser visto e decidido e pensado entre agora e o dia do casamento e depois destaque as coisas que são mais importantes para você e faça-as direito. Delegue ou decida sobre as outras coisas e recuse-se a continuar se preocupando.

Deixe que seu casamento seja uma surpresa. Deixe que seja um momento pra lá de feliz. Deixe que seja o que você ainda nem consegue imaginar e não conseguiria planejar mesmo se pudesse. Lembre-se da razão que a levou a se dedicar tanto que você acabou se deixando levar pela raiva, pela agressividade e por uma colunista de aconselhamento. Você está se casando!

Tem um dia à sua espera que é uma fatia brilhante de seu misterioso destino. Tudo o que você precisa fazer é aparecer.

Um abraço,
Doçura

O MILAGRE COMUM

Cara Doçura,

O segredo geral de se transformar parece ser a ideia-chave de muitas de suas colunas, de como você não sabe o que algo vai ser até que vivencie a coisa. Isso me fez querer saber mais. Você me daria um exemplo específico de como alguma coisa aconteceu em sua vida, Doçura?

Obrigada,
Superfã

Cara Superfã,

No verão em que fiz 18 anos eu estava dirigindo por uma estrada de terra com minha mãe. Isso foi na área rural onde eu cresci e todas as estradas eram de terra, as casas espalhadas ao longo de quilômetros, raramente à vista de algum vizinho. Dirigir significava passar por uma sequência interminável de árvores, campos e flores silvestres. Nessa tarde específica, minha mãe e eu encontramos uma venda de quintal em uma casa enorme onde uma senhora muito idosa morava sozinha, o marido tinha morrido e os filhos tinham crescido e ido embora.

"Vamos ver o que ela tem", minha mãe disse enquanto estávamos passando, então eu dei a volta e estacionei na antiga entrada de garagem da velha senhora e saltamos do carro.

Nós éramos as únicas pessoas lá. Mesmo a velha senhora, a quem a venda pertencia, não saiu da casa, apenas acenou para nós de uma janela. Era agosto, o último período em que moraria com minha mãe. Eu já tinha terminado meu primeiro ano da faculdade e tinha voltado para casa para passar o verão porque tinha conseguido um trabalho em uma cidade próxima. Em poucas semanas eu voltaria para a faculdade e nunca mais moraria no lugar que chamei de casa, embora na época não soubesse disso.

Não havia nada de muito interessante na venda de quintal, como pude constatar, enquanto andava no meio da tranqueira – panelas velhas e jogos de tabuleiro bastante usados; jogos de pratos incompletos, desbotados e fora de moda, e calças de poliéster horrendas –, mas, quando me virei, bem quando eu ia sugerir que fôssemos embora, uma coisa chamou a minha atenção.

Era um vestido de veludo vermelho bordado com renda branca, perfeito para um bebê.

"Veja isso", eu disse e o mostrei à minha mãe, que disse "Oh, não é a coisa mais linda", e eu concordei e depois coloquei o vestido de volta onde estava.

Eu faria 19 anos dali a um mês. Em um ano estaria casada. Em três anos estaria de pé em um campo não muito distante do quintal dessa velha mulher segurando as cinzas do corpo de minha mãe nas mãos. Eu estava certa na época de que nunca seria mãe. Crianças eram fofas, mas em última instância uma chateação, eu pensava na época. Eu queria mais da vida.

Ainda assim, ridiculamente, inexplicavelmente, naquele dia do mês antes de completar 19 anos, enquanto minha mãe e eu fuçávamos entre os restos da vida de outra pessoa, eu continuava olhando para aquele vestido de veludo vermelho perfeito para um bebê. Não sei por quê. Não consigo explicar o fato nem mesmo agora, a não ser para dizer que alguma coisa a respeito daquele vestido me atraiu fortemente. Eu queria aquele vestido. Tentei convencer a mim mesma a desistir enquanto alisava com as mãos o veludo. Tinha um pequeno quadrado de fita adesiva perto da gola onde estava escrito um dólar.

– Você quer esse vestido? – minha mãe perguntou, olhando desinteressadamente por cima de seus óculos de leitura.

– Por que eu deveria? – respondi bruscamente, perturbada comigo mesma mais do que com ela.

– Para algum dia – disse minha mãe.

– Mas eu nem vou ter filhos – argumentei.

– Você pode colocá-lo em uma caixa – ela retrucou. – Assim você o tem, não importa o que vai fazer.

– Não tenho um dólar – eu disse para encerrar.

– Eu tenho – minha mãe disse e pegou o vestido.

Eu o coloquei em uma caixa, em uma arca de cedro que pertencia à minha mãe. Eu a arrastei comigo por todo o caminho ao longo da acidentada trilha dos meus 20 anos e também pelos meus 30 anos. Eu tive um filho e uma filha. O vestido vermelho era um segredo conhecido apenas por mim, enterrado durante anos entre as melhores coisas de minha mãe. Quando eu finalmente o desenterrei e o segurei novamente, foi como levar um tapa e um beijo ao mesmo tempo, como se o volume tivesse sido aumentado e diminuído simultaneamente. As duas coisas que eram verdadeiras sobre sua existência tiveram efeitos opostos e eram ainda assim o mesmo e único fato:

Minha mãe comprou um vestido para a neta que ela nunca conheceria.

Minha mãe comprou um vestido para a neta que ela nunca conheceria.

Que lindo. Que horrível.

Que pequeno. Que grande.

Que doloroso. Que adorável.

Só bem recentemente é que eu consegui definir um limite entre isso e aquilo. Não havia nenhuma força em ação que não fosse o meu próprio desejo me impelindo a querer aquele vestido. O seu significado era composto apenas da morte de minha mãe e do nascimento de minha filha. E depois ele significou muito. O vestido vermelho era a evidência material de minha perda, mas também da maneira que o amor de minha mãe me levou a seguir além dela, sua vida se estendendo por anos na minha própria vida de uma maneira que nunca imaginei. Era uma transformação que eu não poderia ter sonhado no momento em que aquele vestido vermelho chamou a minha atenção.

Minha filha não me conecta à minha mãe mais do que meu filho. Minha mãe vive tão claramente em meu menino quanto na minha menina. Mas ver minha filha naquele vestido vermelho no segundo Natal de sua vida me deixou sem palavras. A sensação foi como aquele impacto duplo inicial que tive quando tirei pela primeira vez o vestido da caixa com as melhores coisas da minha mãe, só que agora era o seguinte:

Minha filha está vestindo o vestido que sua avó comprou para ela em uma venda de quintal.

Minha filha está vestindo o vestido que sua avó comprou para ela em uma venda de quintal.

É tão simples que parte o meu coração. Como é banal esse fato para tanta gente, como é normal para uma criança usar um vestido que a avó comprou para ela, mas como era incrível para mim.

Imagino que é o que quero dizer quando digo que não temos como saber o que vai acontecer em nossas vidas. Nós vivemos e temos experiências e deixamos as pessoas que amamos e somos deixadas por elas. As pessoas que pensamos que ficariam conosco para sempre não ficam e as pessoas que não sabíamos que entrariam em nossas vidas ficam. Nossa missão aqui é manter a fé nisso, colocá-la em uma caixa e esperar. Confiar que algum dia nós saberemos seu significado de modo que quando um milagre corriqueiro nos é revelado nós estaremos lá, de pé diante de uma garotinha vestida com um lindo vestido, grata por todas as pequenas coisas.

Um abraço,
Doçura

É O QUE CHAMAMOS DE CAOS COMPLETO

Nota: As duas cartas a seguir são das mulheres envolvidas na situação descrita nas cartas.

Cara Doçura,

Recentemente fiz sexo com um cara que tem uma história complicada com uma amiga minha. Eu sabia que dormir com ele magoaria os sentimentos de minha amiga e, portanto, disse a ela que não o faria. Ela não me pediu que não dormisse com ele, mas estava implícito. Ela fazia referências à "atração dele por mim" e uma vez perguntou a ele se tínhamos feito um programa a três com uma outra garota. Para resumir, eu quebrei a minha promessa. Eu planejava manter o que disse para a minha amiga na época, Doçura, mas fracassei.

O homem em questão é um cara legal. Foi gostoso ficar com ele e vamos dizer apenas que minha cama de casal tem ficado bem vazia ultimamente. Meu desejo superou o sofrimento em potencial que eu sabia que as minhas ações poderiam causar. O cara e minha amiga tiveram muitas conversas desde que dormi com ele, e eles parecem ter reatado, ao passo que minha amizade com ela ainda está em terreno incerto. Acho que as coisas vão voltar ao normal um dia, mas eu já sinto como se nossa amizade fosse uma coisa pouco importante para ela. Nem sei se ela é tão importante para mim também.

Bem recentemente meu padrasto teve um ataque cardíaco. Foi o segundo. Isso me fez pensar sobre gravidade, consequência e trivialidades e que essa única noite problemática de sexo alteraria para sempre ou negaria todas as outras formas de boa amizade que tive para com ela, então que seja. Se for esse o caso, nossa amizade não era feita para durar, e tenho coisas mais importantes com as quais me preocupar. Mas ao mesmo tempo não consigo parar de imaginar se estou perdendo um pouco a minha humanidade. Porque hoje uma ex-amiga basicamente disse que não tinha me perdoado completamente por magoá-la há seis anos. Eu a traí como a idiota de 22 anos que eu era, e tenho me desculpado mil vezes desde então. Nós ficamos brigadas por um tempo, mas no fim volta-

mos a ser boas amigas. Até hoje eu estava agindo sob a presunção de que estávamos bem. Ouvi-la dizer que ela se relaciona comigo de maneira diferente, que esconde informação de mim por causa da maneira como eu me comportei anos atrás, me deixa muito triste e zangada. O que quer dizer quando alguém perdoa você, mas nunca esquece?

Sinto-me mal e ao mesmo tempo inflexível. E não sei quanto dessa raiva está relacionada à aceitação de verdades potencialmente feias sobre mim mesma – que eu valorizo o desejo à custa de minhas amizades; que pareço não aprender com os erros do passado; que sou uma pessoa que os outros consideram pouco confiável. A última incomoda mais, e é uma dúvida que comentei com o cara logo após nosso encontro. "Ela nunca confiou em você", ele disse, o que era uma confirmação dos meus temores, se não uma profecia autorrealizável.

Eu provavelmente teria feito a mesma coisa, se tivesse outra oportunidade. E não sei se isso me chatearia ou se me torna algum tipo de viciada em prazer ou se sou apenas uma péssima amiga. Não me arrependo de meu comportamento recente, mas deveria? Estou jogando fora amizades sólidas em troca de uma idiota gratificação sexual? Parte de mim é egoísta mesmo escrevendo para você porque eu sei que você vai me chamar de docinho e me fazer sentir melhor mesmo que eu não mereça isso.

Amiga ou Inimiga

Cara Doçura,

Tenho dois amigos de quem gosto muito. Um é um homem que conheço desde que somos adolescentes. Há alguns anos ele e eu iniciamos um relacionamento aberto rápido. Ele então se apaixonou por outra mulher, e me trocou por ela. Embora soubesse que estávamos fadados a ser amigos em vez de namorados, meus sentimentos por ele eram profundos, então fiquei arrasada. Depois de um tempo a dor sumiu e nós nos tornamos amigos ainda mais próximos.

A minha outra amiga é uma mulher que admiro demais como escritora e como pessoa. Ela é genial, sexy, brilhante. Nós apoiamos uma à outra ao longo de nossos traumas românticos e sempre rimos quando nos encontramos. Ela me apoiou quando meu amigo me disse que tinha conhecido outra pessoa. Ela ficou ao meu lado enquanto eu chorava descontroladamente em público no centro de São Francisco.

Recentemente, esses dois amigos se encontraram e se entenderam às mil maravilhas. Ele começou a brincar sobre dormir com ela (ela está solteira ago-

ra). Eu disse a ele que essa possibilidade me deixou desconfortável, mas ele desconsiderou minhas preocupações. Não insisti no tema porque minha amiga jurou que nunca dormiria com ele. Ela disse isso para mim repetidamente e enfaticamente mesmo quando não perguntei nada. Apesar de eu não estar mais atraída por esse cara a história ainda estava meio recente e eu não tinha resolvido de vez a decepção. Ela viu como isso ainda me afetava. Eu confiei nela.

Mas aconteceu de qualquer forma. Eles dormiram juntos. Quando meu amigo me contou, fiquei muito chateada; gritei com ele por causa da maneira como ele desconsiderou meus sentimentos no passado. Nós conversamos durante diversos telefonemas longos e no final de tudo eu me senti ouvida, valorizada e respeitada. Ele também me forçou a me conformar com meu ciúme e com a falta de poder sobre os atos das outras pessoas. Desde então eu tenho tido que me esforçar muito para observar a minha própria insegurança e desejo de controle.

Duas semanas depois, quando minha amiga pediu desculpas por descumprir a promessa que tinha feito, eu disse a ela que não mais pensava que tinha o direito de exigir que ela mantivesse aquela promessa, mesmo que eu tivesse ficado magoada e zangada quando ela a quebrou. Ela tinha feito o que achou ser o certo para ela e agora eu tinha que entender o que era certo para mim: dando tempo e espaço. Parte de mim estava em paz com esse resultado. Mas naquele momento eu também estava tão exausta emocionalmente com toda a situação, e tão aborrecida comigo mesma, que não estava certa nem de que merecia desculpas de qualquer um.

Doçura, estou dividida. Sei que o que eles fizeram não foi moralmente errado; já senti desejo antes por ex-namorados de amigas, e por amigos de ex-namorados. Essas duas amizades têm um relacionamento que independe de mim. Ainda assim fiquei muito magoada. E o pior é que estou envergonhada de estar magoada. Estou envergonhada do ciúme que eu não sabia que ainda existia em mim, mesmo 18 meses depois de o namoro acabar. Quero ser uma pessoa que consegue se alegrar com o fato de que duas pessoas que eu amo conseguiram se divertir sexualmente juntas. Quero acreditar que a mágoa está toda no meu pequeno cérebro possessivo e competitivo, então posso simplesmente mudar a mim mesma e superar isso. Tudo o que faço no momento é me censurar por qualquer decisão que tomo. Minha bússola interna nessa questão está totalmente quebrada. Preciso de sua sabedoria, e palavras de consolo.

Com amor,
Triangulada

Caras mulheres,

Há alguns anos os bebês Doçura começaram a brigar feio pela cabeça decapitada de plástico de uma princesa de cabelos negros. Meu filho estava quase espumando pela boca. Minha filha gritava tão alto e por tanto tempo que achei que os vizinhos fossem chamar a polícia. A cabeça decapitada em questão tinha o tamanho de uma bola de chiclete, o pescoço não era propriamente um pescoço e sim uma abertura pela qual um pequeno corpo intercambiável podia ser encaixado. Esse corpo era tanto a egípcia ancestral que minha filha estava segurando pela mão quanto a pirata de saias que meu filho segurava na sua. Daí a confusão.

Nenhum deles podia ser convencido a desistir de sua reivindicação sobre a cabeça decapitada de plástico da princesa de cabelos pretos, não importando quão gentilmente ou loucamente eu explicasse que eles podiam se revezar, cada um deles prendendo a cabeça a "seu corpo" por um tempo determinado. Da mesma forma eles se recusaram a ser consolados por qualquer um dos incontáveis objetos que entulham o quarto que eles dividem – nem a caixa de bolinhas de gude, nem as bonecas de pano ou as cartas do alfabeto, nem as espadas de espuma ou as canetinhas, nem as bailarinas ou os guerreiros romanos ou os macacos ou as estátuas de fadas ou as falsas moedas de ouro ou os personagens inspirados em filmes de ação ou os unicórnios ou os carros de corrida ou os dinossauros ou os caderninhos de espiral ou qualquer outra coisa do universo amoroso da maternidade, a não ser a cabeça decapitada de plástico da princesa de cabelos negros.

– É minha – minha filha guinchava.

– Eu estava brincando com ela primeiro – reagia meu filho.

– Ela é especial para mim – choramingava minha filha.

– Ela brinca com meus brinquedos especiais o tempo todo – meu filho urrava.

Eu conversei e argumentei e fiz sugestões que logo viraram ordens, mas de fato, no final das contas, não havia nada a ser feito. Havia uma cabeça e dois corpos. Esse fato indiscutível era como uma tempestade a que tivemos que sobreviver até que todas as árvores fossem derrubadas.

Comecei com esse fragmento alegórico da Casa dos Doçura não porque acho que suas lutas individuais e conjuntas em relação a suas amizades são tão infantis quanto uma disputa por um brinquedo, mas sim porque acho que é instrutivo observar em termos básicos nossos desejos de ter não apenas o que é nosso, mas o que também pertence àqueles de que gostamos, e não somente porque queremos aquelas coisas para nós mesmas, mas sim porque queremos que a outra pessoa não as tenha. Essa veemência é antiga e interminável e age como uma pedra bem no meio do que estamos combatendo aqui e convido vocês duas a refletirem sobre isso.

Todo mundo tem o direito de reivindicar a cabeça decapitada de plástico da princesa de cabelos negros. Acreditamos que só nós podemos segurá-la. Nos recusamos a abrir mão dela.

Antes de começarmos a resolver sua situação de fato, vou dizer de cara que tenho quase certeza de que, se vocês duas continuarem a conversar silenciosamente com vocês mesmas sobre essa coisa bizarra e desagradável que aconteceu com o homem que vou passar a chamar de Amigo Malandro, vocês vão se arrepender. Mais do que isso, vocês vão produzir um monte de crenças cada vez mais distorcidas *do que deu errado* e *do que isso significa* e *quem fez e disse o quê* e isso não apenas vai deixá-las deprimidas, tristes e amargas como também vai roubar-lhes uma amiga que deveria estar sentada na varanda daqui a dez anos rindo sobre as idiotas que vocês eram no passado.

Vocês duas fizeram algo que no fundo sabem que não foi tão legal. Seus desejos e medos e falhas e expectativas irracionais e as coisas que vocês não admitem nem para vocês mesmas fizeram sentido para cada uma de uma maneira tão simples quanto a cabeça de plástico se encaixa no corpo de plástico e quando vocês as unem as duas ficam incomodadas. A mesma coisa aconteceu a vocês a partir de diferentes pontos de vista. Para quem suas simpatias devem recair? No ombro de qual mulher a culpa deve ser colocada? Para quais direções seguem as flechas de suas histórias? Qual é a melhor maneira que vocês têm de encontrar a saída desta situação?

Essas são as perguntas que eu me fiz enquanto refletia sobre as cartas de vocês. Toda vez que tentei consertar as histórias na minha cabeça elas ficaram todas enroladas. Fiz quadros e listas com itens. Peguei um pedaço de papel e desenhei um mapa. Transformei a confusão do Amigo Malandro de vocês em um par de equações matemáticas do tipo que nunca aprendi a fazer adequadamente na escola (o que me permite usá-las para meus excêntricos objetivos literários). Veja aqui como se parecem:

Amiga ou Inimiga: "Eu solenemente juro que nunca vou transar com o Amigo Malandro porque minha amiga ainda tem sentimentos carinhosos e territoriais por ele e não quero magoá-la" + [Sou uma pessoa afetuosa e transar com o Amigo Malandro me levaria a questionar o tipo de pessoa que acredito ser] + transei com o Amigo Malandro de qualquer maneira =

eek/ugh^2 x [mas talvez, pensando bem, minha amizade com essa mulher não seja "tão importante assim"] ÷ e ainda assim houve aquela vez que fiquei ao lado dela no centro de São Francisco enquanto ela chorava desbragadamente > portanto - que merda! + como ela ousa ficar puta comigo! + eu fui uma amigona para ela de todas as outras maneiras! + o Amigo Malandro já não era seu namorado havia, digamos, SÉCULOS! + eu tenho tesão por ele! + ele tem tesão por mim! + não tenho nem 30 anos e minha vagina está criando teias de aranha! + quem ela pensa que é para dizer com quem eu e o Amigo Malandro temos que transar? < sou uma pessoa má e uma inimiga egoísta [será que a maldita ex-namorada fará o favor de dar seu depoimento no tribunal?] ÷ sim, eu enganei + sim, eu menti + não, nunca mais serei confiável ou digna de perdão, pelo menos não por qualquer mulher em nenhum momento seja qual for a razão = quer saber? Fodam-se essas vacas! + eu com certeza transaria novamente com o Amigo Malandro! ≠ A menos que... Bem [Saco].

Triangulada: "Amigo Malandro é uma pessoa maravilhosa" + [nós "desmanchamos", apesar de nunca termos ficado realmente juntos, nunca de maneira monogâmica, apesar de ele ter me magoado nesse jeito difícil de definir, pelo qual eu não o culpo porque eu não tinha expectativas – por que eu teria expectativas? etc.] ÷ está bastante claro para mim que ele quer transar com minha querida amiga que me viu chorando desbragadamente por ele no centro de São Francisco e isso me dá vontade de vomitar^2 + [qual é o significado da monogamia? o que é o amor? nós devemos alguma coisa a alguém quando se trata de sexo? por que fico com vontade de vomitar se o Amigo Malandro é "apenas meu amigo"?] = aceitar promessas rígidas e variadas por parte de minha querida amiga em relação aos seus planos de não transar com o Amigo Malandro x [irmandade!] - permite que o Amigo Malandro me ignore quando declaro meu desejo de que ele não transe com minha amiga = choro/raiva quando eles fracassam em não transar + [como eles puderam? ela prometeu! pensei que ela fosse minha amiga! Ele nunca me escutava!] < conversa longa, difícil mas no fim satisfatória com o Amigo Malandro que me fez sentir-me estranhamente mais próxima dele [e pior a respeito de meu eu^2 carente, competitivo, idiota, ciumento, controlador, inseguro e frágil] x conversa rápida, improdutiva e bacana com minha querida amiga [não parece que ela deveria se desculpar mais do que isso? que direito tenho eu de receber um pedido de desculpas? desde quando eu tenho que dizer quem transa com quem?/mas ela prometeu!] ÷ fantasiar que minha querida amiga vai aceitar um trabalho de longa duração na Coreia + ouvir repetidamente o equivalente da minha geração da música *Cancer of Everything* (Câncer de Tudo), de Lisa Germano, enquanto me contorcia em uma bola patética de mim mesma + [alternar com a tentativa entusiasmada de criar a frase "para compartilhar um pouco da diversão sexual" em relação àqueles dois cretinos egoístas] ≠ A menos que... Bem. [Saco.]

No mundo da ignorância matemática de Doçura, nós chamamos isso de um completo caos.

Vocês duas estão erradas. Vocês duas estão certas. Vocês duas sabem que podem fazer melhor do que fizeram. O fato de que fracassaram em fazer isso é igual a nada a não ser que aprendam a lição. Portanto, vamos aprender, queridas.

Triangulada, se realmente você fica magoada e enraivecida pelo fato de o Amigo Malandro transar com uma amiga é porque ele não é seu amigo e você não deveria agir com ele como tal. Ele é seu ex-namorado, o amor que você ainda precisa superar por razões que pode ainda não ser capaz de explicar ou justificar nem mesmo para você mesma, o homem que é uma zona morta para qualquer pessoa que pertença até mesmo remotamente ao seu círculo íntimo. Esqueça a bobagem de que "somos apenas bons amigos" agora e confesse o que de fato sente: se o Amigo Malandro está transando com qualquer uma, você não quer sair para se divertir com ela. Não ainda. Não agora. Talvez nunca. Pelo menos, cure seu coração antes de apresentar o Amigo Malandro a suas amigas, principalmente para aquelas que você descreveria como "inteligentes, sensuais, brilhantes". E, depois, prepare-se.

Embora pareça que a escolha da Amiga ou Inimiga de quebrar a promessa dela e transar com o Amigo Malandro seja o que causou todo esse sofrimento, os atos dela não são o motivo de sua mágoa. O que está na origem é o fato de que você fracassou em reconhecer e respeitar seus próprios limites. Você tentou cobrir os dois lados. Você queria ser a mulher que podia ser amiga do homem de quem (ela) ainda gosta, mas você não é essa mulher. Eu entendo por que você quer ser ela, querida. Ela é uma gata moderna. Ela é a estrela do show. Ela não leva nada para o lado pessoal. Mas você não é ela. E tudo bem. Você tem um eu frágil, forte, doce e curioso. Você pode ficar abatida pelo cara por quem você meio que se apaixonou e não foi correspondida. Você não precisa saber perder. Não precisa fingir que aceita na boa dividir suas amigas interessantes e lindas com o Amigo Malandro, mesmo que você se sinta como uma cretina insignificante por não ficar bem com isso. Você pode dizer não.

Mas a questão é, você precisa dizer isso. Precisa ser a mulher que se levanta e diz não. Não apenas para a amiga querida que não consegue cumprir as promessas que fez a você enquanto compartilhava seu desejo indeciso por afirmação e orgasmos, porém também pelo próprio homem. Sim, o Amigo Malandro. Aquele que é, mas não é, seu amigo. Você vai ter que aceitar a desconfortável realidade de que precisa se afastar dele por um tempo. E tem que aceitar isso, por mais difícil que seja, haja o que houver.

Amiga ou Inimiga, você fez uma escolha que sabia que magoaria alguém que confiava em você – uma escolha, é bom destacar, que você explicitamente jurou não fazer – e depois justificou essa escolha com razões que você poderia ter discutido mais profundamente com ela antes. Isso a torna a pessoa que fez o que a maioria faria nesta situação e neste momento de sua vida: uma mulher que pegou o que queria em vez do que precisava.

Você está ao mesmo tempo sem culpa nisso e totalmente culpada. Você foi meio que envolvida por Triangulada e também uma idiota para ela. A razão para que toda essa porcaria surgisse em suas reflexões pós-Amigo Malandro – (seu ex, seus sentimentos de estar sendo permanentemente punida por ter errado com ela, a sensação de que sua amiga nunca confiou em você tampouco) – é que, ao contrário de sua alegação de que você não lamenta o que fez, você sabe que poderia ter feito isso de outra forma, ou não ter feito. O que está em jogo não é apenas sua amizade com a Triangulada, mas também sua própria integridade. Você prometeu que não magoaria alguém de quem você gosta. Você a magoou de todas as formas. O que você tira disso? O que você gostaria de levar para o futuro disso, docinho? Você quer levantar as mãos e dizer "Ah, bem..." ou você ousa permitir que essa experiência mude a sua visão?

Nós todos gostamos de pensar que estamos certos sobre o que acreditamos sobre nós mesmos e o que geralmente acreditamos ser apenas o melhor, a maior parte das coisas morais – por exemplo, *Obviamente eu nunca transaria com o Amigo Malandro porque isso magoaria minha amiga!* Gostamos de fingir que nossos generosos impulsos surgem naturalmente. Mas a realidade é que nós com frequência nos tornamos os nossos melhores e mais éticos eus apenas depois de ver como é ser uma idiota egoísta primeiro. Essa é a razão pela qual temos que lutar tão obstinadamente pela cabeça decapitada de plástico da princesa de cabelo negro antes de aprendermos como jogar limpo; a razão pela qual temos que nos queimar antes de entendermos o poder de fogo; a razão por que nossos relacionamentos mais significativos são geralmente aqueles que continuam além da própria conjuntura na qual quase chegaram ao fim.

Espero que vocês façam isso, queridas mulheres, mesmo que demore algum tempo para seguir em frente. Não sei se a sua amizade foi construída para durar a vida inteira, mas sei que o jogo vale a pena. Posso ver vocês daqui a dez anos na varanda.

Um abraço,
Doçura

VOCÊ É MINHA MÃE?

Cara Doçura,

Mudei-me para uma nova cidade há um ano e nos últimos meses tenho me sentido muito confortável e à vontade depois de diversos períodos de solidão. Conheci algumas mulheres ótimas aqui, mulheres com as quais posso me imaginar saindo em algum momento, ou pelo menos indo para a cama por um tempo. Qual é o problema disso? Bem, estou percebendo que estou procurando mulheres mais por hábito do que por necessidade. Busco o que está disponível no momento e depois perco o interesse rapidamente – às vezes antes mesmo de começar –, mas como sou uma pessoa sensível e sensual, me esforço para me afastar.

Acho que o que estou perguntando é: isso é biológico ou emocional? Sou um homem de vinte e poucos anos começando o que parece ser uma carreira promissora no que gosto de fazer. Sinto tanto amor e gratidão pela minha vida e só o fato de escrever esta frase me fez sentir um pouco melhor. Eu realmente adoro as mulheres e não sei se um dia poderei simplesmente ficar indiferente. Também não quero acabar como mais um homem distante, difícil, antissocial e inseguro de seus próprios sentimentos.

Acho que parte do problema pode ser que eu me sinto como se precisasse de amor físico para ser feliz e sem isso me sinto incompleto. Será que preciso de mais autoafirmação? Preciso me convencer de que vou encontrar alguém que eu realmente ame e não apenas persiga porque está disponível para mim imediatamente? Isso tem alguma coisa a ver com minha mãe?

Anônimo

Caro Anônimo,

Você já leu aquele livro de P. D. Eastman chamado *Are You My Mother?* (Você é a Minha Mãe?). Nele, um filhote de passarinho nasce enquanto sua mãe está fora do ninho e ele decide sair atrás dela. Ele ainda não pode voar, então anda. Ele anda e anda e anda com seus pezinhos de bebê passarinho, sempre perguntando: "Você é minha mãe?" Toda vez que ele pergunta, acredita que a resposta é sim. Mas não é. Ninguém é sua mãe. O filhote de gato não é sua mãe. A galinha não é sua mãe. O cachorro não é sua mãe. A vaca não é sua mãe. O barco não é sua mãe. O avião não é sua mãe. A escavadeira a vapor que ele chama de Ronco não é sua mãe. Mas, por fim, quando toda a esperança está perdida, o filhote de passarinho volta ao ninho e logo chega sua mãe.

É um livro infantil que não é exatamente sobre crianças. Trata-se de um livro sobre você, eu e todo mundo que algum dia teve vinte e tantos anos e esteve buscando algo internamente que nos permitisse nos sentir em casa no mundo. É uma história sobre quão impossível pode ser reconhecer quem somos e a quem pertencemos e quem pertence a nós. É uma fábula bastante precisa sobre a jornada que você está trilhando neste momento, Anônimo, e a partir dela eu recomendo que você crie coragem e reflita.

É óbvio que você dormiu com mulheres com as quais não está exatamente interessado em ter um relacionamento, querido. É óbvio que você dormiu! Quando se é solteiro e tem vinte e poucos anos fazer sexo com quem quer que apareça é praticamente o seu emprego. É biológico. É emocional. É psicológico. É egomaníaco. E, sim, alguns desses impulsos podem ter um pouco a ver com sua mãe (e com seu pai também, por falar nisso).

Os sentimentos e pensamentos contraditórios que você está tendo sobre amor e sexo e as ações eventualmente contraditórias que você está tomando com as mulheres são adequados em termos de maturidade e vão lhe ensinar alguma coisa que você precisa saber, portanto não seja muito rígido com você mesmo, mas realmente tome cuidado para não ficar imobilizado. Não ficar imobilizado é o segredo para não se tornar "Mais um homem distante, difícil, antissocial e inseguro de seus próprios sentimentos" que dorme com toda mulher minimamente interessante e interessada que encontra. Nós aprendemos com a experiência, mas não é preciso continuar aprendendo as mesmas coisas a partir das mesmas experiências repetidamente, certo?

Você sabe qual é a sensação de dizer sim a uma mulher de quem você não exatamente gosta, portanto que tal ver qual é a sensação de dizer não? Qual espaço está preenchido pelo sexo com mulheres das quais você não está tão a fim e o que preenche esse espaço quando você não o preenche com elas? Para você se tornar um homem emocionalmente maduro, e me parece muito claro que está quase lá, você vai ter que evoluir muito mais do que perguntar para todo filhote que encontrar se ele é sua mãe.

Ela não é. Você é. E, uma vez que entender isso, estará em casa.

Um abraço,
Doçura

DEZ GAROTOS FURIOSOS

Cara Doçura,

Sou mãe de duas lindas meninas, de 4 e 2 anos. Elas são a minha razão de existir; amo-as mais do que as palavras podem expressar. Nunca achei que desejaria ser mãe e com frequência dizia que não tinha afinidade com crianças. Mas, meu Deus, quando minha primeira nasceu, foi como uma guinada de 180 graus. Eu não soube o que me atingiu. Me apaixonei e fiquei encantada por ela na hora. Criei laços rapidamente com ambas as meninas e me chamaria de mãe por afinidade. Nós três somos muito grudadas e formamos uma família muito carinhosa.

Tenho consciência da importância de respeitar os sentimentos das minhas filhas e de ensiná-las a demonstrar seus sentimentos, não reprimi-los. Mas ultimamente tenho perdido o controle de meu temperamento, permitindo que essa COISA demoníaca tome conta de mim durante os períodos de estresse. Não me entenda mal: não estou perdendo a cabeça com coisas banais como não terminar o jantar ou ser mal-educada no supermercado. É mais uma espécie de clímax no qual vou aguentando uma coisa atrás da outra e depois explodo.

Devo igualmente explicar que meu marido, que é um pai e marido afetuoso, trabalha longas e imprevisíveis horas. Isso o chateia porque ele não consegue estar conosco, mas é assim que é. Ele é o que chamo de coração puro. Ele é o homem que me salvou porque antes de conhecê-lo eu era uma negativista compulsiva. Ele é simplesmente "bom" de um jeito completo que não se vê nos dias de hoje. Ele é tão carinhoso, divertido e amoroso com nossas meninas e eu sou tão grata por isso, mas ele trabalha demais, então geralmente sou uma mãe solteira e me sinto no limite. A maior parte dos dias são bons, mas quando perco a cabeça é com grande impacto.

O que me assusta, Doçura, é que eu venho de uma família com um passado muito volátil. Não no sentido de que meus pais eram alcoólatras enfurecidos ou assustadoramente abusivos. Eles gritavam sem motivo e nos intimidavam e nos batiam bastante. Nós não tínhamos permissão para fazer nossas próprias escolhas e éramos levados a nos sentir muito desprotegidos. Minha mãe principalmente descarregava em meus irmãos e em mim e geralmente era como negociar através de terreno minado. A gente nunca sabia quando ela explodiria. Ela costumava dizer bem alto que queria fugir, e nessas noites eu não dormia até que ela fosse para a cama. Eu realmente achava que ela estava fazendo suas malas. Ela tinha problemas difíceis que só recentemente eu soube. Ela vem de uma família disfuncional e existem outras circunstâncias que levaria muito tempo para explicar aqui. Acho que isso fazia com que ela despejasse longos monólogos de horas sobre como sua vida era uma merda e seus filhos também.

Tudo bem, então este é o resumo dos bastidores. Sou uma mulher com baixa autoestima que simplesmente rangia os dentes durante a universidade, conseguiu um ótimo emprego, casou com um cara maravilhoso, tem uma linda família, porém agora estou ficando assustada comigo mesma por causa do meu temperamento. Estou fazendo coisas que sei que são inaceitáveis. Hoje à noite eu agarrei à força nossa filha mais velha e tirei-a da cadeirinha do carro e praticamente a joguei no nosso quintal da frente. Ela ficou lá deitada assustada e começou a chorar. O prenúncio disso foi um acesso de mau humor adulto no caminho de casa. É quase como se eu não conseguisse cair em mim até atingir o auge da raiva.

Sinto-me como se fosse uma desgraça e não merecesse ser a mãe delas porque sei que isso é errado, mas não consigo parar. Hoje eu pedi ao meu médico uma indicação para terapia, de modo que eu possa começar a falar sobre essas questões mais profundas. Estou com medo de nunca ser capaz de mudar, e esse temperamento e necessidade de explodir fazerem parte de mim.

Atenciosamente,
Mãe Impotente

Cara Mãe Impotente,

Eu não acho que você é impotente. Acho que você é uma boa mãe que tem eventualmente experimentado chegar ao limite de suas capacidades de tolerância e paciência e bondade e que precisa aprender a controlar sua raiva e seu estresse. A parte de sua carta na qual você declara que acredita que pode "nunca ser capaz de mudar" me preocupa mais do que a parte da carta na qual você descreve como arremessou furiosa sua filha no gramado. Considerando sua situação como principal responsável por duas crianças pequenas com pouquíssimo apoio prático do parceiro, não é surpreendente que perca a cabeça com suas queridas filhas de vez em quando. Eu tenho tomado conta, por curtos períodos, de meus dois filhos pequenos em circunstâncias bem parecidas com a que você descreveu, e é sem dúvida o trabalho mais exaustivo e enlouquecedor que jamais fiz.

Eu também me arrependo de determinados comportamentos em relação aos meus filhos. Descubra uma mãe que não se arrepende.

Não digo isso para desculpá-la, mas sim – paradoxalmente – para estabelecer responsabilidade pela mudança de maneira justa em seus ombros. A maternidade é uma coisa importante. Ela revela o que temos de melhor e de pior. Ela exige que enfrentemos nossa essência mais luminosa e mais escura. Suas queridas filhas lhe proporcionaram a oportunidade de você se ver plenamente: você é uma mulher que tem a capacidade de amar mais profundamente do que pensou ser possível e também é a mulher que tem eventuais "acessos de mau humor e gritaria" direcionados a duas pessoas com menos de 5 anos.

A melhor coisa que você pode fazer pelas suas meninas é se perdoar pelo que aconteceu, aceitar que seus ataques a ajudaram a compreender que você precisa se esforçar de modo a ser a mãe que suas filhas precisam, e então aproveitar cada recurso que puder – tanto interno quanto externo – para se transformar nela.

O trabalho de seu marido é exigente, mas ele certamente está disponível o suficiente a ponto de poder lhe dar uma trégua regular do desgaste familiar. Será que ele consegue? Você aproveita os intervalos? Sei o quanto é difícil se afastar, principalmente quando se está ansiosa por um raro momento família do tipo "estamos-todos-juntos-finalmente!", mas eu recomendo que você encontre um espaço para você mesma também, ainda que tenha que se esforçar para conseguir uma brecha. É incrível como uma hora sozinha pode ser restauradora, como uma caminhada pode acalmar a fúria. Existem ainda outros meios de ajuda. Um rodízio com outros pais no qual cada um, por vez, toma conta e brinca com as crianças dos outros; colocar as crianças em uma creche durante algumas manhãs ou tardes por semana, mesmo que você não tenha um "emprego" que exija que você faça isso; inscrever-se em uma academia de ginástica que tenha creche enquanto você se exercita ou faz uma sauna e folheia uma revista – essas são as coisas que me ajudaram a atravessar a fase mais pesada, quando todos os meus dias eram vastos oceanos de crianças sem nenhum adulto por perto para ajudar.

O trabalho mais pesado é, obviamente, o que você precisa fazer internamente, a compreensão que precisa acontecer em relação à sua própria infância. Estou satisfeita que você esteja procurando aconselhamento. Espero que você entre nesse processo com a percepção de força e não de desespero porque são a sua força e seu amor que brilham em sua carta para mim acima de tudo. Você já chegou tão longe. Que você tenha criado suas filhas de maneira diferente da maneira doentia de sua criação é talvez a conquista mais significativa de sua vida, mas existe algo além da situação "Eu fiz melhor do que eles". Acredito piamente que você vai chegar lá; que você vai aprender como deixar sua raiva ser o que ela é e nada mais – uma tempestade que passa sem causar maiores danos por você e se transforma em uma chuva fina antes de desaparecer no sol.

Certa vez eu dediquei meu amor a dez garotos furiosos. Apesar de eles aparentemente não terem nada a ver com você ou comigo ou com qualquer uma das ótimas mães que eu e você conhecemos, minha experiência com eles preencheu minha vida de muitas maneiras e especificamente a minha compreensão das minhas obrigações como mãe. Trabalhei com os garotos revoltados no mesmo período em que trabalhei com meninas adolescentes em uma escola de ensino médio. Meu trabalho oficial não era com esses meninos – fui contratada para atender as garotas –, mas como havia um escritório na escola e o cargo de *advogada da juventude,* e como qualquer programa cuja missão é atender as crianças vivendo na pobreza seja invariavelmente forçado a pedir o que quer que seja que possa ser obtido gratuitamente, fui convidada a participar de uma experiência atípica.

A experiência foi a seguinte: convencer os pais desses garotos – todos responsáveis por algo ruim o bastante para terem sido tirados das aulas normais e colocados em uma turma especial de gerenciamento de raiva – a vir até a escola para jantar com seus filhos como uma família todas as terças-feiras durante dez semanas. O programa ofereceria a comida, e os garotos furiosos a serviriam. Cada família sentaria em sua própria mesa, separada das outras, de modo a estimular a unidade familiar. Depois do jantar, cada garoto furioso tiraria um cartão de uma tigela e leria para sua família em voz alta o que estava escrito – poderia ser "minha lembrança mais feliz" ou "meus sonhos para o futuro" – e as famílias deveriam conversar sobre esse tema por 15 minutos. Depois das conversas, as famílias se separariam. Os pais dos garotos furiosos iriam para uma sala onde encontrariam uma equipe de assistentes sociais, no estilo terapia em grupo, para conversar sobre os desafios e as alegrias da criação dos filhos; os irmãos mais novos dos garotos furiosos iriam para outra sala com alguns estagiários que haviam sido selecionados para tomar conta deles, e os garotos furiosos e seus irmãos mais velhos e com frequência mais furiosos iriam para uma sala comigo. A advogada da juventude.

Arrá!

A ideia era que eu orientaria os garotos em jogos que os ajudariam a aprender como trabalhar em grupo sem que ninguém tentasse estrangular ninguém. A primeira semana foi um desastre. Um dos garotos furiosos ameaçou o irmão de outro com uma cadeira. Outro bateu forte demais na cabeça de outro quando brincávamos de "pato, pato, ganso". O bingo evoluiu para uma confusão. Uma hora pareceu durar quatro horas.

Eu estava realmente trêmula quando me reuni com os pais e com os irmãos mais novos na lanchonete da escola, o restante do prédio sombrio e silencioso ao nosso redor. Uma vez reunidos, nós formamos um grande círculo – os dez garotos furiosos e suas famílias, quatro assistentes sociais, dois estagiários e eu. Tinha chegado o momento de encerrar o encontro, um dos assistentes sociais explicou em voz alta. "Nós iremos fazer isso toda semana ao longo das próximas nove semanas", ela disse. "Primeiro, vamos cantar uma música. Depois, vamos fazer uma coisa chamada 'chuva'."

Eu não sabia o que era "chuva", mas não tive tempo de perguntar. Apenas fui em frente como o restante do grupo, cantando a música, que parecia ter sido feita pelas próprias assistentes sociais para aquela determinada situação, percebendo os olhares relutantes dos pais dos garotos furiosos enquanto todo mundo continuava hesitantemente através das palavras de estímulo sem consistência. Havia poucos homens na sala – um pai de verdade e alguns namorados –, mas a maior parte dos responsáveis era formada por mães com mais ou menos a minha idade – vinte e tantos anos – embora elas não se parecessem comigo nem se vestissem como eu ou se parecessem comigo de maneira alguma. Elas pareciam realmente mães dos garotos furiosos. Como se vivessem no limite. Ou eram malvestidas ou muito embonecadas. Ou eram gordas ou muito magras. Ou recentemente drogadas ou prestes a cochilar.

Eu me senti como uma fraude entre elas. Como eu ia convencer seus filhos a não ameaçarem uns aos outros com as cadeiras?

Quando finalmente chegou a hora da "chuva", a assistente social nos orientou e eu fui em frente mais uma vez enquanto todos nós coletivamente representamos uma tempestade com nossos corpos. Começamos ficando de pé silenciosamente com nossos braços arredondados como sóis acima de nossas cabeças, depois esfregamos nossas mãos para criar um zumbido suave, depois estalamos os dedos para simular o gotejar dos pingos de chuva, depois batemos as mãos, primeiro uma contra a outra e na sequência em nossas coxas em tapas ruidosos. No auge da tempestade, estávamos batendo nossos pés no chão criando um rugido potente até que aos poucos fomos diminuindo e voltando na ordem inversa – através dos tapas e das palmas e das mãos esfregando cada vez mais suavemente – até que estávamos novamente de pé como se fôssemos sóis.

"Isso foi bem legal", disse um dos garotos furiosos em meio ao silêncio. "Podemos fazer de novo, por favor", ele pediu, e todo mundo riu.

Ele era aquele que tinha batido forte demais na cabeça do garoto quando estávamos brincando de "pato, pato, ganso". Eu estava meio com medo dele na primeira noite, e não apenas porque ele era um garoto bruto enorme e intimidador da oitava série. Eu o mantinha especialmente no radar porque eu conhecia sua história – as assistentes sociais tinham me contado a história de cada garoto – e a dele se destacou como a mais triste entre todas.

Dois anos antes, quando ele estava na sexta série, ele tinha saído da escola e ido para casa de tarde e descobriu que tinha sido trancado do lado de fora. Depois de bater na porta e não ter resposta, ele olhou pela janela e viu seu pai morto por overdose de heroína no chão da sala de estar. Ele achou que não podia chamar a polícia. Os policiais não eram seus amigos. Então ele ficou esperando no portão a mãe chegar em casa, mas ela não chegou. Ela também era uma viciada, e se prostituía. O garoto era seu único filho. Ele passou a noite dormindo na entrada do prédio, enrolado em seu casaco. De manhã ele voltou à escola e contou à professora que seu pai estava morto.

Ele passou a ser um garoto furioso desde então.

Vou chamá-lo de Brandon. Depois daquela primeira "chuva" eu parei de ter medo dele. Ele começou a ir ao meu escritório nos momentos mais calmos, quando as outras crianças estavam em aula. Ele fez um acordo com a professora de sua sala de gerenciamento da raiva, de que sempre que sentisse que ia agir de maneira violenta poderia sair da sala e caminhar para lá e para cá pela escola para respirar fundo. Era uma prática que lhe ensinaram na escola e que funcionou com ele. De lá para cá ele ia, passando pela porta aberta do meu escritório, passando pela porta aberta de meu escritório, passando pela... até que finalmente deu uma parada e perguntou "O que você está fazendo?" em uma voz envolta em tamanho falso desinteresse que fez meu coração doer.

"Nada de mais", eu disse. "Entra." E ele se sentou próximo à minha mesa, na cadeira das histórias terríveis, onde todas as garotas se sentavam para me contar suas histórias, nem todas terríveis. Sua vida estava melhorando, ele me disse. Ele estava muito feliz porque sua mãe aceitou participar da experiência das noites de terça-feira. Ela estava indo bem, ele disse. Ela estava se mantendo limpa, bem como seu namorado. Quando o verão chegasse eles iam arranjar um cachorro.

As semanas se passaram. As noites de terça-feira aconteceram e acabaram. Algumas famílias desistiram. Outras trouxeram novos membros: irmãs mais velhas grávidas, novos namorados e enteados. Toda semana nós fazíamos a mesma coisa: jantar, discussão, grupo, música, "chuva". "Crianças precisam de estrutura" é uma frase que ouvi muito. "Crianças gostam de ser capazes de prever o que vai acontecer na sequência."

Mais que qualquer coisa elas adoravam a "chuva". Seu ritual as deixava exultantes. Elas batiam forte em suas coxas para fazer a tempestade. Toda semana o silêncio na sequência disso se elevava e se dissipava de nós como uma cura.

Eu nunca acreditei que os garotos eram furiosos. Achava que eles tinham sido magoados e a raiva era a manifestação mais segura de seu sofrimento. Era o canal pelo qual sua impotência de macho podia escoar.

Brandon era o mais furioso de todos, mas ele era também o mais carinhoso. Ele ficou orgulhoso de se autodenominar meu assistente. Ele não ia para casa depois da escola às terças-feiras e depois voltava com sua família para jantar como a maior parte dos garotos furiosos. Ele vinha para o meu escritório e conversava comigo até a hora de me ajudar a arrumar a comida na lanchonete. Ele reservava a melhor mesa para ele, sua mãe e o namorado dela, arrumando os talheres da maneira certa e então esperava pela chegada deles.

Na última terça-feira do programa, Brandon e eu prendemos fitas ao longo das mesas, um toque festivo para comemorar a ocasião. Nós tínhamos certificados de formatura para distribuir e doamos sacos de mantimentos para as famílias com itens como escova de dente, jogos de tabuleiro e conjuntos de copos de vidro. Nós tínhamos um bolo retangular enorme que dizia "Parabéns, Famílias! Nós Somos Mais Fortes Unidos!".

Só quando a lanchonete estava cheia de pessoas foi que eu percebi que a mãe de Brandon e o namorado dela não estavam lá. Ele se sentou sozinho em sua mesa. Ele foi esperar de pé na porta da escola quando escureceu e os outros garotos furiosos tiraram seus cartões de discussão da tigela. Nós nos dividimos em grupos, mas a mãe de Brandon ainda não tinha chegado. Meia hora depois, ouvimos um toque na porta da minha sala e uma das assistentes sociais me pediu que desse um pulo no corredor com Brandon. Sua mãe tinha sido presa no centro da cidade – por prostituição ou drogas, ou ambas as coisas, ela não disse. Ela não seria solta da cadeia até pelo menos o dia seguinte, a assistente social disse em uma voz pausada. O namorado dela viria o mais rápido possível. Ele ficaria com Brandon até que a mãe voltasse.

Brandon apenas assentiu com a cabeça ao ouvir a notícia, mas quando coloquei minha mão em seu braço ele deu um puxão tão violento para se safar que achei que ele poderia me bater. "Brandon", eu chamei à medida que ele correu pelo corredor. "Por favor, volte", eu tentei dizer com firmeza, embora minha voz tremesse.

"Você não pode sair", a assistente social acrescentou. "Nós somos responsáveis por você."

Ele continuou indo embora como se nós não tivéssemos dito nada. Eu tinha nove garotos furiosos e seus irmãos me esperando dentro da sala. Eu podia senti-los chegando ao ponto de ebulição do outro lado da porta. "Brandon!", chamei com mais firmeza, temerosa de que ele fosse fugir da escola.

"Não estou fazendo nada errado", ele gritou enquanto se virava e caminhava de volta na minha direção. E eu percebi que ele estava certo. Ele não estava indo a lugar nenhum e nunca teve a intenção. Ele estava apenas fazendo o que tinha aprendido a fazer, contra todos os seus impulsos mais viscerais e racionais. Ele era um garoto furioso controlando a sua raiva.

Tudo no garoto impaciente no corredor me revela a história que preciso saber: que não temos o direito de nos sentirmos desamparadas, Mãe Impotente. Que precisamos nos ajudar. Que depois de o destino ter nos dado o que nos deu nós somos responsáveis por nossas vidas. Podemos decidir arremessar nossos filhos no gramado ou podemos respirar fundo e andar de um lado para o outro do corredor. E tudo sobre a mãe de Brandon me revela uma história também. Nós estamos tão distantes dela, não estamos? De tantas maneiras você e eu e todas as mães basicamente boas que conhecemos não estão sequer no mesmo planeta que essa mulher. Ela falhou e falhou e falhou.

Mas eu também falhei. E você também.

O que a levou a não aparecer naquela noite? Que força a motivou a fazer seja lá o que for que ela fez para ser presa quando deveria estar comendo lasanha e bolo na lanchonete da escola com seu menino adorável? O que ela não é capaz de se perdoar? Por que ela achou que estava desamparada?

Não sei, mas de uma coisa eu sei. Quando se trata de nossos filhos, não podemos nos desesperar. Se nos levantarmos, eles se levantarão conosco toda vez, não importa quantas vezes tenhamos caído antes. Espero que você se lembre disso na próxima vez que falhar. Espero que eu também me lembre. Lembrar isso é a coisa mais importante que nós como pais podemos fazer.

Na época em que o grupo jovem terminou aquela última noite de nossa experiência às terças-feiras, Brandon parou de andar para lá e para cá. Ele aceitou sozinho o certificado de formatura e a bolsa de mantimentos em nome de sua família. Ele comeu um pedaço de bolo. Ele ficou no círculo e cantou a música que as assistentes sociais inventaram e enquanto estávamos cantando o namorado de sua mãe chegou.

Naquela noite, quando fizemos a "chuva", a sensação foi mais significativa do que tinha sido antes. Nossos sóis ficaram mais redondos; nossas mãos esfregavam com mais entusiasmo. Nós estalamos os dedos, batemos palmas e sapateamos tão alto que foi como se as nuvens estivessem se retirando de seus próprios corações. Refizemos o caminho de volta da tempestade, mas em vez de nos aquietarmos a energia nos envolveu novamente, sendo que ninguém queria parar. Era divertido demais. Nós continuamos e continuamos, entre estalar os dedos e bater palmas e repetir tudo mais uma vez, nos enfurecendo cada vez mais até finalmente não haver saída a não ser levantar os braços e se render, e admitir que a chuva tinha acabado.

Um abraço,
Doçura

PEQUENAS DELICADEZAS

Cara Doçura,

Leio suas colunas religiosamente. Tenho 22 anos. Do que posso concluir a partir de seus textos, você está com quarenta e poucos anos. Minha pergunta é rápida e rasteira: o que você diria ao seu eu de vinte e poucos anos se pudesse falar com ele agora?

Com amor,
Em Busca de Sabedoria

Cara Em Busca de Sabedoria,

Pare de se preocupar sobre estar gorda. Você não está gorda. Ou melhor, você às vezes fica um pouquinho gorda, mas quem se importa? Não há nada mais chato e inútil do que uma mulher lamentando o fato de que sua barriga está redonda. Alimente a si mesma. Literalmente. O tipo de pessoa merecedora de seu amor vai amá-la mais por causa disso, querida.

No meio da noite no meio de seus vinte anos, quando sua melhor amiga se arrasta nua para a sua cama, monta em você e diz "Você deveria fugir de mim antes que eu te devore", acredite nela.

Você não é uma pessoa má querendo desmanchar com alguém que ama. Você não precisa de uma razão para ir embora. Querer ir embora é suficiente. Ir embora não significa que você é incapaz de amar de verdade ou que você nunca amará outra pessoa novamente. Isso não significa que você tem uma falha de caráter ou que é psicologicamente insana ou ninfomaníaca. Isso significa que você deseja mudar os termos de um relacionamento específico. Isso é tudo. Seja corajosa o suficiente para magoar a si mesma.

Quando aquele casal gay maluco, porém legal, convida você para ir ao apartamento deles para tomar um Ecstasy junto com eles, diga não.

Existem coisas que você ainda não pode entender. Sua vida se desenvolverá de maneira contínua e importante. É bom que você tenha trabalhado duro para solucionar seus problemas de infância enquanto tem vinte e poucos anos, mas saiba que o que você soluciona terá que ser solucionado novamente. E mais uma vez. Você virá a entender coisas que só podem ser entendidas com a sabedoria da idade e com a generosidade dos anos. A maior parte dessas coisas terá a ver com perdoar.

Uma noite você estará rolando pelo chão de madeira de seu apartamento com um homem que lhe dirá que ele não tem uma camisinha. Você vai sorrir desse jeito impetuoso que você acha que é sexy e dirá a ele para continuar transando de qualquer jeito. Esse será um erro pelo qual você terá que pagar sozinha.

Não lamente muito sobre o que vai acontecer com a sua carreira. Você não tem uma carreira. Você tem uma vida. Faça o trabalho. Mantenha a fé. Seja leal. Você é uma escritora porque escreve. Continue escrevendo e pare de reclamar. Seu livro tem uma data para nascer. Você ainda não sabe qual é.

Você não pode convencer as pessoas a amar você. Isso é uma regra absoluta. Ninguém jamais vai amá-la porque você quer que ele ou ela o faça. Amor de verdade se movimenta livremente em ambas as direções. Não perca o seu tempo com nada além disso.

A maior parte das coisas dará certo no fim, mas nem tudo. Às vezes você vai encarar uma boa briga e vai perder. Às vezes você vai se controlar fortemente e perceber que não há escolha a não ser se deixar levar. A aceitação é uma sala silenciosa e pequena.

Uma tarde quente na época em que você se deixou ridiculamente envolver com heroína, você estará pegando o ônibus e pensando que porcaria você é quando uma garotinha entrará no ônibus segurando dois balões vermelhos escuros. Ela vai oferecer um dos balões para você, mas você não vai aceitar porque acredita que não tem mais o direito a pequenas delicadezas como essa. Você está errada. Você tem.

Suas suposições sobre a vida dos outros estão diretamente relacionadas com seu orgulho ingênuo. Muitas pessoas que você acha que são ricas não o são. Muitas pessoas que você pensa que tiveram facilidades se esforçaram para ter o que têm. Muitas pessoas que parecem estar caminhando a passos largos e rápidos sofreram e estão sofrendo. Muitas pessoas que parecem ser velhas e estupidamente presas a crianças e carros e casas já foram tão modernas e arrogantes quanto você.

Quando você encontrar um homem na porta de um restaurante mexicano que mais tarde beija você enquanto explica que esses beijos não "significam nada" porque, por mais que ele goste de você, ele não está interessado em ter um relacionamento com você ou com qualquer pessoa no momento, simplesmente dê uma risada e retribua o beijo. Sua filha vai ter o senso de humor dele. Seu filho terá os olhos dele.

Os dias à toa resultarão em alguma coisa. Os trabalhos de merda como garçonete. As horas escrevendo em seu diário. As longas caminhadas sem destino. As horas lendo poesia e coleções de romances e contos e diários de pessoas mortas e fantasiando sobre sexo e Deus e se você deve raspar embaixo dos braços ou não. Essas coisas são a sua formação.

Num Natal no comecinho de seus vinte anos, quando sua mãe lhe dá um casaco quentinho que economizou meses para comprar, não olhe para ela duvidando quando ela lhe diz que achou o casaco perfeito para você. Não diga que ele é mais longo do que você gosta em casacos e fofo demais e possivelmente quente demais. Sua mãe estará morta na primavera. O casaco será a última coisa que ela lhe deu. Você se arrependerá pelo resto da vida pela pequena coisa que você não disse.

Diga obrigada.

Um abraço,
Doçura

AGRADECIMENTOS

Obrigada, Steve Almond, pela sua fé em mim e pela sua amizade. Eu serei sempre grata por suas muitas gentilezas.

Agradeço aos milhares de pessoas que me escreveram cartas e leram a coluna "Cara Doçura" no TheRumpus. net. Este livro não existiria sem vocês.

Obrigada, Isaac Fitzgerald, Stephen Elliot, Julie Greicius, Antonia Crane, Elissa Bassist, Nancy Smith, Walter Green e muitos outros colegas do Rumpus pelo apoio, audácia, bom trabalho e amor.

Obrigada, Kristen Forbes (também conhecida como Cupcake), pelo seu impressionante apoio em todos os aspectos.

Obrigada, Robin Desser, Janet Silver, Russell Perreault, Angelina Venezia, Jennifer Kurdyla e todas as pessoas da Knopf, Vintage e a agência Zachary Shuster Harmsworth, que me ajudaram a trazer o *Pequenas Delicadezas* ao mundo.

Agradeço a Playa por me conceder a moradia durante a qual eu terminei este livro.

Obrigada, Brian Lindstrom (também conhecido como Sr. Doçura) e Bobbi e Carver Lindstrom (também conhecidos como bebês Doçura) por tanta coisa, mas acima de tudo por me amarem pra caramba.

E, por fim, agradeço à minha falecida mãe, Bobbi Lambrecht, a quem Steve Almond apropriadamente chamou de "A verdadeira Doçura". Ela estava certa: aquele casaco era perfeito para mim.

1ª EDIÇÃO [2013] 2 reimpressões

ESTA OBRA FOI COMPOSTA PELA FILIGRANA EM ADOBE GARAMOND PRO
E IMPRESSA EM OFSETE PELA LIS GRÁFICA SOBRE PAPEL PÓLEN NATURAL
DA SUZANO S.A. PARA A EDITORA SCHWARCZ EM MAIO DE 2023

A marca FSC® é a garantia de que a madeira utilizada na fabricação do papel deste livro provém de florestas que foram gerenciadas de maneira ambientalmente correta, socialmente justa e economicamente viável, além de outras fontes de origem controlada.